一个人，遇见一本书

教育部哲学社会科学研究重大攻关项目『中华优秀传统文化的学理建构、价值认同与教育策略研究』(17JZD044)阶段性成果

通识中国儒家

张甲子——著

陕西新华出版传媒集团
陕西人民出版社

图书在版编目（CIP）数据

通识中国儒家 / 张甲子著.—西安: 陕西人民出版社, 2017
（通识中国传统文化）
ISBN 978-7-224-12974-8

Ⅰ. ①通… Ⅱ. ①张… Ⅲ. ①儒家－传统文化－中国
Ⅳ. ①B222
中国版本图书馆CIP数据核字(2018)第245563号

出品人　惠西平
总策划　宋亚萍
出版统筹　关　宁 韩　琳
策划编辑　王　倩 王　凌
责任编辑　张启阳 晏　藜
装帧设计　闫薇薇

通识中国儒家
作　　者：张甲子
出版发行：陕西新华出版传媒集团 陕西人民出版社
（西安北大街147号 邮编：710003）
网　　址：www.sxrmbook.com
发行电话：029-87205094
地　　址：西安北大街147号
邮　　编：710003
印　　刷：陕西金和印务有限公司
开　　本：787mm×1092mm　16开　21.75印张
字　　数：350千字
版　　次：2019年8月第1版 2019年8月第1次印刷
书　　号：ISBN 978-7-224-12974-8
定　　价：78.00元

前言

儒学能够成为指导中国两千多年的历史进程的学说，不仅在于它的理论形态与帝制体系相互的契合，更在于它的思想倾向和精神追求，符合士阶层的文化心态和人文理想。因而，儒家学说作为中国传统文化传承的载体，不仅是士人修身治国的理论基础，更集中体现了中华民族的人文传统和价值取向。

一是人本意识。与西方相比，中国更早地进入了人文阶段。西方文学与宗教是从古希腊神话、《荷马史诗》等文化形态开始的，宗教因素不仅支配，而且影响了此后的艺术发展。中国古代虽然也有神话，但在西周时期，就逐渐抛弃了神治，走向了人治。《国语・楚语下》记载，楚大夫观射夫言“绝地天通”，是在颛顼时期。颛顼之史不可详考，然中国很早就进入了神权、王权合一的历史时期，即帝王代为群巫之长，收拢祭祀之权，从而将巫师之沟通天帝转化为王，兼有祭天和统率的身份。

到了西周，随着德政意识的强化，政治文化逐渐疏远了对天的膜拜，转而加强对人德行的重视。我们知道，成书最早的《周易》《尚书》也不过在西周初期，这就意味着在中国典籍形成之初，中国传统文化便摆脱了远古宗教意识，将注意力集中在人伦关系的建构上，将解决人自身的问题，作为最基本的出发点。

二是王道思想。儒学思想的优点是人本意识浓厚，缺点是这种人本的关怀，乃建立在怀古情绪之上。孔子一直对周朝制度的衰亡和解体带有无限的伤感，因此，他以恢复周礼作为自己的使命。《诗经》《春秋》《仪礼》恰好产生于春秋战国这一政治变局中，没有成功的经验可资借鉴，便不由自主的把孔子对周制的怀念注入进去，使大家觉得天下大乱，是因为违背了周制。

那么，周制是从哪里来的呢？来自文王、周公，他们又继承的是尧舜等。这样，先秦乃至秦汉儒生勾勒出三代治世的图景，并将这些图景作为一种理想，希望现实中的君臣以三代圣君贤臣为榜样，用仁义、礼乐治国，逐渐演化出了王道政治思想。王道思想将小康、大同作为社会理想，将圣君、贤臣作为治国模式，讲究“内圣外王”的政治人格，试图通过“格物、致知、诚意、正心”等途径，培养出一个个健全的人，而后参与到家国政治体系中，通过均富、安民、礼乐教化等，建立起一个上下合同而有序的社会形态。

三是德治观念。儒学中贯穿了深沉的德政意识，这里所说的“德”包括两个方面：个人的成长、修身完全以德行为基础，所以要通过诚意、正心来修身；国家必须依靠德政来运转，而圣君贤臣模式，也正是以“德”为评价标准建立起来的。就这样，儒学把“德”放在整个社会体系的核心地位了。

孔子为后代儒生所景仰，正在于他是第一个全面肯定道德在社会建构中的基础性地位的人。商周时期，常常有贵族、国人、野人的区分，表面看是居住地的差异，实际上是地位阶层之间的区分。但在孔子眼中，君子和小人的差别不在地位，在于道德和格局：君子以天下为己任，胸怀天下，德泽万民；小人以个人为中心，行求私利，恩不及亲。孔子对“德”的强调和重视，不仅影响到此后的士阶层，乃至整个中国传统文化中的人格评价标准，而且也通过儒学的传承，深入到了整个儒学的学说体系之中，使如何追求道德的完善和品德的锤炼，成为了传统中国思想的最重要命题。

由于儒学是积累而成的，并不是一个人在一个时期完成的，这既导致了它的丰富性，又决定了它的复杂性。经书中有些资料，记述的是商周时期的情形，有的言论，反映的则是秦汉时期的见识。并且，此后的注释和阐释又各取所需，形成了很多不同的看法。不同时代的人增加了不同的内容，因而，无论在文字表述上，还是在思想体系上，常存在一些互相抵触的现象，需要大家在阅读和研究的时候加以注意。

特别是先秦经书的流传，基本上是口耳相传，这种传播的特点是速度快，缺点在于容易增删或修改，不可避免地渗入了很多后代的词汇，或者是后代的理解。因而，从思想的角度研究，我们既要注意这些细节，但又不能为这些细节所羁绊而裹足不前。毕竟任何历史的存在都是相对而言的，对其的记述都不是绝对同步的。我们研究儒家文化，要更多关注其演进的大势，方能明白其根本之所在。

曹胜高

目录

“儒”字小考

一般认为，是孔子创立了儒家。儒家为什么叫“儒”呢？“儒”的名称起于何时？“儒”的基本含义是什么？在孔子之前有“儒”吗？如果有，这些儒者是从哪里来的？他们原来是做什么的？这些都是我们首先要解决的问题。

“儒”字在殷商时期就出现了。甲骨文中的“需”字就是最原始的“儒”字。这个字的形状是以水冲洗、沐浴之形。那时的人尚不能制造很大的澡盆来洗澡，只能用水罐灌水来冲洗，有点儿像今天的淋浴，“需”字象人在淋浴时，水自头顶上冲洗而下的样子。

沐浴本来是人之常事，“需”是怎么演变为“儒”，又和儒家联系起来的呢？

古代在祭祖事神时，都必须沐浴斋戒。《孟子·离娄下》中说：“斋戒沐浴，则可以祀上帝。”要在斋戒沐浴后，才可以侍奉天帝。《礼记·儒行》中强调了“儒有澡身而浴德”，“澡身”就是沐浴，“浴德”就是斋戒，澡身的同时要浴德，否则不足以致其诚敬。《礼记·祭义》中则记载了“宫室既修，墙屋既设，万物既备，夫妇斋戒沐浴、盛服，奉承而进之”的过程，当宗庙中的宫室已经装修好，墙屋已经粉刷，各种物品都已齐备，此时便可以进行斋戒、沐浴，穿上礼服，捧着祭品向神明进献。祭祀时，心中不可以有其他杂念，举手投足间都要毕恭毕敬。

当“需”字从人，就成了“儒”字。胡适认为，“儒”字从“需”而训“柔”。因为古“需”字与古“耎”字相通，《广雅·释诂》释“耎，弱也”，“需”字本身就有柔软的意思。后来，“需”字加竖心旁变为“懦”，加虫字旁变成“蠕”，加子字旁变成“孺”，懦弱、蠕动的虫子、小孩子等，也都有柔软的意思。“需”还有等待而不急于进的意思。见《周易·杂卦》：“需，不进也。”《尔雅·释诂》：“需，待也。”“需”“儒”相通，“儒”也有了柔软、等待的意思。

许慎在《说文解字·人部》中是这样解释的:“儒,柔也,术士之称。从人,需声。”郑玄注《礼记·儒行》:“名曰《儒行》者,以其记有道德者所行也。儒之言优也,柔也。言能安人,能服人也。”术士们穿着长袍大袖的衣服,衣服上系着厚厚的带子,又戴着高高的冠。他们专门打理祭祖、事神、丧事等事宜,经常去做司仪。他们看上去弱不禁风,性格温和柔顺,做事优柔不进,文弱迂缓。

殷商时期,是否真的有这种“儒”呢?有的。

殷高宗武丁时,有个人本来名字叫“父辛”,但大家都叫他“子需”。这是因为,他在朝堂上宾祭典礼,祭祀人鬼,地位显赫,受人尊敬,大家都称呼他的职务名称,而原来的名字却逐渐被人淡忘了。(徐中舒《甲骨文中所见的儒》)可见,不仅甲骨文中有“儒”字,殷商王朝也有儒者。

殷商被西周所灭,儒者作为殷遗民的一部分,陆续移居到宋国、卫国、鲁国之地,这些地方保留下了很多殷礼旧俗,到春秋时,还有“诸侯宋、鲁,于是观礼”(《左传·襄公十年》)的说法。殷商贵族中那些精通殷礼的人们,背负起了保存殷礼旧俗的责任,便以“儒”行于世。就像傅斯年说的那样,“鲁之统治者是周人,而鲁之国民是殷人”(傅斯年《周东封与殷遗民》)。胡适也接着指出,“最初的儒都是殷人,都是殷的遗民,他们穿戴殷的古衣冠,习行殷的古礼”(胡适《说儒》)。《墨子·公孟》中说儒者都穿“古服”。“古服”之古,指的就是在西周之前的殷商。孔子则把这种衣服称为“乡服”。孔子的祖先是宋人,是殷王室的后裔,在孔子看来,儒服是他故国的服制,所以叫“乡服”。由此说,儒服就是殷服,最初的儒都是穿戴着殷商的古衣冠,习行殷商的古礼的。

这些熟悉礼俗的“儒”,正是靠着这些知识和技能,获得了衣食之资,维持了自己的生活。“儒与墨,盖当时失职之贵族。性好文者则为儒,性好武者则为侠。”(吕思勉《先秦史》)有些人去了西周新诸侯那里做了职事;留在民间的,最初可能帮人祈神、求雨、驱鬼、乐舞等,《庄子·田子方》中就有:“儒者冠圜冠者,知天时。履句屦者,知地形。缓佩玦者,事至而断。”儒者通晓天文地理,占天候,看地形,有点儿像风水先生。后来,他们渐渐充当了民间的礼官,尤其是谁家有了丧祭大事,都得去请教他们。儒者虽不是社会的上流人物,有的人甚至很穷,但却有较高的社会地位,“他们背负着保存古国文化的遗风,……在他们自己民族的眼里,他们是殷礼文化的保存者与宣讲师。在西周民族的眼里,他们是社会上多才多艺的人,是贵族阶级有用的清客顾问,是多数民众的安慰者。”(胡适《说儒》)

因为儒者不做农活，不耕而食，有时候还文绉绉、酸溜溜的，所以对他们也有批评的声音。孔子在《论语》中，把“儒”分为“小人儒”与“君子儒”，大致与《荀子·儒效》中的“雅儒”“俗儒”相当。小人儒是“小人穷斯滥矣”的堕落者（《论语·卫灵公》），他们“贪于饮食，惰于作务”（《墨子·非儒》），没有土地，不事农业生产，可以说是不稼不穑、无拳无勇的游民。他们又自恃曾是贵族，素有门望，只晓得摆个臭架子；更有甚者，还每每无耻无赖，简直就是社会的寄生虫。

《庄子·外物》里有段寓言：

儒以诗礼发冢，大儒胪传曰：“东方作矣，事之何若？”小儒曰：“未解裙襦，口中有珠。《诗》固有之，曰：‘青青之麦，生于陵陂；生不布施，死何含珠！’”接其鬓，擪其以金椎控其颐，徐别其颊，无伤口中珠！

“诗礼”云云，是说表面上还要面子；“发冢”云云，说明他们盗墓技巧之熟练。这极度讽刺了小人儒口中说着礼，在帮人办完丧事，做了殡仪吹鼓手之后，又去偷盗人家墓中的陪葬品的低贱形貌。

与“谋食不谋道”的小人儒相反，君子儒是“谋道不谋食”“忧道不忧贫”（《论语·卫灵公》），他们都是斯文的模样，以礼为本，有意识地去保存古制古礼，是为人着想、为文化着想的。“君子儒”操持着礼俗之业，不仅修己以敬，还能修己以安人，修己以安百姓。但在孔子之前，乃至于孔子时，这种“君子儒”都是很理想化的，相比于“卑巽而实近于寒酸局促”的小人儒，君子儒“尚近于落落大方”，但也是“卑巽”者。（陈登原《国史旧闻》）直到孔子有三千弟子，师徒相传，在春秋战国的诸子百家中争到了一席之地，“儒”进而成为“儒家”，“儒学”才成为显学。

何为“儒家”？

《淮南子·要略》中用了一大段话，陈述了儒家出现之前的历史：

文王业之而不卒，武王继文王之业，用太公之谋，悉索薄赋，躬擐甲胄，以伐无道，而讨不义，誓师牧野，以践天子之位。天下未定，海内未辑，武王欲昭文王之令德，使夷狄各以其贿来贡，辽远未能至，故治三年之丧，殡文王于两楹之间，以俟远方。武王立三年而崩，成王在褓襁之中，未能用事，蔡叔、管叔，辅公子禄父而欲为乱，周公继文王之业，持天子之政，以股肱周室，辅翼成王，惧争道之不塞，臣下之危上也，故纵马华山，放牛桃林，败鼓折枹，搢笏而朝，以宁静王室，镇抚诸侯。成王既壮，能从政事，周公受封于鲁，以此移风易俗。孔子修成、康之道，述周公之训，以教七十子，使服其衣冠，修其篇籍，故儒者之学生焉。

周文王从事讨伐殷商的事业，未完成便去世了。周武王继承了周文王的大业，采用姜太公的谋略，倾注全国的兵力，亲自穿上甲胄，来讨伐无道不义的殷纣王。周武王在牧野会合天下诸侯，誓师伐纣，最后终于登上了天子之位。但周武王立国三年就驾崩了，那时候，周成王还在褓襁之中，不能亲自执政。蔡叔、管叔想辅助纣王公子禄父，试图叛乱。周公旦继承了父兄周文王、周武王的事业，掌握了天子的权力，安定周王室，辅佐周成王，努力平定了天下的叛乱。之后，周公担心争斗不停止，臣下危及天子，便把军马释放到华山，把牛散放到桃林，把战鼓打破，鼓槌折断，身插笏板而朝见，以便安定周王室。后来周成王长大了，能够自己处理政事了，周公还政于周成王。周公在自己的封国鲁国也用这种办法来改变旧的风俗习惯。春秋时期，孔子修治周成王、周康王的主张，祖述周公的教训，用来教导自己的学生，让他们穿戴符合礼制的衣冠，研究前人遗留下来的典籍。于是，儒家便产生了。

可见，“儒”出现得很早，但作为诸子百家之一的“儒家”，出现得较晚。韩非子曾说儒家是显学，“儒之所至，孔丘也”（《韩非子·显学》），孔子是儒家的创始人，也是儒家的一面旗帜。孔子“把那有部落性的殷儒，扩大到那仁以为己任的新儒，他把那亡国遗民的柔顺取容的殷儒，抬高到那弘毅进取的新儒”。（胡适《说儒》）又继承了文、武、周公的王道政治传统，以师徒相授，使儒生知礼、乐、射、御、书、数之“六艺”，或当帝王师，教君王施行仁政，坐而论道；或开门授徒，为国家培养栋梁之材，用教书育人、著书立说的方式来弘道。

司马谈在《论六家要旨》中说：

夫儒者以《六艺》为法。《六艺》经传以千万数，累世不能通其学，当年不能究其礼，故曰博而寡要，劳而少功。若夫列君臣父子之礼，序夫妇长幼之别，虽百家弗能易也。（《史记·太史公自序》）

儒家以《诗》《书》《易》《礼》《春秋》《乐》等为法式，而《六经》的本文和经传以千万计，几代相继，也不能弄通其学问；有生之年也不能穷究其礼仪。所以说儒家学说内涵广博，但鲜有人抓得住要领，花费了力气却很少见功效。至于序列君臣父子之礼，夫妇长幼之别，即使有百家之说，也是不能改变它的。

《韩诗外传》中也说：

儒者，儒也。儒之为言无也，不易之术也。千举万变，其道不穷，《六经》是也。若夫君臣之义，父子之亲，夫妇之别，朋友之序，此儒者所谨守，日切磋而不舍也。虽居穷巷陋室之下，而内不足以充虚，外不足以盖形。无置锥之地，明察足持天下，大举在人上，则王公之材也？小用使在位，则社稷之臣也。虽岩居穴处，而王侯不能与争名，何也？仁义之化存尔。

儒家学问虽然千变万化，但“道”是无穷无尽的。《六经》就是这样。如那君臣的道义原则、父子间的血亲联系、夫妻间的内外分别、朋友间的亲密关系，这些都是儒家认真坚持的，是每天都要相互研讨而不能舍弃的。虽然儒生们住在狭小的街巷里、简陋的居室中，因缺少吃穿，有时不能填饱肚子、遮盖住身体，就连一块小小的封地也没有，但他们聪明的观察力，足以控制整个天下。如果他们被重用，处在众人之上的位置，那就是做天子、当诸侯的材料。如果被小小任用，担任一官半职，也会是国家举足轻重的大臣。即使隐居在山野之中，当王侯的人也不能和他们比较名气的大小。为什么呢？只因为他们有仁义的影响存在着。

班固的《汉书·艺文志》说得更清楚：

儒家者流，盖出于司徒之官，助人君顺阴阳、明教化者也。游文于六经之中，留意于仁义之际，祖述尧舜，宪章文武，宗师仲尼，以重其言，于道最为高。

儒家来自掌管教化的司徒，其宗旨是辅助君王顺应阴阳、提倡教化。儒家研习“六经”，专心于仁义之间，遵循着尧舜之道，效法周文王、周武王，以孔子为宗师，来显示他们言辞的分量，其“道”最为高深。

儒家“学而优则仕”，通过学习“六艺”“六经”，希冀成为文化贵族。在他们的一言一行中，都体现着特有的气质。《礼记·儒行》中记下了很多儒家的行为规范和修养之道：

儒生的日常生活相当严肃，其一起一坐都恭恭敬敬，说话一定要讲究信用，做事一定要讲究公正。

儒生不祈求土地，树立起道义就是他们的土地；儒生不祈求多有积蓄，多掌握知识就是他们的财富。

儒生性情沉静而崇尚宽大，性格强毅而能从善如流，学问渊博而能服膺胜于己者。

儒生隐居独处时不做坏事，飞黄腾达时力行正道。

儒生不在地位较低的人面前自高自大，不在功劳较少的人面前自夸功高。

儒生和朋友志同道合，彼此皆有成就，皆大欢喜；彼此有了差距，也互不嫌弃。

即便把许多金银财宝赠送给儒生，即便用声色犬马去引诱儒生，儒生也不会见利而忘义；即便用人数众多来威胁儒生，用严刑酷法来恐吓儒生，儒生宁愿去死，也不会改变节操。

儒生遇到盛世，不自惭形秽；遇到乱世，也不放弃信念。

（宋）马远《举杯玩月图》
幽茫空旷的天地之间，举杯望明月，对影成三人。

何为“儒学”？

儒学对中国历史的进程产生了重要的影响。从大传统的角度讲，儒家的理论形态与国家形态、政治形态等相互契合；从小传统的角度讲，儒家的思想倾向与精神追求，更符合士人的文化心态与人文理想。儒家不仅是修身、齐家、治国的理论基础，而且集中体现了平天下的价值取向。

儒家学说的根本立意是君子修身。儒家讨论人性，孔子说“性相近也，习相远也”（《论语·阳货》），人的本性是相近的，但由于后天习染不同，才使得人与人之间的差异越来越大。

人性之善也，犹水之就下也。人无有不善，水无有不下。（《孟子·告子上》）

今人之性恶，必将待师法然后正，待礼义然后治。（《荀子·性恶》）

人之性也，善恶混。修其善则为善人，修其恶则为恶人。（《法言·修身》）

孟子认为人性本善，荀子认为人性本恶，扬雄则认为，性善、恶相混。儒家强调修身，是要通过后天的人为努力，保持或者引导性善。儒家最担心的，就是“德之不修，学之不讲，闻义不能徙，不善不能改”（《论语·述而》），对品德不进行培养，对学问不进行钻研，听到好人好事，不能跟着去做，有了错误还不及时去改正。

儒家认为，要先“修己以敬”，内可以持敬，再“修已以安人”“修己以安百姓”（《论语·宪问》），外可以安人、安百姓，最后达到了《中庸》所说的“尊德性而道问学”，既使善性不散失，又要抑制恶性。唯有如此，才能“穷则独善其身，达则兼济天下”（《孟子·尽心上》），穷困时要修好自己的善性，显达时更要把这种善性延展到天下。

儒家学说的主导倾向是政治批判。《论语·季氏》中说：“天下有道，则礼乐征伐自天子出；天下无道，则礼乐征伐自诸侯出。”春秋时，天下秩序混乱，诸侯相互攻伐，上下僭越，不尊天子，自行发布政令，儒家议政的目的，就是要纠正这种不正常的社会状况，使“天下无道”回到“天下有道”来。在儒家看来，君、臣不是隶属关系，而是合作关系。孔子就说，“邦有道，则仕；邦无道，则可卷而怀之”（《论语·卫灵公》）。政治清明时，君子出仕，实现治国平天下的理想；政治糟糕时，“君有大过则谏，反覆之而不听，则易位”（《孟子·万章下》），当君王不听劝告，君子可以出仕，以求自保。儒家站在这样的立场上，肯定是批判多于肯定，他们“笃信好学，守死善道。危邦不入，乱邦不居。天下有道则见，无道则隐”（《论语·泰伯》），绝不会以苟合顺从为先，而最先考虑“道”。

谏、争、辅、拂之人，社稷之臣也，国君之宝也，明君之所尊厚也，而暗主惑君以为己贼也。（《荀子·臣道》）

以“从道不从君”（《荀子·臣道》）为原则劝谏、苦诤、辅助、匡正者是维护国家的臣子，是君王的财富，是英明的君主所尊敬优待的，但愚昧糊涂的君主却把他们看作自己的敌人。当君王有了错误的行为，国家有危险、政权将灭亡时，就向君主进呈意见，并联合同道者同心协力，率领群臣百官一起匡正君王，消除了国家的大忧患，去掉了国家的大祸害，使君王尊贵、国家安定。

当然，儒家学说在不同历史时期也呈现出阶段性，经历了从儒学的兴起到儒学的独尊、儒学的变异，再到儒学的复兴，乃至近代对传统儒学的扬弃与超越的过程，但君子修身的根本立意与政治批判的主导倾向，却始终未变。

儒学的兴起在先秦，先驱是周公，确立者是孔子，在孔门弟子诸多思想建树的基础上，成型于战国中后期的孟子、荀子，以“仁”“义”“礼”为核心。在这个过程中，儒家基本文献“六经”得以形成。

儒学的独尊在两汉，经董仲舒的努力，在汉武帝的强权下，儒学定于一尊，成了正名分、定尊卑的纲领式标准。“六经”的地位得以全面确立，经术与政术相结合，成了利禄之途，又有了今文经学与古文经学的互相攻击，直到郑学出，今文、古文被融通了。

儒学的变异在魏晋南北朝及唐。魏晋玄学的冲击点在“自然”与“名教”，但最后仍是以玄释儒，玄儒合流；唐初有了《五经正义》，经学得以统一，之后在中唐，又出了韩愈以反佛为目的的振兴儒学。

儒学的复兴在宋元明清，涌现了周敦颐的濂学、张载的关学、二程的洛学、朱熹的闽学、陆九渊与王阳明的心学、泰州学派的异端思想、颜李学派的教育思想、乾嘉学派的经学思想等。

近代对传统儒学的扬弃与超越，缘于西学的冲击，洋务派开始改革，以“中学为体，西学为用”为基础。“五四”运动打出了“打倒孔家店”的大旗，儒学被彻底拉下了神坛。直到新儒学的兴起，儒学才焕发了新的生机。

需要注意的是，儒学不等于经学，儒学更不等于孔学、孔教。经学是汉代之后才形成的，以经书为根本基础。经书当然也是儒学的基础，但儒学的思想学说并不是全部来自经书。所以从这个角度看，经学的范围要比儒学小一些。而孔学的范围更是小得多，孔学特指孔子本人及关于他的思想、道德和伦理学说的申述，后来发展出以孔子为教主的孔教，有时也称儒教，但都是狭义的，并不能等同于广义的儒学。

（明）戴进《风雨归舟图》

暴雨来临，小舟颠簸摇荡，行人迎风而行。

（明）戴进《涉水返家图》

行人步履匆匆，掩面遮风前行。

祖述尧舜

孔子曾用异乎寻常的激动言辞称颂过帝尧：

大哉，尧之为君也。巍巍乎！唯天为大，唯尧则之。荡荡乎！民无能名焉。巍巍乎，其有成功也，焕乎！其有文章！（《论语·泰伯》）

意思就是说，“真伟大啊，尧作为君王！天那么高大，只有尧能效法。他的恩德真是广大啊，百姓们无法赞美他了。伟大啊，他所完成的功业！辉煌啊，他所制定的礼乐规章！”

允恭克让，光被四表，格于上下。克明俊德，以亲九族。九族既睦，平章百姓。百姓昭明，协和万邦，黎民于变时雍。

乃命羲和，钦若昊天，历象日月星辰，敬授民时。（《尚书·尧典》）

尧征求臣下意见，求贤才以治水，说明他是一个忧民之忧、关心民瘼的君王；四岳荐鲧治水，结果鲧治水九年没有什么成绩，尧殛鲧于羽山，说明他是一个赏罚严明的君王；四岳又荐禹治水，尧不因其父被诛而否定禹，果断以禹治水，结果成功了，说明他能唯才是用；臣下举荐耕于畎亩之中的舜，尧予以任用，最后将帝位传给舜，而不传给自己的儿子丹朱，说明他能唯贤是举；尧死后，“百姓如丧考妣，三载，四海遏密八音”（《尚书·尧典》），说明尧是一个受天下爱戴，受百姓尊敬、怀念的君王。

孔子也大力称赞过帝舜：

巍巍乎！舜、禹之有天下也，而不与焉。（《论语·泰伯》）

舜发于畎亩之中，他的父亲、后母、异母弟弟几次想害死他，他都机智脱身，而且依然孝顺父母，这说明了舜的孝；在尧考察舜期间，舜以他的仁慈感化了当地的百姓，出现了农夫让田、渔夫让居的现象，其他地方的人也纷纷来依附舜，这说明了舜的仁；继位之后，舜很好地完成了尧交给自己的使命，使百官掌握的各项工作都能按时完成，先任用了禹、皋陶、契、后稷等贤人为官，又任命大禹领导治水，天下皆受其益，这说明了舜的智；他还制定刑法，驱逐危害天下的共工、驩兜、三苗、鲧等"四凶"，这说明了舜的勇。舜在晚年，也仿效尧的做法，把君王之位禅让给禹。

尧、舜传贤不传子的做法，古籍中有很多记载：

尧舜，贤主也，皆以贤者为后，不肯与其子孙，犹若立官必使之方。（《吕氏春秋·季春纪·圜道》）

尧有子十人，不与其子而授舜。舜有子九人，不与其子而授禹。至公也。（《吕氏春秋·孟春纪·贵公》）

这种以德行、贤能为重的朝代更替方法，叫禅让。何为"禅让"？即"禅也者，上德授贤之谓也"（《唐虞之道》）。孟子曾和他的弟子万章讨论这个问题：

万章曰："尧以天下与舜，有诸？"

孟子曰："否，天子不能以天下与人。"

"然则舜有天下也，孰与之？"

曰："天与之。"

"天与之者，谆谆然命之乎？"

曰："否，天不言，以行与事示之而已矣。"

曰："以行与事示之者，如之何？"

曰："天子能荐人于天，不能使天与之天下；诸侯能荐人于天子，不能使天子与之诸侯；大夫能荐人于诸侯，不能使诸侯与之大夫。昔者，尧荐舜于天，而天受之；暴之于民，而民受之。故曰：天不言，以行与事示之而已矣。"

曰："敢问荐之于天，而天受之；暴之于民，而民受之，如何？"

曰："使之主祭，而百神享之，是天受之；使之主事，而事治，百姓安之，是民受之也。天与之，人与之，故曰：天子不能以天下与人。"（《孟子·万章上》）

万章问："尧拿天下授予舜，有这回事吗？"孟子回答说："不，天子不能够拿天下授予人。"万章问："那么，舜得到天下，是谁授予他的呢？"孟子说："天授予的。"在孟子看来，天子能够向天推荐人，但不能强迫天把天下授予人，而要通过实际的考察。舜辅佐尧，治理了天下二十八年，不是凭一个人的意志能够做得到的，而是天意。尧去世后，舜服丧三年，避居于南河的南边，为的是要让尧的儿子继承天下。可是，天下诸侯朝见天子的，都不到尧的儿子那里去，却到舜那里去；打官司的，也都到舜那里去；歌颂的人不歌颂尧的儿子，却歌颂舜。这是天意。舜回到帝都，登上天子之位。如果先前舜占据尧的宫室，逼迫尧的儿子让位，那是篡夺，就不是天授予他的了。

郭店楚简《唐虞之道》论述得更详细：

尧舜之王，利天下而弗利也。禅而不传，圣之盛也。利天下而弗利也，仁之至也。故昔贤仁圣者如此。

尧、舜之所以能禅让，原因在于他们把利天下看作是第一位的。他们给天下做了极好的榜样：

古者尧之与舜也。闻舜孝，知其能养天下之老也；闻舜弟，知其能嗣天下之长也；闻舜慈乎弟，知其爱民而能为民主也。故其为瞽盲子也，甚忠。尧禅天下而授之，南面而王天下，而甚君。故尧之禅乎舜也，如此也。（《唐虞之道》）

尧举舜，不仅因为舜是有德的贤人，更重要的是，尧觉得舜为天子后，能够把他在家中的孝、悌、慈等德行遍及天下，善待天下人，在天下形成尚德的社会风气，以达到天下大治。再以孝、悌、慈、忠等道德标准选贤、授贤，树立起社会公认的道德标准，形成崇尚忠、孝、悌、慈的社会风气，可以德化民众，强调的是一种由内而外、修身尚德而教化天下的治世措施。

后世有志于修、齐、治、平的儒者，无不以致君尧、舜为己任。唐代的魏徵，

"以谏诤为心，耻君不及尧舜"（《贞观政要·任贤》），上书唐太宗，希望唐太宗推行尧、舜那样的仁政；杜甫期盼"致君尧舜上，再使风俗淳"（《奉赠韦左丞丈二十二韵》），尧、舜时民风淳朴，成了身在乱世的杜甫心中的"乌托邦"；柳宗元也讲，"唯以中正信义为志，以兴尧、舜、孔子之道，利安元之为务"（《寄许京兆孟容书》），以中正信义为志向，以施行尧、舜、孔子之道为终生追求，把有利于民生当作最高的人生理想。

（南宋）马麟《圣贤图·汤》
圣王商汤
顺天应人，本乎仁义。以质继忠，匪曰求异。
盘铭一德，桑林六事。人纪肇修，垂千万世。

（南宋）马麟《圣贤图·尧》
圣王帝尧
大哉帝尧，盛德巍巍。垂衣而治，光被华夷。
圣神文武，四岳是咨。揖逊之典，万世仰之。

宪章文武

曹操在他临终前不久，曾与他的臣子们说："若天命在吾，吾为周文王矣。"(《资治通鉴·汉纪》)君王向来以效法圣王自许，这里所说的周文王，是西周王朝的奠基者。

周文王时期，周还是殷商的方国之一，在现在陕西岐山一带。周文王的父亲是被商王杀害的，周文王为诸侯时，也被殷纣王抓起来过，被关押在羑里好几年。周文王的大臣们用大量的财物、珠宝、美女才赎回了他。周文王回到自己的封地后，一心想剪灭商朝。他在位50年，励精图治，使周具备了灭商的政治、经济及军事实力。尽管周文王没有等到亲自伐纣的那天，但他卓越的治国才能，维新了周之旧邦，也使他成为君王政治风范的典型。

周文王是一个以德治为先的君王。周文王治国，笃仁敬老，慈少礼下，国内风气蔚然向善。《孔子家语·好生》中，记载了这样一则故事：

虞、芮二国争田而讼，连年不决，乃相谓曰："西伯仁也，盍往质之。"入其境，则耕者让畔，行者让路。入其朝，士让为大夫，大夫让为卿。虞、芮之君曰："嘻！吾侪小人也，不可以履君子之庭。"遂自相与而退，咸以所争之田为闲田矣。

孔子曰："以此观之，文王之道，其不可加焉。不令而从，不教而听，至矣哉！"

虞、芮两国发生了领土纠纷，请周文王裁决。两国使者到了周国，看到种田的人把田界让给对方，走路的人让开路让别人先走；在朝的也不争位，都是谦谦君子。见到周国如此的礼让之风，两国使者都十分惭愧，说我们所争的，正是周人所耻的。回国之后，两国都让出了所争之地。孔子评价此事，说："从这件事看来，周文王的治国之道，不可能再被超过了。不下命令，大家就听从；不用教导，大家就听从；这是达到最高境界了。”

周文王是一个礼贤下士的君王。《诗经·大雅·文王》有“济济多士”一词，赞扬的就是周文王时人才济济的局面。辛甲原是商之臣子，他多次向殷纣王进谏，殷纣王根本不理睬，辛甲便弃商投周。周文王亲自迎接，封他为公卿。太颠原本是个猎人，周文王发现他是个贤才，便选拔他为大臣。后来，周文王觉得身边虽不乏文臣武将，但还缺少一个能指挥全局的人。于是他留心寻访，有一日他在渭河之滨发现了一位正专心钓鱼的老者，这位老者就是姜子牙。周文王和他聊了一会儿，被他滔滔不绝的议论和对治国兴邦的精辟见解折服了，周文王马上请他入宫，任他为周相。

周文王是一个开明务实的君王。《尚书·无逸》称他“不敢盘于游田”，勤于政事，经常连饭也顾不上吃。他亲自督促众人开荒种地，大力发展农业生产，从中体察民情，以了解小民稼穑之艰难。他注意关照那些鳏寡孤独、孤苦无靠的小民，想方设法为他们解决衣食之难。他打通关隘，允许自由经商，关市只检查异言异服，不征税，促进了商业的发展。百姓可以随便进入山川林泽，任意猎取野物。他还规定，罪犯只罪及其身，不许把他们的家属也籍没为奴。

周文王去世时，周三分天下有其二，已经能和殷商抗衡了，灭掉殷商只是时间问题。周武王“修文王绪业”（《史记·周本纪》），即位次年，就在盟津检阅军队，举行军事预演。在这次演习中，周武王用车载着祭祀周文王用的木牌，以太子自称，说是奉先父命令讨伐殷商，并非擅自定夺。当时，“不期而会盟津者八百诸侯”（《史记·周本纪》），诸侯们不约而同，齐集盟津，请求周武王立刻发兵征讨。周武王认为时机还未成熟，需要再多做准备。通过这次正规的军事演习，周武王看到，天下人已对殷纣王恨之入骨，只要起兵，诸侯都会云集响应。但周武王并没有草率行事，仍在耐心等待可以一举灭商的好时机。

两年后，周武王下达了向殷商进兵的命令。诸侯们听到周武王发兵的消息，都率军来到牧野，共同参战。周武王在战前动员时说：

古人有言曰：牝鸡无晨。牝鸡之晨，惟家之索。今商王受，惟妇言是用，昏弃厥肆祀弗答，昏弃厥遗，王父母弟不迪，乃惟四方之多罪逋逃，是崇是长，是信是使，是以为大夫卿士，俾暴虐于百姓，以奸宄于商邑。今予发，惟恭行天之罚。（《尚书·牧誓》）

佚名 周武王像

母鸡早晨不能啼叫，如果母鸡在早晨打鸣，这家人肯定要有灾难将至。现在昏庸的殷纣王只听女人的话，信任着那些在各地犯罪逃亡的恶人，以暴政淫威统治天下百姓，置礼法于不顾，致使国家纲纪败坏，百姓困苦不堪。对这样的乱国之君，现在，我要执行上天之命来惩罚他。

周武王一鼓作气，带领诸侯们同仇敌忾，一举灭掉殷商，以诸侯的身份取代了殷商天子的地位。即使灭掉了殷商，周武王仍不敢懈怠。他居安思危，殷商惨淡经营数百年都能被推翻，也使周武王进一步体会到，只有惩恶扬善，以仁治国，才能真正使政权长治久安。

周武王先安抚了人心惶惶的民心。鹿台本是殷纣王搜刮天下财富的聚集之地，里边有数不清的财宝，周武王散发了其中收藏的金钱，又用国库中囤积的粮食赈济贫穷的百姓，还释放了被殷纣王囚禁的人。周武王把许多宗室贵族和姻亲功臣分封到各地，建立诸侯国，也为殷商后裔有限制地分配了一些土地，仍让殷纣王的儿子武庚管理殷人，再派自己的弟弟管叔、蔡叔和霍叔各据一方。此后，周武王“偃干戈，振兵释旅”（《史记·周本纪》），削减武备，减少军队，以示天下太平，万民和睦。

周武王还曾想营建洛邑。当时，洛邑被认为是天下之中，东南西北各方有事都能迅速控制。周武王和周公多次讨论在洛邑建都的问题，以至于心事重重，睡不着觉。可惜，周武王还没来得及做，就因积劳成疾病逝了。他未竟的事业留给了年幼的儿子周成王，以及摄政管理国家大事的弟弟周公旦。

吾梦周公

没有周公，就不会有传世的礼乐文明；没有周公，也就没有儒家深厚的思想积淀。正是有了以德、礼为主干的周公之道为铺垫，春秋末期才有了孔子以仁、礼为内容的儒家思想。孔子向往“郁郁乎文哉”的“周公之治”，一生孜孜追求的，便是周公的事业。

《荀子·儒效》记载：

武王崩，成王幼，周公屏成王，而及武王以属天下，恶天下之倍周也。履天子之籍，听天下之断，偃然如固有之，而天下不称贪焉。杀管叔，虚殷国，而天下不称戾焉。兼制天下，立七十一国，姬姓独居五十三人，而天下不称偏焉。教诲开导成王，使谕于道，而能揜迹于文、武。周公归周，反籍于成王，而天下不辍事周。然而周公北面而朝之。天子也者，不可以少当也，不可以假摄为也。能则天下归之，不能则天下去之，是以周公屏成王，而及武王以属天下，恶天下之离周也。

周武王传位于周成王的时候，周成王还是个小孩，无力肩负大任。当时，内有管叔、蔡叔，怀抱野心；外有武庚、徐、奄，时刻不忘复辟，局势非常严峻。在这关键的时刻，对政权巩固和建设起了决定性作用的，正是周武王的弟弟周公旦。

《尚书大传》的记载，基本上是可信的。

周公摄政，一年救乱，二年克殷，三年践奄，四年建侯卫，五年营成周，六年制礼作乐，七年致政成王。

“一年救乱”指的是诛杀管叔、蔡叔。据《史记·鲁周公世家》记载：“周公恐天下闻武王崩而畔，周公乃践阼，代成王摄行政当国。”周公“践阼”，即代天子行天子事，这一点对于以为可以继承王位的管叔来说，显然是个不小的刺激。周文王的长子伯邑考早死，次子武王继位，这是兄终弟及的例子。按照先例办事，管叔排行第三，周公排第四，管叔是兄，周公是弟，不论是继位或摄政，管叔都比周公有优先权，所以管叔不服。管叔联合蔡叔叛国，周公随即发兵东征，打败了他们。

“二年克殷”，指的是平定殷商的残余势力。这与诛杀管叔、蔡叔的东征是同时进行的，有些被征服的殷商旧族，心中怀有不满，他们一直在等待时机，准备复国。一听说周武王死了，以为时机已到，蠢蠢欲动。管叔、蔡叔也是借助了殷人复辟之乱，想打倒周公，取得王位，双方一拍即合。周公东征结束后，管叔被杀，蔡叔被流放。

“三年践奄”，“践奄”就是讨平奄地，这是在克殷之后紧接着进行的，周公一举攻灭了参加叛乱的东方17个小国。救乱、克殷、践奄的3年，正是《诗经·豳风·东山》所说的“于今三年”。

“四年建侯卫”，“建侯卫”指的是新封诸侯。封殷商后人微子启在宋，因为宋是商人的老根据地，殷商曾在此建都；封周武王的弟弟康叔在卫，以管理那里的商朝遗民；封周公在鲁，周公未去封地，去封地的是周公的儿子伯禽；封姜太公在齐；封召公在燕。这次“建侯卫”，从根本上解决了殷人的问题，是周公在东征之后的政治总结。同时，周公也吸取了管、蔡叛乱的教训，把最可靠的和最有力量的宗亲分封到了最要害的地区，以拱卫周王室。

周公告诫年幼的康叔：殷商之所以覆灭，是由于殷纣王耽于酒，淫于妇，以至于朝纲混乱，最后导致灭身亡国。又嘱咐说：你到殷墟后，首先要访求住在那里的贤人长者，向他们讨教商朝前兴后亡的原因；其次务必勤政爱民，以礼乐来规范行为。康叔到了殷墟之后，牢记周公的叮嘱，生活俭朴，爱护百姓，很快就使当地繁荣起来。

伯禽赴鲁的时候，周公叮咛说：我是周文王的儿子，周武王的弟弟，周成王的叔父，算起来，我的地位不算低贱了吧。但是，我洗一次头，总要停下来几次，手握着头发，去办理急事；我吃一顿饭，也有好几次来不及咽下，吐了出来，先去接待要见我的人。我这样尽心接待天下的贤才，还怕他们不肯到我这儿来。你这次到鲁国，千万不要自以为是贵人，就骄傲起来。

(元) 赵孟 《瓮牖图》(局部)
此图画的是子贡见原宪的故事。

“五年营成周”，“营成周”就是周武王曾和周公讨论的在洛邑建都的问题。周朝的都城在宗周镐京，地理位置偏西；而成周洛邑位处中原，可以更有效地控制东方诸国。有意思的是，成周洛邑建成，后来却并未迁都，直至周幽王时，整个西周200多年，正式国都仍是镐京。正式迁都洛邑从周平王开始，却又标志着西周的覆亡。

“六年制礼作乐”，周公在增益殷商礼制的基础上建立了一套以礼乐为标志的典章制度。周公认为，礼所要解决的中心问题，就是尊卑贵贱的区分。由此，他制定了一系列严格的君臣、父子、兄弟的礼仪制度，主要有“畿服”制、“爵谥”制、嫡长子继承制等。“畿服”用来规范中央与地方的关系，“爵谥”用来规范诸侯等级，嫡长子继承制用来保证继承人更替的合情合理性。此外还有田制、法制等。

周公还首创了乐制。如《大武》乐，拿今天的眼光看，就是一出以周武王克殷为题材的大型歌舞剧。据相关记载，全剧共六部分：第一部分“北出”，舞者手执盾牌站立较长时间，表示了牧野誓师时，部队听誓的情景；第二部分“灭商”，表示的是奋勇杀敌；第三部分“南”，即灭了商朝，再南向用兵；第四部分“南国是疆”，即南方疆域已得到巩固，重新划定疆界；第五部分“周公左，召公右”，表示周公、召公协助统治；第六部分“复缀以崇天子”，舞队又集拢在一起，表示礼敬天子。

“七年致政成王”，周公摄政六年，周成王已经成人，周公就把天子权力正式交还给周成王。周公对周成王叮咛告诫，要他知“稼穑之艰难”，不要纵情于声色、安逸、游玩、田猎。这正是有见于殷纣王的灭亡，周公对周成王提出的忠告。可以说，周公为了周王朝的事业用尽了毕生精力。

周公死后，周成王用最隆重的天子礼节把周公葬在毕原，与周文王、周武王葬在一起，以此表示周公的功劳之大。孔子曾发出这样的感叹：“‘甚矣吾衰也！久矣吾不复梦见周公！”（《论语·述而》）他感叹自己没能生在周公之时，就连周公之梦也越做越少了。

天命与天德

人们把头顶以上称为天。古人观察天象变化，看到刮风下雨、打雷闪电、日食月食，却解释不了这些自然现象，于是产生畏惧心理，认为天是有意志的，天能主宰人间的一切。《礼记·表记》言：

夏道尊命，事鬼敬神而远之，……
殷人尊神，率民以事神，先鬼而后礼，……
周人尊礼尚施，事鬼敬神而远之，……

尽管夏、商、周三代不同，但“事鬼敬礼”之举，祈求来自天的神秘力量的保佑是一致的。

殷商时人认为，商是上天授予的：

天命玄鸟，降而生商。……古帝命武汤，正域彼四方。
方命厥后，奄有九有。商之先后，受命不殆，……
殷受命咸宜，百禄是何。（《诗经·商颂·玄鸟》）

有娀方将，帝立子生商。……
帝命不违，至于汤齐。……上帝是祇，帝命式于九围。（《诗经·商颂·长发》）

天命多辟，设都于禹之绩。……

天命降监，下民有严。（《诗经·商颂·殷武》）

在《诗经·商颂》的祭歌中反复有这样的诗句，说殷商大业来自天命。而且，商王也以能传达天命自居，《尚书·盘庚上》中有“先王有服，恪谨天命”，说殷商之祖就是恪守天命的；“天其永我，命于兹新邑”，因为天告诉了这样的命令，所以盘庚带领人民迁都。《尚书·太甲中》中还说“皇天眷佑有商”，殷商是有天保佑的。

既然殷商是天命所许，那么，就应是人力不可以撼动的。但是，殷商传国四五百年就走上了覆亡的道路，殷纣王曾长叹：“天既讫我殷命。……故天弃我，……我生不有命在天。”（《尚书·西伯戡黎》）天为什么要灭了我呢？难道我的命运不再在天了吗？殷纣王想不通的原因，在于殷商对于天命，一直是被动接受的，商王反复占卜、祭祀，认为只要事事问天，天回答了，天就授命于殷商，必定佑其绵长，断无中途收回的道理。

继殷商得天下的周朝，也认为“受命于天”，这在《诗经·周颂》中颇多记述。《昊天有成命》：“昊天有成命，二后受之。”《时迈》：“时迈其邦，昊天其子之，实右序有周。”肯定天命授予了周。更重要的是，周朝还想明白了殷商没弄明白，或者说，殷商压根儿没想过的问题，那就是，天命为什么会转移？天为什么会改变对夏的支持，转向了商，又改变了对商的支持，而转向了周？天究竟会把天命授予谁呢？其实是这样的，“皇天无亲，惟德是辅”（《尚书·蔡仲之命》），天授命，看重的是“德”。商不行德政，倒行逆施，所以失去了天命。“惟命不于常”（《尚书·康诰》），上天的意志和命令是会改变的，上天不会把天命无条件地永远赋予一姓王朝。“天降丧于殷，罔爱于殷，惟逸。天非虐，惟民自速辜”（《尚书·酒诰》），并不是上天无情，完全是因为殷人自己的乱德，招致了灾祸。

在商朝之前的夏朝灭亡，也是这个问题：

我不可不监于有夏，亦不可不监于有殷。我不敢知曰，有夏服天命，惟有历年。我不敢知曰，不其延，惟不敬厥德，乃早坠厥命。我不敢知曰，有殷受天命，惟有历年。我不敢知曰，不其延，惟不敬厥德，乃早坠厥命。（《尚书·召诰》）

周公的意思是说，不知道夏接受天命有多久，但可以肯定的是，夏因不敬重德行，早早失去天命。殷人与夏人犯了同一种错误，也是因为不敬德，导致了早早失去了上天的授予。

周王则是听从天命，替天给予商王惩罚。天命，就是周革殷命的依据。

维天之命，于穆不已。于乎不显，文王之德之纯。（《诗经·周颂·维天之命》）

维此文王，小心翼翼。昭事上帝，聿怀多福。厥德不回，以受方国。（《诗经·大雅·文王》）

周文王依靠“德”取得天下，“肆惟王其疾敬德，王其德之用，祈天永命。”（《尚书·召诰》）继位的周王都必须实行德政，才能使王权永固。“惟德是辅”的提出，从外在看，其标志着殷商文化的转型，王国维在《殷周制度论》中所论：“殷周之兴旺，乃有德与无德之兴亡，故克殷之后，尤兢兢以德治为务。”从内在看，其意味着天命观向理性方向发展，人不再被动地受命于天，天也不是喜怒无常的情绪，漫无目的地授命，而具有了原则性的道德意志。

周朝不厌其烦地讲德政。周公摄政时，作《康诰》，告诫康叔如何治理分封之卫国。

用康保民，弘于天，若德裕有身，不废在王命。……敬哉！天畏棐忱，民情大可见。

周王知晓天命，不是通过占卜、祭祀，而是通过体察民情。有古语云：“人无于水监，当于民监。”不仅以水为镜，更当以民为镜。由此，周公把“德”归于用康保民，指出可畏的天命，往往是通过人民愿望表现出来的，必须特别恭谨从事。周公还说，“若保赤子，惟民其康”（《尚书·康诰》），君王要像保护自己的孩子一样保护臣民，唯有这样国家才能安定巩固。

周朝竭力讲天命、提倡德政，在当时的意义是解决了周朝合法性的问题。对后世的意义也是如何以“德”来解释政权合法性的问题。到了西周幽、厉王时期，周政不再德惠下民，百姓开始怀疑天命。

昊天不佣，降此鞠凶。昊天不惠，降此大戾。（《诗经·小雅·节南山》）

浩浩昊天，不骏其德。降丧饥馑，斩伐四国。（《诗经·小雅·雨无正》）

人们纷纷发出疑问，天为什么降下了灾祸？是不是因为周德已衰，天将亡之？《左传》中多记述诸侯探寻天命，强调如果天德合一，诸侯也可以自称受天命而王天下，通过德行来获得合法统治权。可以说，从西周以迄春秋，是天命、天德说最流行的时期，之后更在儒家的思想体系中得到了充分的发展，成为儒家政治思想的渊源之一。

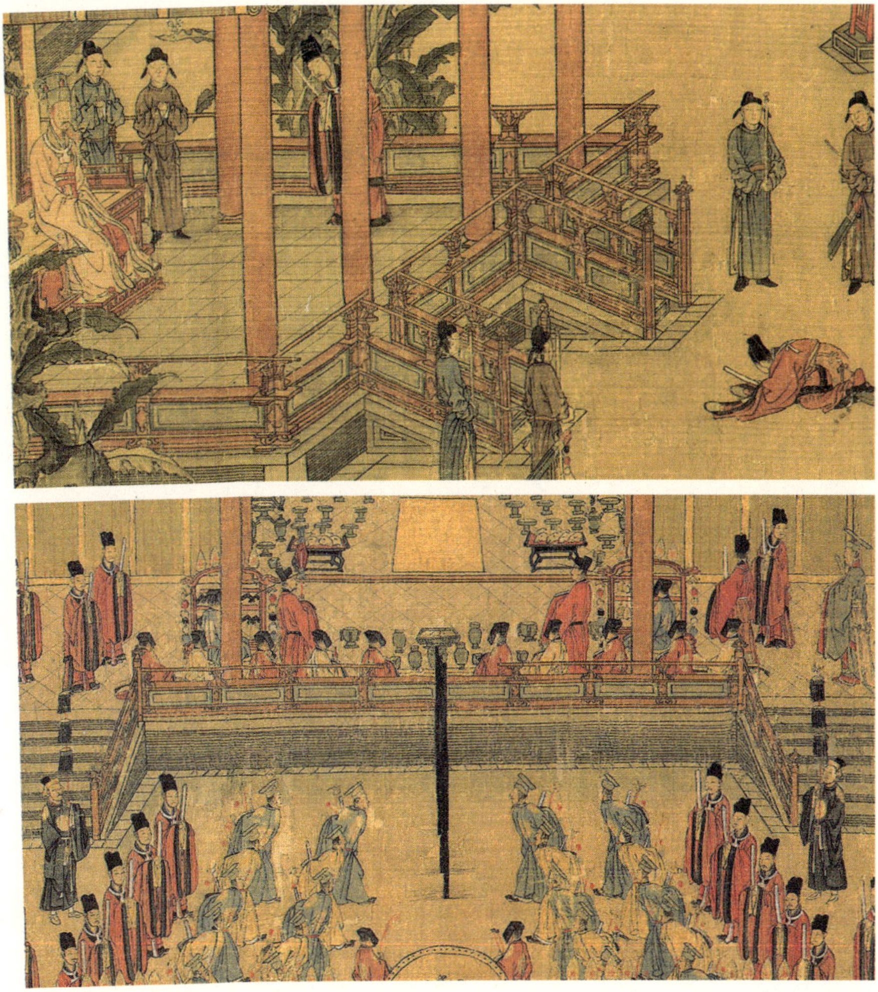

佚名《朝拜图》（局部）
此图画的是臣子朝拜皇帝的情形。

《周礼》与社会建制

《周礼》初名《周官》。据《史记·封禅书》中记载，“封禅用希旷绝，莫知其仪礼，而群儒采封禅《尚书》《周官》《王制》之望祀射牛事”。《汉书·艺文志》著录有《周官经》六篇、《周官传》六篇，皆是明证。用“周官”为书名，是很名副其实的，称“官”是因它本来就是讲设官分职的；“周”则有两种含义，一是周代，二是周全。

据荀悦《汉纪·成帝纪》所记：“刘歆以《周官经》六篇为《周礼》，王莽时，歆奏以为礼经，置博士。”刘歆把《周官》改名为《周礼》，又在王莽时将其列为经书。改名的原因大致是因为《尚书》中也有一篇《周官》，同样是讲官制的，刘歆担心此《周官》与彼《周官》混淆，所以，将此《周官》改名《周礼》。东汉末年，郑玄做《周礼注》流行于世，此后，《周礼》遂成为正名。

《周礼》的作者是谁，至今仍无定论。据《汉书·景十三王传》记载，是河间献王刘德在民间得到了这本书，当时只剩下五篇，缺少的《冬官》就是找不到，最后只好另取一篇《考工记》补入。刘歆认为这本书是“周公致太平之迹”（《周礼注疏》），但具体理由是什么却没有说。倒是后来郑玄在作注时，解释了《周礼》的第一句话“惟王建国”，明确说：“周公居摄而作六典之职，谓之《周礼》。”（《周礼注疏》）郑玄之所以说得这样言之凿凿，大约是他看到了《礼记·明堂位》中说：“周公践天子之位，以治天下。六年，朝诸侯于明堂，制礼作乐，颁度量，而天下大服。”《周礼》一书便是“周公所制官政之法”（《隋书·经籍志》）。郑玄是礼学权威，信者甚众，此后，周公作《周礼》的说法，几乎成为定论。

到了清末，康有为写《新学伪经考》，他综合了前代学者的一些疑问，提出新的说法。他认为，西汉末年，王莽托古改制，刘歆作为国师，为了给这次政治变革提供理论依据就伪造了许多经书，《周礼》只是这些伪经中最要害的一部，其目的是帮助王莽篡汉。康有为的说法是：不仅是《周礼》，汉代所有的古文经书都是刘歆伪造的，我们统统都被刘歆骗了。这种怀疑有些过了头，因为来历不明与伪造之间不能画等号。但由于没有更多明确的证据，两种说法各有支持者、反对者，争论来争论去也没有什么结论。

《周礼》作者不能明确，《周礼》的成书年代也是本糊涂账。诸多学者从其思想、制度、语言文字等多方面分析，认为《周礼》的成书不是一时的，其内容出自周初，历二三百年之损益积累而成，成书最晚大致在战国时期，汉代之后也有所增改。

《周礼》一书，采用天、地、春、夏、秋、冬六时，分《天官》《地官》《春官》《夏官》《秋官》《冬官》六部分。《伪古文尚书·周官》中记载：

冢宰掌邦治，统百官，均四海；
司徒掌邦教，敷五典，扰兆民；
宗伯掌邦礼，治神人，和上下；
司马掌邦政，统六师，平邦国；
司寇掌邦禁，诘奸慝，刑暴乱；
司空掌邦土，居四民，时地利。

天官的首长叫“冢宰”，旨在治理官府风纪；地官的首长叫“司徒”，旨在教化人民；春官的首长是“宗伯”，旨在协和天下各国；夏官的首长是“司马”，旨在平均各地百姓负担的赋税；秋官的首长是“司寇”，旨在惩治罪犯；冬官的首长是“司空”，旨在合理安排土木工程。

“天官”称大宰，掌管邦治，是治理国家政治的官员。天官在六官中最为重要，它总摄六官，是这个系统的核心。而且，天官还掌管着皇室的杂务，如居所、膳食、衣饰、医药等。这个部门类似现在的总务处。

“地官”称大司徒，主要职责是管理土地和人民，如各地基层的农业官员、收取赋税、负责学校教育等。尤其是用“六德”即智、仁、圣、义、忠、和；“六行”即孝、友、睦、姻、任、恤；“六艺”即礼、乐、射、御、书、数等对民众进行教育。

“春官”称宗伯，这一部分属于礼官，主要就是掌“五礼”，即吉礼，是祭祀天、地、人三方面的鬼神之礼；凶礼，是丧葬、灾荒方面的礼节仪式；宾礼，是天

（清）郎世宁《亲蚕图·采桑》（局部）
此图根据清代亲蚕风俗仪式创作。

子、诸侯、盟国之间礼尚往来的礼节仪式；军礼，是有关军事活动方面的礼节仪式；嘉礼，是有关喜庆活动的礼节仪式。

“夏官”称司马，掌管邦政，如划定畿内畿外区域，处理分封诸侯之事；设立诸侯与诸臣的礼仪，分别他们的朝位，使邦国大小尊卑各有等差；均平地守与法则，以安定诸侯国；使大国亲爱小国、小国事大国，和睦相处。

“秋官”称司寇，掌管刑罚，如惩治违法的臣民、定期制定和发布法令。在《周礼》的记载中已有了监狱，当时称之为“圜土”。凡过失伤害人的罪犯，把他们关在圜土里，叫他们做力所能及的事情；如果能改过的，释放后可自由行动；不能改过的，若敢逃出监狱，捕得即杀。

“冬官”称大司空，掌管邦事。这部分后来散佚了，具体内容已不可见。补入的《考工记》，主要记载指导、监督和考核官府手工业、工匠劳动的制度。

在六官之下，《周礼》又各自分别设置了不同的属官，天官属官有63人，地官属官有78人，春官属官有70人，夏官属官有69人，秋官属官有66人。每个属官都有固定的编制与明确的职守，之间既有纵向的领导与被领导的关系，又有横向的分工协作关系，可谓严密之至，滴水不漏。

《周礼》设官分职规模宏大，俨然一幅天朝大国的气象。在这个大国中，至高无上的是天子。天子依靠这样一套严密的官僚机构，贯彻自己的意志，如同身之运臂，臂之运指，莫不随心如意。《周礼》向我们展示了一个详密严谨、宏纤毕现的国家典制，为后世立下了理想国的法律性制度，也成为历代政治家取法的模板。历史上每逢重大变革之际，多有把《周礼》作为思想根源，从中寻找变法或改革的思想武器者。但《周礼》包含了太多理想成分，与现实相距甚远，任何一位政治家也都不曾成功地运用它。

季札观乐

李白《上留田行》诗云：

孤竹延陵，让国扬名。高风缅邈，颓波激清。

李白称赞的是孤竹君之子伯夷、叔齐与季札让国的风节。季札是吴王寿梦的幼子，因为人贤能，吴王曾想传位于他，但季札唯仁是处，视富贵如秋风之过耳，多次让国，辞而不受。

《上博楚简·弟子问》中记载了孔子对季札让国的论述："延陵季子，其天民也乎？"季札的封地在延陵，故尊称为延陵季子。孔子称赞季札为"天民"，正是因季札循礼让国，既不肯接受吴王寿梦直接传位给自己，也不接受兄终弟及继承王位。

季札乃"吴之习于礼者"（《礼记·檀弓下》），他曾到鲁国，见到了鲁国当时执政的叔孙穆子，按照当时的礼制，两人一同观礼周乐。当年为了表彰周公，周成王特许鲁国可以用祭天子的礼节和音乐祭祀周公，在春秋诸国中，鲁国是将周乐保存得最完备的。季札的这场观乐活动，有风、雅、颂之乐舞，其全部过程被记载在了《左传·襄公二十九年》。季札精通乐律，当每一曲终了，他都给出了精当的评论。

季札先评论了十五国风：

《周南》《召南》，是王业开始奠定基础，虽然还没有完善，然而百姓勤劳而不怨恨了；

《卫风》，是美好又深沉之声，忧愁而不困惑；

《王风》，是思虑而不恐惧之声，这是周室东迁以后的音乐；

《郑风》，认为它琐碎得太过分了，百姓不堪忍受，这大概是郑国要先灭亡的原因；

《齐风》，这是作为东海表率的姜太公的国家的宏大声音；

《豳风》，浩荡博大，欢乐但不过度，大概是周公东征的音乐；

《秦风》，是为夏声，能够具有夏声就一定能够壮大起来；

《魏风》，洪亮而又婉转的音乐；

《鄘风》，是美德者的后代之声；

《陈风》，这音乐诉说着，一个国家的国君不能做主，就不能够长久。

《郐风》以下的诗歌，季札听了就没有评论了。

季札又评价了雅、颂之乐：

乐师演奏《小雅》，季札说："美啊！忧愁而没有背叛的心，怨恨却不表现在语言中，这恐怕是周朝德行衰微的乐章吧！"

乐师演奏《大雅》，季札说："广博啊，和美啊！抑扬顿挫，刚健劲直，这大概是周文王的德行吧！"

乐师又演奏《颂》，季札说："音乐之美到达顶点了！正直而不倨傲，婉柔而不屈挠，亲近而不挑逗，疏远而不离心，活泼而不邪乱，反复而不厌倦，哀伤而不忧愁，欢乐而不过度，常用而不匮乏，宽广而不显露，施舍而不浪费，收取而不贪婪，静止而不停滞，行进而不流荡。五声和谐，八风协调。节奏有一定的规律，乐器都按次序，这都是盛德之人所共同具有的。"

季札在观看了舞蹈后，又说出了《象箾》《南籥》的美还有他所认为的遗憾之处；《大武》的美象周朝兴盛的时候；《韶箾》是圣人之舞；《大夏》是禹之舞，是勤劳而不自以为有德；《韶箾》是象征功德到达顶点了，音律像上天那样没有不覆盖，像大地那样没有不承载。盛德到达顶点，就不能再比这更有所增加了。

季札看到这里，认为观礼周乐应到此为止，纵然还有别的音乐，也不能再欣赏了。

季札观乐，以德为重。他批评《郑风》，是因为《郑风》中有新声，背离了周乐的曲律，后来孔子对郑声的态度也是"郑声淫"，这里的"淫"是繁复的意思。季札还批评《陈风》"国无主，其能久乎"，杜预注："淫声放荡，无所畏忌，故曰国无主。"（《春秋左传正义》）一君二臣同戏夏姬的丑闻，就发生在陈国。季札批评的不是音乐，而是国政。

在观舞的过程中，从《象箾》听到《韶箾》便叹为观止，原因是周王朝能用黄帝、帝尧、帝舜、夏、商、周六代的音乐，帝尧之乐是《成池》，黄帝之乐是《云门》。但鲁国是诸侯国，所以只能用周文王之乐《象箾》《南籥》、周武王之乐《大武》，《韶箾》是商汤之乐，《大夏》是夏禹之乐，《韶箾》是帝舜之乐，再演奏下去就要超出礼制了，故而季札说，纵然有其他音乐，我也不敢再请求听了。

一次，季札准备在卫国的戚地留宿，突然听到一阵钟响。

闻钟声焉，曰“异哉。吾闻之也：辩而不德，必加于戮。夫子获罪于君以在此，惧犹不足，而又何乐。夫子之在此也，犹燕之巢于幕上。君又在殡，而可以乐乎？”遂去之。文子闻之，终身不听琴瑟。

季札说：“奇怪！一个人如果发动叛乱而又没有德行的话，一定会遭到杀戮的。孙林父得罪君王后就住在这里，担心还来不及呢，又怎么可能如此快乐呢？他就像燕子在随手可撤的帐幕上搭窝一样，是十分危险的。卫献公现在停棺待葬，国丧期间，他又怎么能够击钟奏乐呢？”后来，孙林父听到了这番话，一直到死，再也没有听过音乐。

孔子得知孙林父在听闻季札的批评后，终身不听琴瑟，遂赞叹季札道：“季子能以义正人，文子能克己服义，可谓善改矣。”季札唯义是从，是正直的君子。

季札一生恪守儒家的礼乐之制，从不逾矩。据《礼记·檀弓》记载，季札葬子，孔子曾去观礼。

延陵季子适齐，于其反也，其长子死，葬于嬴、博之间。……其坎深不至于泉，其敛以时服，既葬而封，广轮揜坎，其高可隐也。

季札的长子去世了，季札人在途中，为免车马劳顿，就在嬴、博两地之间找了个地方安葬长子。孔子此时在离得不远的齐国，他听说了这件事，便带着弟子前往观礼。孔子看到，季札葬子挖土不深，都没见到地下水翻出来；殓葬的时候，死者身上穿的也是当时令的衣服，而不是礼服。埋葬完毕，封穴时，用边上的泥土填过来，只不过刚将墓穴掩盖起来，其高度，只是可以让人用手靠着。封好墓穴后，季札偏袒左肩，沿墓右绕三圈后，哀号三声，又说：“骨肉终归有一天会回归于土壤的，这就是命，但人的灵魂却不会因此消失的。”孔子对自己的弟子说：“延陵季子的做法，完全合乎周礼啊。”

就季札对孔子的影响而言，似乎超过当时的任何一位贤者。相传在季札去世后，孔子还亲自前来凭吊，题写了“呜呼有吴延陵季子之墓”十个字，留下了十字碑。

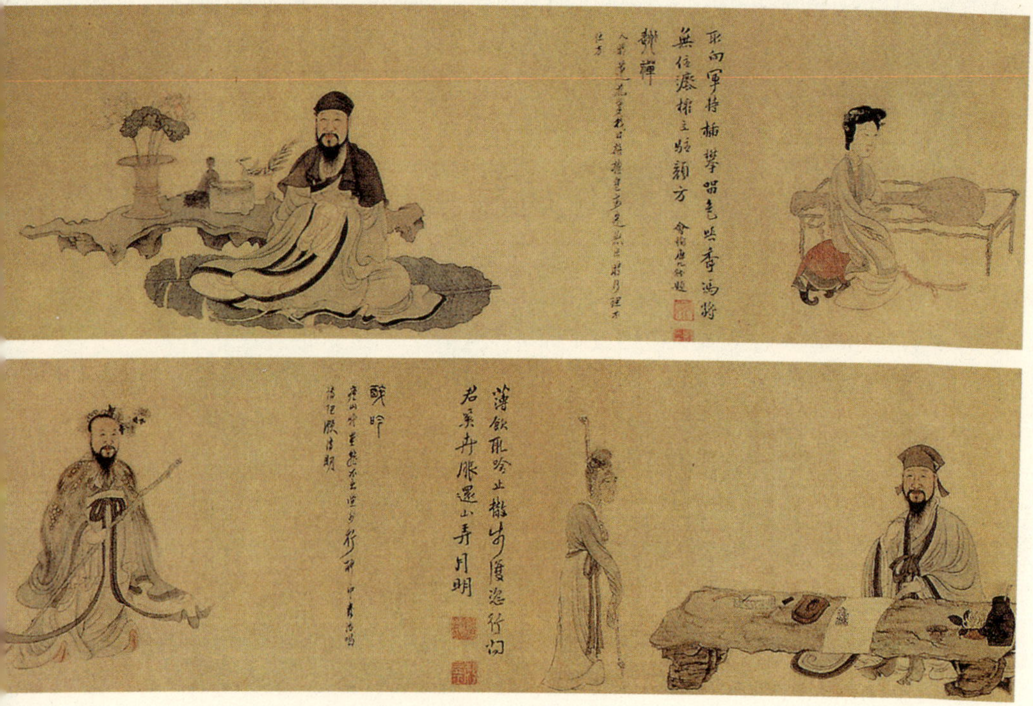

（明）陈洪绶《南生鲁四乐图》（局部）
取自白居易《四乐图》诗意。画中人笑容亲和，显其乐意。

宗师仲尼

《韩诗外传》中有一段评价孔子的话：

孔子抱圣人之心，彷徨乎道德之域，逍遥乎无形之乡，倚天理，观人情，明终始，知得失。故兴仁义，厌势利，以持养之。于时周室微，王道绝，诸侯力政，强劫弱，众暴寡，百姓靡安，莫之纪纲，礼仪废坏，人伦不理。于是孔子自东自西，自南自北，匍匐救之。

孔子抱着圣人的心肠，留恋在道德的领域中不愿离开，安闲自得地生活在仁义的境界里。他按照天理观察人们的思想感情，也明白事情的起始和终结，懂得事物的得失，所以他提倡仁义，并抑制人们追求名利地位的想法。那时周王室已经式微，统一天下的威信与措施都没有了。各诸侯国凭武力互相侵略，强大的抢夺弱小的，人多的欺负人少的。百姓没有安定的日子过，也没有谁愿意出来治理天下。礼仪都被废除、破坏了，伦理关系也不讲究了。孔子从南到北，从东到西，竭尽全力去救助天下的百姓。

孔子本是殷商后裔，出生在鲁国的陬邑昌平乡。这一带在殷商时被称为“东夷”，周朝立国后，分封给了周公旦的长子伯禽来治理。伯禽一方面强力推行周礼，另一方面也尊重当地人的习惯，把东夷盛行的夏商风俗吸纳进礼俗之中，孔子后来说：“周朝借鉴了夏商两代，文化丰富、茂盛啊！我要遵从周。”

孔子的七世祖叫孔父嘉，曾任宋国的大司马，后来因政见不合被太宰华督杀害，孔父嘉的儿子木金父为避乱，逃到了鲁国。木金父到了鲁国后，社会地位一直很低下，直至孔子的曾祖父孔防叔时才略有起色。孔防叔担任了鲁国的防邑大夫，到孔子的父亲叔梁纥，孔家在社会上已经有了一些名气。

孔子的父亲叔梁纥娶妻施氏，生有九个女儿，后来娶了一个小妾，生了个儿子却是瘸子，这让叔梁纥觉得很没面子。于是，他在60多岁时又娶了颜征在，生下了孔子。在孔子不到3岁的时候，叔梁纥就去世了，孔子是被年青的母亲独自抚养长大的。

孔子出生时，头顶中间凹下去一块，像当地的尼丘山，于是得名孔丘，字仲尼。叔梁纥去世后，孔子母子不为正室所容，只好搬到曲阜阙里过着清贫的生活。孔子自己也说过："吾少也贱。"（《论语·子罕》）但孔子生性聪明，喜欢读书，又不耻下问，很快就精通了当时的礼乐，连做游戏时都是摆上祭祀用的礼器俎和豆，像模像样地模仿大人磕头行礼。孔子17岁时，与他相依为命的母亲也去世了，孔子失去了生命中最挚爱的亲人。服丧3年后，孔子开始踏入仕途，立志要以自己的能力去改变当时混乱的世道，恢复周礼。

孔子最先当上了鲁国的"委吏"，这是个管理仓库的小职务。当时有不少人嘲笑孔子的职位卑微，但孔子却没小瞧，他尽心尽职，做得妥妥当当。不久，他被调去当"乘田"管理牧场。那些看起来琐碎的事务孔子都亲力亲为，表现得相当突出。凭借着出色的才能，孔子的职位不断提升，50多岁时被升为中都宰，负责管理当地的刑狱。孔子虽然身处要职，但是他坚持认为，作为一个断狱的官员，他最大的心愿还是"无讼"，即没有诉讼之事，可见他胸怀着更大的抱负。

孔子行事认真，不久后被升为小司空。司空这一职位是主管礼仪、德化、祭祀的，这些工作对孔子来说得心应手。孔子的理想是恢复周礼，通过不断学习，他不仅掌握了礼仪制度，还深刻领悟了礼的内涵。在他看来，朝廷举行礼仪活动，祭祀祖先和鬼神，都是发自内心需要，是情感的一种外现，而外在的隆重或简易并不是评价礼的根本标准，关键要看是不是发自内心。当他的弟子宰我抱怨三年之丧太长时，孔子就叹息说："如果不能从内心深处体会到服丧对报答和缅怀父母的意义，那就不要装模作样了。"

不久，孔子又担任了司寇。在当时，司寇的地位仅次于三公，在六卿中地位最高，主管全国的刑狱、纠察。孔子即任后，对那些枉顾礼法胡作非为的官吏进行了严查，他执政七天，就将扰乱国家的大夫少正卯杀死在鲁国南门外的两观台。孔子希望能通过自己的努力，在鲁国恢复周礼的权威。但是，眼看着混乱渐渐好转，鲁国却因为三公季孙氏、孟孙氏、叔孙氏之间的权力相争又陷入了一片混乱之中，孔子也在权力斗争的旋涡中逐渐失去了改革者的支持，无奈之下，他只好

（明）仇英《孔子圣绩图·昭公赐鲤》
孔子得子，昭公以鲤鱼赐孔子。

周游列国，去宣传自己的政治主张。

孔子在外奔波十几年，历经磨难，先后到达过卫、曹、宋、陈、蔡、楚大小近十个国家，恓恓惶惶，席不暇暖，希望能找到一个可以施展自己才能的机会。但这条道路却充满了坎坷。他在卫国受过谗言的污蔑，在去陈国的路上被误抓过，离开陈国的途中又遭遇了围困，差点儿送了性命。当时的诸侯都已被眼前的利益所蒙蔽，一心想开疆拓土，追求家族利益，强调个人享受，并不认同孔子恢复周礼的主张，这常常使他乘兴而去，败兴而归。孔子却从未放弃自己的理想，他坚持用礼乐的标准来评论现实，推行德政。管理过刑狱的孔子深深知道，仅依靠以暴制暴的方式并不能解决社会的问题，关键要教会大家知书达礼，按照伦理秩序建立起和谐的人际关系，上自天子，下至贫民，都用礼来约束自己。对于个人来讲，要倡导“仁”，让人们意识到作为人所应有的仁心，学会尊重他人，爱护他人。这样，个人的行为合乎内心的真情，社会的秩序合乎人伦之礼，就能建立起一个符合人情、充满和谐的社会。从这个角度来说，孔子的主张并不是要复古，而是要革新。只可惜他的想法在两千多年前是超前的，不能为时人所理解。但这正是孔子作为思想家的魅力之所在，他在当时虽然不能改变自己的生活轨迹，却通过自己的思考，影响了一个民族两千年的未来。

仁与立身之本

“仁”是一种处理人与人之间关系的学说。“仁”由“人”“二”两个单字组成，其本义就是人，是产生于人与人之间的伦理道德，是爱人，尊重人的生命、人格和价值，是处理人际关系应持的基本态度。

商周乃至之前的虞夏时期就已经出现了“仁”的思想。《周易·乾卦》：“君子体仁，足以长人。”君子有仁，方能为上位者。《左传·定公四年》：“柔亦不茹，刚亦不吐，不侮矜寡，不畏强御。唯仁者能之。”柔弱的也不吃掉，坚硬的也不吐出来，不侮辱弱者，不畏惧强者，只有仁者才能做到。《国语·晋语二》：“仁置德，武置服。”唯有用仁，才能广泛推行德行。

孔子提出了系统的仁学思想。其言“志于道，据于德，依于仁，游于艺”（《论语·述而》），即目标在于道，根据在于德，依靠在于仁，而游憩于六艺之中。在孔子看来，“仁”是立身之本，是永远处于第一位的。据统计，《论语》中有关“仁”的内容多达百余处，足见“仁”在孔子心中的崇高地位。

在《论语》中，“仁”的问题多是在孔子与弟子交流的过程中提出的。孔子对弟子施行因材施教，根据弟子的不同性格特点进行不同的教育。提问的对象不同、场所不同，孔子回答也不尽相同。就这样，在孔子和弟子一次次的讨论中，“仁”的含义被阐释得更加清晰。

樊迟问仁。子曰：“爱人。”（《论语·颜渊》）

“爱人”是“仁”的本始。这里的“人”不只是具有血缘关系的亲人，还包括广大没有血缘关系的人。仁人的“爱人”超出了“爱亲”的范畴而获得了“泛爱”的性质，将“仁”由“爱亲”推广到“爱人”，不仅体现了“爱”由近及远、由亲而疏的量的变化，而且也体现了质的飞跃。

仲弓问仁。子曰："出门如见大宾，使民如承大祭。己所不欲，勿施于人。在邦无怨，在家无怨。"仲弓曰："雍虽不敏，请事斯语矣。"（《论语·颜渊》）

出门办事就像接待贵宾，使唤民众就像承办重大的祭祀。自己不想要的不能强加于人。要做到在朝廷上没有人埋怨自己，在家里也没有人怨恨自己。

子贡曰："如有博施于民而能济众，何如？可谓仁乎？"

子曰："何事于仁！必也圣乎？尧舜其犹病诸！夫仁者，己欲立而立人，己欲达而达人。能近取譬，可谓仁之方也已。"（《论语·雍也》）

这是孔子对"仁"的一种解说。凡事都能推己及人，自己想要成功，也要支持别人成功；自己想要发展，也要帮助别人发展。

颜渊问仁。

子曰："克己复礼为仁。一日克己复礼，天下归仁焉。为仁由己，而由人乎哉？"

颜渊曰："请问其目。"

子曰："非礼勿视，非礼勿听，非礼勿言，非礼勿动。"

颜渊曰："回虽不敏，请事斯语矣。"（《论语·颜渊》）

"仁"是克己的功夫，克制自己的内在欲望，时刻以敬持己。要做到不符合礼制的东西不看，不符合礼制的言论不听，不符合礼制的话语不说，不符合礼制的事情不做。约束自己的行为，使之符合于礼的规范，天下的人都会公认做到了"仁"。而且，"仁"是自觉的，是由自己决定的，并不依靠他人。

在孔子看来，要想完全达到"仁"是极不容易的，需要不断地修养和学习。

子贡问为仁。子曰："工欲善其事，必先利其器。居是邦也，事其大夫之贤者，友其士之仁者。"（《论语·卫灵公》）

培养仁德要从头做起。比如说，工匠要做好他的活计，必须先有得心应手

（明）仇英《孔子圣绩图·问礼老聃》（局部）
老聃，即老子。相传孔子曾适周，问礼于老子。

的工具。对于一个国家来说，应该选择那些大夫中的贤者去敬奉他；对于自己来说，就应该挑选那些士人当中的仁者交朋友，这样才能培养起仁德来。

相比于孔子，孟子更强调“仁”“爱”的关系，也就是“仁”的本质。恻隐之心是“仁之端”，是人心固有的。比如，突然看到一个孩子就要跌到井里去了，这时候每个路人都会产生“怵惕恻隐之心”，这种心情的产生并不是为了要和这小孩的爹娘攀交情，也不是为了要在乡里朋友中间博得名誉，一个人若没有这种同情之心就不是人。既然大家都有“仁”之本性，那么互相之间就必定会互相亲爱，如果别人不来亲近你，那么，只能是你自身没有做到“仁”。而且，从“仁”出发而产生的爱，要“仁者以其所爱及其所不爱”（《孟子·尽心下》），能将对与自己有血缘关系的人的爱加以补充，这是孟子的泛爱观。但孟子讲的“爱”也是有等差的，虽然“仁者无不爱”，但是爱的程度不一样，“君子之于物也，爱之而弗仁。于民也，仁之而弗亲。亲亲而仁民，仁民而爱物”（《孟子·尽心上》），对自己的亲人，是亲爱；对人民，是仁爱；对万物，只是一般的爱。

“仁”是五常之首。仁是义的基础，礼是仁的体现，智是对仁的认知，信是对仁的笃信不疑。人的道德行为和道德品质，都是“仁”的具体化，从根本上受“仁”的制约。韩愈讲“博爱之谓仁”（《原道》），张载讲“以爱己之心爱人则尽仁”（《正蒙·中正》），程颢、程颐讲“仁者，浑然与物同体”（《二程遗书·二先生语》），朱熹讲“仁者，心之德，爱之理”（《朱子语类》），康有为讲“仁者在天为生生之理，在人为博爱之德”（《孟子微》）。可见，“仁”具有多重意义，不同的儒家讲的也各有区别。他们的共同点在于，“仁”是一个人最基本的道德，一个人若没有“仁”，也就失去了立身的根本。而只要每个人都持之以恒地努力，从每件小事做起，这个社会就会“天下归仁”，达到一种完美的境界。

智与个人修为

什么是"智"呢?

儒家所谓的"智",其实就是一个"明"字。曾国藩认为,"智,即是明也"(《挺经》)。《现代汉语词典》中给的词义解释说,"智"即智慧,有才能,有智谋,指的是人认识客观事物的过程,即在这个过程中,人通过不断的实践而获得的知识。

儒家所讲的"智"的含义更广泛一些。最常见的一种理解是,"智"是对仁义道德的伦理规范的体认。正如《释名·释言语》中给出的词条:"智,知也,无所不知也。""智"指的就是对道德准则认识的最高层次。道德准则是人区别于禽兽的特性,因此,认识了各种道德规范,也就是认识了"仁"。同时,"知人""知天"是统一的,只要达到了知人的境界,也就达到了知天的境界。"智"随着人的认识的不断提升而不断发展,最高的"智"即是知人、知天的合一。

《论语》中没有出现"智"这个字,但《论语》中有"知"字,"知""智"的含义非常相似,主要指对道德规范的认识。孔子将"知""仁"并列,两者具有同样重要的地位,都是不惑于鬼神,从自身出发,致力于去获得人类社会的各种知识,修养自己的身心。但是,"知""仁"还是分别具有不同素质的。

仁者不忧,知者不惑。(《论语·宪问》)

仁者乐天知命,内省不疚,故不忧也;知者明于事,故不惑。(《论语·注疏》)

人们乐观向上地活着,因此便没有忧虑;人们能够清楚地认识世界的本质,因此不会被迷惑。孔子认为，就人的资质敏惠而言，有的人是先天生来就聪明的，即“生而知之”，这为“上智”；有的人是生而就愚笨的，即为“下愚”。“上智”与“下愚”的差别是无法改变的，即“唯上智与下愚不移”。

知者乐水，仁者乐山；知者动，仁者静；知者乐，仁者寿。（《论语·雍也》）

智者喜欢水，仁者喜欢山；智者好动，仁者好静；智者快乐，仁者长寿。聪明人通达事理，反应敏捷、思想活跃，性情好动，就像水不停地流动一样，所以用水来进行比拟；仁厚的人安于事理，仁慈宽容而从不轻易冲动，性情好静，就像山一样稳重不迁，所以用山来进行比拟。孔子以山水形容仁者、智者，形象生动而又深刻。

孟子将“智”和“知”进行了比较明确的区分。“知”主要用作动词，指认识、知道；而“智”的含义则更丰富一些。

首先，“智”是人性四端之一。“是非之心，智之端也”（《孟子·公孙丑上》），是个人所具有的判断是非的能力。其次，“智”作为一种知识，主要是对道德规范的体认和履行。“仁、义、礼、智，非由外铄我也，我固有之也，弗思耳矣。”（《孟子·告子上》）关于伦理规范的认识是先天就具有的，而与后天获得的其他知识是不同的。

人之所不学而能者，其良能也；所不虑而知者，其良知也；孩提之童，无不知爱其亲者，及其长也，无不知敬其兄也。（《孟子·尽心上》）

孩子们在很小的时候，都知道爱他们的父母，稍微大一点的时候，都知道尊敬他们的兄长，这些良知是不需要深思熟虑的，它应该是人性的天然属性。孟子还具体说道：

仁之实，事亲是也。义之实，从兄是也。智之实，知斯二者弗去是也。礼之实，节文斯二者是也。（《孟子·离娄上》）

仁的实质是侍奉父母；义的实质是和睦兄弟；智的实质是明白这两方面的

道理而不背离；礼的实质是在这两方面不失礼节、态度恭敬。

到了荀子，对“智”有了更深刻的理解。荀子认为，“知”和“智”是有区别的，“智”的层次要比“知”高得多，因为“智”是在一个漫长的知识获得和道德修养的过程的基础上形成的。这一点和孟子出现了很大的不同。孟子站在“性善论”的基础上，认为智是天生就具有的；荀子站在“性恶论”的基础上，认为人的智慧不是天生就有的，而是要通过不断的学习，在认识世界和改造世界的实践中，再进行知识积累。而且，“大巧在所不为，大智在所不虑”（《荀子·天论》），在荀子看来，即使是特别聪明睿智的人，也会出现考虑不周的情况。

董仲舒先讲“知”。《春秋繁露·必仁且智》：“何谓之知？先言而后当。凡人欲舍行为，皆以其知，先规而后为之。”在做之前先进行预估，然后再来印证。但凡人想要放弃他所做的事情，都是因为他们预见了事情发展的规律，然后去放弃他们在做的事情。

那么，什么样的人是智者呢？

智者见祸福远，其知利害蚤，物动而知其化，事兴而知其归，见始而知其终。（《春秋繁露·必仁且智》）

智慧的人总是能预见祸福，能早知利害，能见始知终。董仲舒还强调“智”与“仁”是相辅相成的，以仁为本，以智为辅，“仁而不智，则爱而不别也；智而不仁，则智而不为也”（《春秋繁露·必仁且智》），“必仁且智”才是最完美的人格。

李觏独树一帜，提出“智”即为知礼。礼是物质生活和精神生活的最高准则，是人道之准，仁、义、礼、智、信等“天下之至行”，皆本于礼，“礼成而后仁、义、智、信可见矣”（《礼论》）。王夫之也支持这种观点，“知者，知礼者也。礼者，履其知也。履其知而礼皆中节，知礼则精义入神，日进于高明而不穷”（《船山思问录》）。欲成为智者，必须学礼、懂礼并善于用礼、行礼，因为遵循礼是“知”的外在展现。

需要注意的是，儒家所讲的“智”，更多侧重于道德范畴，提倡的是人有智慧而不失其德。但其不强调认识客观世界及其规律性，也不强调创造性地思考问题和解决问题的能力，更没有强调逻辑思维的智慧力。这是儒家讲“智”的局限性之所在。

信与人际交往

“信”左边是“人”，右边是“言”，本指人所说的话，亦即许下的誓言、诺言。当然，并不是所有人讲的所有话都可以称为“信”，只有真实的话，才可以称为“信”。因此，“信”最基本的含义就是指真心诚意的话，后来又引申为信用、信任，用来指真实不欺、遵守诺言的一种品德。

《春秋穀梁传·僖公二十二年》中有：

人之所以为人者，言也；人而不能言，何以为人？言之所以为言者，信也；言而不信，何以为言？

“信”要求人们要对自己说过的话负责，要言而有信，诺而有行，行而有果，以信用取信于人。“信”往往与“诚”连用，“诚”即诚实诚恳，它要求人们有真心，说真言，行真事，真诚地待人处事，反对虚伪欺诈。

儒家把“信”作为道德范畴中的一部分，“信”具有特有的文化内涵和社会功用，它以一种深层的道德力量约束、制约着人们的言行举止，在儒家伦理道德体系完善和理想人格建构的过程中起到十分重要的作用。

儒家所讲的“信”究竟有着怎样的内在意蕴？在社会生活中，“信”又是怎样发挥作用的呢？我们先来看孔子对“信”的讨论。据统计，《论语》中“信”字共出现了38次，孔子对“信”的关注程度，由此可见一斑。

在孔子看来，“信”是做人的起码要求，也是最基本的道德品质之一，它是自我完善、自我提升的阶梯，以此为起点才能具有更多可贵的品格和情操。要想真正成为德行、才能出众的人，成为有道德修养的人，成为君子，这种品质是绝不可缺少的。孔子说："人而无信，不知其可也。大车无輗，小车无軏，其何以行之哉？"（《论语·为政》）如果一个人没有信誉，就好像大车、小车失去了关键性的部件而不能走一样，其他的能力再强也是没有用处的。相反，如果能做到言语忠诚老实，行为忠厚严肃，即使是到了别的国家也行得通。站立的时候就仿佛看见"忠诚、老实、忠厚、严肃"几个字在我们面前；在车厢里也仿佛看见它刻在前面的横木上，时时刻刻记着它，这才能行得通。孔子不仅要求弟子们重视"信"，更重要的是时刻铭记在心，使"信"成为一种内在理念，把言语与行为统一起来，做到言行一致。

"信"也是交友处世、创建和谐人际关系的准则。孔子把获得朋友的信任作为平生志向之一，并对其乐此不疲。孔子曾和他的弟子颜渊、子路等讨论各自的志向。子路说，他愿意车马衣服与朋友共同使用，坏了也不可惜；孔子说的则是，"老者安之，朋友信之，少者怀之"（《论语·公冶长》）。孔子很注重个人自身的信德和能否取信于朋友，并且把能与朋友之间保持诚信视为人生的志向之一。

在朋友交往中，最重要的就是能够相互信任，以信义为本，守诺言，讲信用，以诚相待。这样不仅能得到他人的认同和肯定，同时也能换取他人以真心相待，使人际关系融洽和谐，生活中的许多事情也就迎刃而解了。一个人如果对别人没有诚意，言而无信，不负责任，别人对他也会失去信任，相互之间也不会建立起真正的友谊，也不可能成为真正的朋友。

孔子对"信"在人际交往过程中的重要性做了十分详细的论述，但是，孔子从未提过"诚"这个概念。"诚"作为一种品德，直至《中庸》时才第一次得见，"诚者，天之道也；诚之者，人之道也"。"诚"是自然的道理，立足于诚，是做人之本。

孟子提出了"诚"是自然规律，追求"诚"更是做人的准则，以至于以诚心对待别人，而不能使别人感动，这是不曾出现的事情。孟子所强调的是一种发自内心的真实情感。孟子还第一次把"诚信"连用，以"诚信"为一体并加以发展。"故君子可欺以其方，难罔以非其道。彼以爱兄之道来，故诚信而喜之。"（《孟子·万章上》）只要你是君子，就算明知道别人害你，但他脸上笑容灿烂，嘴上蜜语甜言，你还要以诚相待，装作什么事都没发生过一样。在孟子的理论中，"诚"和"信"一方面作为两个道德条目，各有各的意义；另一方面，它们又是相互关联的。就前者而言，“诚”指人秉承自然规律而具有的内在精神，“信”则是人际交往中的一种准则。可以说，“诚”是“信”的基础，“信”是“诚”的外在表现。儒家讲“信”，就是要求人们安于本身，诚心待人。生活在大千世界中的每个人，无时无刻不在做事，采取什么样的方式和态度是至关重要的。“信”是做人的根本。孔子感叹“人而无信，不知其可也”（《论语·为政》），如果大家都认为某人是失信的人，这个人就无法在社会上立足了。曾参还把“与朋友交而不信乎”（《论语·学而》）作为每日三省中的一省来审视自己一天的行为是否有过错。

“信”还是齐家之道，家庭成员之间应以诚相待，诚实守信，这样才能和睦相处，达到“家和”的目的。“信”更是成就事业的途径，《周易·乾卦·文言》中讲：“君子进德修业。忠信，所以进德也。修辞立其诚，所以居业也。”忠信是用来增进美德的；言论要以诚信为本，用以积功立业。如果一个人言而无信，对自己的言行举止不负责任，让别人对他失去了信任，他甚至会名誉扫地，这样的人去做事是根本无法取得成功的。

孔子世家

迄今为止，孔子的后代已经延续了近80辈，孔氏族人的数量也已经超过了百万，遍居东南亚各国。孔子后裔的家教极好，他们中的许多人博学笃志，或为将相，或为良才。

孔子只有独子，名孔鲤，字伯鱼。据《史记·孔子世家》可知，鲁昭公九年（前533），孔子19岁，娶宋人亓官氏之女为妻。一年后，生孔鲤。孔鲤早年随父从学，但孔子自己好像从未给儿子以特殊的教诲。《论语·季氏》中有这样一段记载：

陈亢问于伯鱼曰："子亦有异闻乎？"

对曰："未也。"尝独立，鲤趋而过庭。曰："学《诗》乎？"对曰："未也。""不学《诗》，无以言。"鲤退而学《诗》。他日，又独立，鲤趋而过庭。"曰：'学礼乎？'"对曰："未也。'""不学礼，无以立。"鲤退而学礼，闻斯二者。陈亢退而喜曰："问一得三。闻《诗》，闻礼，又闻君子之远其子也。"

陈亢问伯鱼说："你听到过夫子的不同于对其他弟子的教诲吗？"伯鱼回答说："没有。父亲曾经独自一个人站在那里，我从庭前快步走过。父亲说：'你学《诗》了吗？'我回答说：'没有。'父亲说：'不学《诗》，就不能说出美好的词句。'我退下之后，就开始学习《诗》。又有一天，父亲又独自一个人站在那里，我从庭前快步走过。父亲说：'你学《礼》了吗？'我回答说：'没有。'父亲说：'不学《礼》，无法立身处世。'我退出以后，就开始学习《礼》。我就单独听到过这么两次教诲。”可见孔子教子，实在是无异于教导门人弟子。

孔鲤享年50岁先孔子而亡。孔鲤虽为孔子爱子，但一生并无建树，处于孔门高第之间，确无优异而可获孔子称达者。但因他是圣人之子，后来被宋徽宗封为泗水侯。

孔伋，字子思，孔子嫡孙，被后人尊为“述圣”。他受业于孔子高足曾参，著有《中庸》《表记》《坊记》等，其中的许多观点，丰富和发展了孔子的学说。

第八代孙孔鲋，字子鱼，或子甲，自小好学，博通经史。秦始皇统一中国后，孔鲋不愿出仕，但在其弟子叔孙通成为秦朝博士后，他还是被召为鲁国文通君，官拜少傅。焚书时，孔鲋毅然违犯焚书令，冒着被弃市甚至被灭族的危险，将自家的书籍都秘密藏在了故宅墙壁中。一直到孔鲋死，他都没有把这些书拿出来，也没有对任何人说过这个秘密，其家人对他藏书一概不知。直到汉武帝时，鲁恭王拆除孔子旧宅，孔鲋所藏的这一批书才被翻了出来。

自汉朝起，孔氏族人即被认为是圣人之后，为了示以尊敬，孔子的嫡系子孙不断被封侯爵，如第九代孔腾被汉高祖刘邦封为奉祀君，专管祭祀孔子的事务；第十代孔忠被汉文帝封为褒成侯；第十三代孔霸被汉元帝赐爵关内侯，号褒成君；第十八代孔损被汉明帝封为褒亭侯；第十九代孔曜被汉安帝封为奉圣亭侯。

但是，孔氏族人也曾几乎嫡长几绝，出现危难。唐末兵荒马乱，朝政日衰，一向受朝廷恩赏的孔家因远离朝廷也断了恩宠。孔子第四十二代嫡孙孔光嗣只不过在当地做了一个泗水令，以此支撑着孔家门户。在这一代及以前几代，孔家曾多次出现单传，他也只有独子，名孔仁玉。

孔仁玉很小的时候孔府中发生了一次篡权夺位的“政变”。那时，孔府有个仆人名叫孔末，颇有野心。一日夜里，他杀害了孔光嗣，恰好那天，孔仁玉被乳娘带回了家，幸免于难。孔末因此篡夺了孔家掌门人的地位。孔仁玉由乳母抚养长大，自小刻苦努力，饱读诗书，为人严谨，临事果断，成人后出仕为官，常出入宫廷。当他得知了自己的真实身世后向后唐皇帝明宗奏明了真相。朝廷获悉，杀掉了孔末，并恩准孔仁玉任曲阜主簿，后升为县令。孔仁玉夺回了被他人篡夺的孔府爵位，在孔家历史上起到了“中兴”作用，因此，他也被后人尊为“中兴之祖”。

至此之后，孔子后代的社会地位一直很显赫。到了宋仁宗至和二年（1055）的时候，朝廷将孔氏嫡系长孙的封号正式更名为“衍圣公”并固定下来，后代一直沿袭这个封号。

孔氏族人的辈分排行历来要求严格。孔子的嫡传子孙不论世居曲阜还是迁居外地，命名都按照统一的字序排行，绝对不会发生混乱的情况。这就不像其他的姓氏中会出现很多的分支，而且每个分支的辈分都不一样，非常容易混淆。

现在孔氏族人取名所用的行辈是从明代开始规定下来的。明初，朱元璋赐孔氏8个辈字：公、彦、承、弘、闻、贞、尚、胤，供孔氏族人起名用。崇祯年间，这几个字已不够用，六十五代衍圣公孔衍植便向皇帝奏请，又后续了10字，即“兴毓传继广，昭宪庆繁祥”。清乾隆九年（1744），由礼部调查整理，报皇帝钦定，又添了10个字“令德维垂佑，钦绍念显扬”；民国八年（1919），七十六代衍圣公孔令贻又立20个字，咨请当时的北洋政府核准公布，亦乃是从第八十六代至一百零五代，要用“建道敦安定，懋修肇彝常，裕文焕景瑞，永锡世绪昌”延续。现在的孔氏族人，还在严格遵守着这个规定。

由于孔氏谱系非常完备，孔姓人也会遇到一些小小的不便之处。如若按孔氏家规的规定，同姓同宗晚辈见到长辈，一定要按辈分来称呼，这往往出现年龄相仿者辈分相差数辈，甚至十数辈的情形。衍圣公府内从不雇佣孔姓为用人，主要原因也是衍圣公很可能比多数同宗人辈分低了很多，年龄相差也会很大。这样很容易导致主仆关系和辈分关系发生尴尬。即使到了现在，这种情况依旧普遍存在，据目前已登记的后裔资料证实，孔子后裔已繁衍至80多辈，辈分最小的是“念”字辈，辈分最大的是“德”字辈，活着的人中间整整差了七代。

儒分为八

孔子首创私学，坚持有教无类。他“退而修诗书礼乐，弟子弥众，至自远方，莫不受业焉”（《史记·孔子世家》）。孔子招收弟子并不讲究出身，只要能拿出一捆干肉作为拜师的礼物就可以。所以孔子的学生特别复杂，有贵族大夫孟懿子，南宫敬叔；贵族子弟司马牛；平民弟子颜回，曾参父子；贱民冉伯牛，冉求；出身贫寒的闵子骞、原宪，家庭富有的公西赤；富有的商人子贡；蹲过监狱的公冶长等。孔子对他们一视同仁，因材施教，把很多人都培养成了君子。

孔子以诗书礼乐教，弟子盖三千焉，身通六艺者七十有二人。（《史记·孔子世家》）

受业通身者七十有七人，皆异能之士也。（《史记·仲尼弟子列传》）

正是凭借这些规模大、数量多的弟子们，才能把孔子的思想一代代地传下来。

弟子们入门或早或晚，先入孔门者，时间在孔子去鲁之前，有子路、冉有、宰予、子贡、颜渊、闵子骞、冉伯牛、仲弓、原宪、子羔、公西华等；后入孔门者，在孔子周游列国返鲁之后，有子游、子夏、子张、曾子、有若、樊迟、漆雕开、澹台灭明等。

弟子们各自的性格和资质有不同，闵予骞正直恭敬，子路刚强质朴，冉有、子贡温和快乐。大概在孔子生前，众多弟子间已有了一些思想上的分歧或冲突。如子游批评子夏的弟子没有学习大道，子夏反驳说：子游的话不对！君子的学术，哪一项先传，哪一项后传，如同草木一样，应区别对待。君子的学术怎能随便歪曲呢?

孔子死前,其弟子已有开门授徒的,如澹台灭明。孔子死后,弟子们“徒散游诸侯,大者为师傅卿相,小者友教士大夫”(《史记·儒林列传》),有的当了公卿大夫的老师,有的则隐居不再出仕。他们的学说受到了诸多影响,都有所发展变化,有的甚至渐渐远离了孔子的基本思想,而成为一种新的学说。《韩非子·显学》中说:

自孔子之死也,有子张之儒,有子思之儒,有颜氏之儒,有孟氏之儒,有漆雕氏之儒,有仲良氏之儒,有孙氏之儒,有乐正氏之儒。……取舍相反不同。

说明了孔子弟子及其后学的分途发展。

“儒分为八”的原因除了出自孔门内部,还有一定的外部原因。墨家、道家迅速发展,与儒家形成鼎足之势,其门人激烈抨击儒家学说,为了维护儒学的发展,孔门弟子及其后学在批评各家学说的同时,也不断吸取了其他学派的思想,从而出现了各学派之间相互对立、相互吸取的局面。因他们对各家批评与吸取的侧重点有所不同,更加速了孔门弟子的内部分化,形成了儒学的不同派别。

这八派代表人物中,颜氏即颜回,他和子张、漆雕氏都是孔子的弟子;子思是孔子的孙子,同时是曾子的弟子;乐正氏也是曾子的弟子;仲良氏可能是《孟子·滕文公上》中提到的楚国儒者陈良;孟氏即孟轲,孙氏即荀子;这两人的时间是最靠后的。可见,韩非子所说的儒家八派,既非同时并存,也非前后相接,更没有严密的师承关系,只能算得上是韩非子对孔子之后儒家发展的一种理解。

在孔子的弟子中,姓漆雕的共有三人:漆雕哆、漆雕徒父、漆雕开。《论语·公冶长》记载:“子使漆雕开仕。”《汉书·艺文志》记载有《漆离子》13篇传世,在后世有一定影响,故能形成一派。

漆雕开,字子开,比孔子小11岁。漆雕开是研究《尚书》的专家。《孔子家语·弟子解》记载他“习《尚书》,不乐仕”。漆雕开喜欢治学于《尚书》,而不乐意做官。孔子说:“子之齿可以仕矣,时将过。”你到了做官的年龄了,若不做官就错过机会了。漆雕开拿着《尚书》谦虚地说:“吾斯之未能信。”我还没有学好这部书,对做官没有信心。孔子听后很高兴,赞赏了他的好学态度。

漆雕氏之儒有任侠之风。《韩非子·显学》中记载了,“漆雕之议,不色挠,不目逃,行曲则违于臧获,行直则怒于诸侯,世主以为廉而礼之”。这是漆雕开的

（明）仇英《孔子圣绩图·灵公问陈》
孔子周游列国到卫国，卫灵公曾问孔子有关部队军阵的问题。

（明）仇英《孔子圣绩图·齐鲁会夹谷》
在齐鲁两国的会盟上，孔子屈强国、正典仪的凛然大义，被称为是“圣人之大司”。

主张，遇到威胁时，脸上不显露屈服的表情，眼睛不显露回避的神色。行为不端正，对奴隶也要退避；行为端正，对诸侯也敢斥责。这正是孔子提倡的刚毅尚勇的精神。

关于仲良氏的记载非常少。一说为《孟子·滕文公上》所载陈良一派：“陈良，楚产也，悦周公、仲尼之道，北学于中国，北方之学者，未能或之先也。”陈良是楚国人，喜欢周公、孔子之道，来北方学习，并招收门徒，在北方学者中是领先者。

一说为《大戴礼记·檀弓上》所载仲梁子一派，仲梁子与曾子论礼；《毛诗》也引有仲梁子之语，仲梁子传《诗》，而《毛诗》源自子夏，所以这一学派，可能兼有曾子、子夏之学。

关于乐正氏，后世有两种意见。一说是曾子的学生乐正子春。就《礼记·檀弓下》及《公羊传·昭公十九年》的相关记载，乐正子春多谈孝亲之事，何休说他“以孝名闻”，乐正子春可能是传《孝经》一派。

一说是孟子的弟子乐正克。在《孟子·离娄上》中，乐正克称孟子为“先生”，尊为“长者”。“先生”即老师。在《孟子·告子下》中，孟子评论乐正克的为人，“其为人也好善”，又赞许他为“善人也，信人也”。乐正克可能是传《大学》一派。

陋巷之乐

《论语·先进》:“从我于陈蔡者,皆不及门也。德行:颜渊,闵子骞、冉伯牛、仲弓。”孔子很少以仁许人,但对颜回是特例,说“其心三月不违仁”(《论语·雍也》)。

颜回安贫乐道,少欲寡求。《论语·雍也》:“贤哉回也!一箪食,一瓢饮,在陋巷,人不堪其忧,回也不改其乐。”颜回住在偏僻的胡同里,家里非常贫穷,什么家具都没有,只有一个竹筒盛饭吃,一个水瓢舀水喝水。别人都难以忍受这种贫苦,可是颜回依然不改他的乐观态度。《论语·述而》:“饭疏食,饮水,曲肱而枕之,乐亦在其中矣。”吃粗粮,喝冷水,弯着胳膊当枕头,乐趣就在其中。生活环境再困难,物质条件再恶劣,也要保持自己的志向与理想。

颜回好学深思,用功颇勤。《论语·泰伯》记曾子的话说:“以能问于不能,以多问于寡。有若无,实若虚。犯而不校。昔者吾友尝从事于斯矣。”这里的“吾友”,历来注家都认为是指颜回。自己有才能却向没有才能的人请教,自己知识多却向知识少的人请教,有学问却像没学问一样,知识很充实却好像很空虚,被人侵犯也不计较。颜回就是这样的。只可惜,颜回去世得早,所以没什么著作留下。《论语·子罕》:“吾见其进也,未见其止也。”孔子只见过颜回在学习上的进步,没见过颜回在学习上的停止。

颜回性格沉静,寡言少语。《论语·为政》:“吾与回言终日,不违,如愚。退而省其私,亦足以发。回也不愚。”孔子曾怀疑过颜回的智力,觉得他有些愚笨。但讲完课回去一琢磨,颜回私下里问的问题亦有许多足以启发自己思考的地方,因此又肯定地说,颜回并不愚笨。“语之而不惰者,其回也与?”(《论语·子罕》)能听孔子说话而始终不懈怠的,只有颜回了吧。

《韩诗外传》中记载，颜回曾问孔子：

渊愿贫如富，贱如贵，无勇而威，与士交通，终身无患难，亦且可乎？

希望自己的生活虽然贫困，但如同富有一样；地位虽然卑贱，但如同尊贵一样；没有勇力但很有威力，与士人交往，终身没有祸患灾难。做到这样可以吗？孔子回答：

夫贫而如富，其知足而无欲也。贱而如贵，其让而有礼也。无勇而威，其恭敬而不失于人也。终身无患难，其择言而出之也。（《韩诗外传》）

贫穷而如同富有一样，就能做到知足而没有贪婪的欲望。地位卑贱而如同富贵一样，就能做到谦让而有礼貌。没有勇力而有威严，就能待人恭敬而不会失去与之交往的人。终身没有祸患灾难，就要选择有益的话再说出口。

孔子评价颜回，还说他有四项优点：

有君子之道四焉：强于行义，弱于受谏，怵于待禄，慎于治身。（《孔子家语》）

这四项优点是：多做些对别人有利的好事，认真地改正自己的缺点，不争权夺利，谨慎地进行自我修养。一个人能做到一两项就不容易了，但在孔子眼里，颜回四道具备，可见其道德之高。

颜回的“强于行义”，体现于“人善我，我亦善之；人不善我，我亦善之”（《韩诗外传》）。颜回真诚地对待他人，以至孔子说，“自吾有回，门人益亲”（《史记·仲尼弟子列传》）。自从颜回入师门做了孔子的弟子，孔子的其他弟子的关系也更好了，这都是颜回德行感化影响的作用。

颜回的“弱于受谏”，体现于“行不贰过”，不再犯同样的过失。《中论·虚道》中说：

有不善未尝不知，知之未尝复行。夫恶犹疾也，攻之则益悛，不攻则日甚。故君子之相求也，非特与善也，将以攻恶也，恶不废则善不兴，自然之

道也。

一个人做出不善的事，自己有时不一定不知道，知道了也不一定愿意改正或认真改正。就好像一个人生了病一样，你向这些疾病进攻，就能战胜它，不向这些疾病进攻，它就会越来越发展。所以衡量君子，不仅要看他是否在做好事，也要看他是否勇于克服缺点。而颜回，就是能改过迁善的君子。

颜回的“怵于待禄”，体现于“用之则行，舍之则藏”（《论语·述而》），有合适的任用就入仕做官，不合适的话，那就隐居。颜回不是不问政治、不务国事，只会闷头苦读书的书呆子，他也有兼济天下的想法：

愿得小国而相之，主以道制，臣以德化，君臣同心，外内相应。列国诸侯，莫不从义向风，壮者趋而进，老者扶而至，教行乎百姓，德施乎四蛮。

颜回心向小康。他希望得到一个小国家，做那个国家的宰相，使那个国家的君王用正道统治人民，臣子用道德教化人民，君臣上下同心，朝廷内外相互呼应，使各国诸侯都能像顺风一样归向正义。壮士们很快地归附，老年人相互搀扶着来到，教化通于百姓，恩泽及于四方蛮夷。

颜回的“慎于修身”，体现于“颜子独乐者，仁而已矣”（《程氏外书》）。无论在怎样的情况下，都要以“仁”的原则规范自己的一切，把自己的一言一行与“仁”联系在一起。颜回自称“鼓琴足以自娱，所学夫子之道足以自乐矣”（《庄子·让王》），只要心中的理念不变，就会看到光明，看到前途，也就有了人生的快乐。

子贡救鲁

子贡是孔子弟子中最富有的，无人能出其右。据《史记·仲尼弟子列传》记载："子贡好废举，与时转货赀……家累千金。"王充《论衡·知实》中也说："子贡善居积，意贵贱之期，数得其时，故货殖多，富比陶朱。"子贡善于了解商业行情，注意推测商业行情的动向，利用市场上的供求关系，看准时机，果断决策，贱买贵卖，积累了大量财富，让天下为之赞叹。《史记·货殖列传》中说："子贡结驷连骑，束帛之币以聘享诸侯，所至，国君无不分庭与之抗礼。""分庭"是把庭院分成两半，"抗礼"是平等之礼。子贡坐贾行商需要进见诸侯时，各国的君王都以平等的礼节来会见他，可见子贡的天下之名。

在《论语·先进》中，孔子曾说过一句很有意思的话：

回也其庶乎，屡空。赐不受命，而货殖焉，亿则屡中。

颜回的道德学问已经不差，可是常常穷得没有办法。而子贡不守常规，囤积投机，猜测行情，竟每每被他猜中了！

在《论语·公冶长》中，子贡也曾问孔子：

"赐也何如？"
子曰："女，器也。"
曰："何器也？"
曰："瑚琏也。"

子贡意谓，我是个怎样的人？孔子回答道："你是个器物。"子贡又追问："我是个什么器物？”孔子说：“你是个瑚琏。”瑚琏之器是宗庙祭祀用的礼器，孔子的言外之意是说，子贡是庙堂之器，即可以成为国家大臣，评价很高。

子贡和孔子讨论人生：

子贡曰：“贫而无谄，富而无骄，何如？”
子曰：“可也。未若贫而乐，富而好礼者也。”
子贡曰：《诗》云：‘如切如磋，如琢如磨’，其斯之谓与？”
子曰：“赐也，始可与言《诗》已矣，告诸往而知来者。”（《论语·学而》）

子贡问说：“贫穷而不谄媚，富贵而不骄横，怎么样？”孔子说：“可以，但是不如虽贫穷却很快乐，富贵又很爱礼仪。”子贡说：“《诗经》上说：做学问似象牙经过切磋，似美玉经过琢磨，大概说的就是我们这种情况吧！”孔子说：“赐啊，你能理解到这个程度，就可以与你谈论《诗》了，因为告诉你过去的，你就可以推知将来的。”

子贡还曾委婉地和孔子说：

子贡曰：“有美玉于斯，韫椟而藏诸？求善贾而沽诸？”
子曰：“沽之哉！沽之哉！我待贾者也。”（《论语·子罕》）

子贡说，这里有一块美玉，是把它放在柜子里藏着呢？还是找一个识货的商人把它卖出去呢？孔子说：“卖了吧，卖了吧，我正在等待着识货的人呢。子贡和孔子心照不宣，但二人都明白，子贡有入仕的愿望，孔子也有急于推行自己政治主张的迫切心情。

子贡与孔子论治道：

子曰：“足食，足兵，民信之矣。”
子贡曰：“必不得已而去，于斯三者何先？”
曰：“去兵。”
子贡曰：“必不得已而去，于斯二者何先。”
曰：“去食。自古皆有死，民无信不立。”（《论语·颜渊》）

在孔子看来，治国要有充足的粮食、充足的战备及人民的信任。但取信于民最为重要，如果没有了信任，那什么就都谈不上了。

子贡的外交才能非常突出。《韩诗外传》中记载他自述自己的志向："得素衣缟冠，使于两国之间。不持尺寸之兵、升斗之粮，使两国相亲如兄弟。"希望能穿上白色的衣服，戴上白色的帽子，在两国之间当使者，身上连一件最短小的武器也不用带，使得两国相亲相爱，如同兄弟。"两国构难，壮士列阵，尘埃涨天。赐不持一尺之兵、一斗之粮，解两国之难，用赐者存，不用赐者亡。"（《韩诗外传》）雄壮的武士摆开阵势冲杀，战场上尘土飞扬，遮天盖日，我连一根一尺长的兵器也不用拿，也不带一斗粮食，就去和解了两国间的争斗。任用我的国家就能生存，不任用我的国家就会灭亡。子贡要做一名斡旋于诸侯国之间的外交家的自信，就是如此。

子贡曾问孔子：

何如斯可谓之士矣？（《论语·子路》）

孔子回答说："行己有耻，使于四方，不辱君命，可谓士矣。"（《论语·子路》）只有既对自己的行为保持羞耻心，又能出使四方不辜负君王之托，才能称为"士"。这就把儒家和后来张仪、苏秦那样的纵横家划清了界限。

鲁国曾有危难：

田常欲作乱于齐，惮高、国、鲍、晏，故移其兵欲以伐鲁。孔子闻之，谓门弟子曰："夫鲁，坟墓所处，父母之国，国危如此，二三子何为莫出？"子路请出，孔子止之，子张、子石请行，孔子弗许。子贡请行，孔子许之。（《史记·仲尼弟子列传》）

齐国的田常想要篡权，又害怕本国大臣们反对，就想要发动战争，以侵略鲁国来转移注意力。孔子见鲁国有险，希望弟子们能通过外交途径来解决。子路、子张、子石三人都曾主动请求出使，但孔子都没同意。直到子贡请求，孔子才欣然答应。

孔子选对了人，子贡果然不辱君命，穿梭于齐、鲁、吴、越、晋等国之间，"存鲁，乱齐，破吴，强晋而霸越。子贡一使，使势相破，十年之中，五国各有变。"（《史记·仲尼弟子列传》）子贡到了齐国后，果然把田常说服，使之放弃伐鲁而伐吴。之后，子贡又说服吴国出兵救鲁伐齐。可吴王害怕越国的攻击，于是，子贡又到越国说服越国，让越国随同吴王伐齐。然后子贡又告诉晋国，吴国战胜齐国后，必然加兵于晋，叫晋国做好准备。吴国出兵伐齐时，因晋国准备充足，遂出兵大败吴军。这时候，越王又从背后伐吴，将吴国消灭掉了。子贡凭借着三寸不烂之舌，揣摩各诸侯国君王的心理，激起了潜在的矛盾，搅起了天下的风云变幻。

子张之儒

据《史记·仲尼弟子列传》记载，子张是春秋末期陈国人，他可能出身鄙家，复姓颛孙，名师，字子张，比孔子小48岁。子张之儒的思想全貌，由于书阙，已不可得观其详。然而，我们从《论语》和《礼记·檀弓》保存的材料中不难看出，子张是儒家八派中的重要人物。原因有二。其一，在《礼记·檀弓》中，除了记载公西赤担任相礼，为孔子办丧事外，也记载了公明仪担任相礼，为子张办丧事，这是异乎寻常的。第二，形成"子张之儒"主要决定于子张本身。子张年少才俊，敏而有功，孔子去世时，子张才25岁，所以，他有条件学习和体察孔子思想的全貌，继承孔子思想并反映自己的特点。

子张可能是在儒家八派中对入仕为官最热衷的。

子张问于孔子曰："何如斯可以从政矣？"

子曰："尊五美，屏四恶，斯可以从政矣。"

子张曰："何谓五美？"

子曰："君子惠而不费，劳而不怨，欲而不贪，泰而不骄，威而不猛。"

子张曰："何谓惠而不费？"

子曰："因民之所利而利之，斯不亦惠而不费乎？择可劳而劳之，又谁怨？欲仁而得仁，又焉贪？君子无众寡，无小大，无敢慢，斯不亦泰而不骄乎？君子正其衣冠，尊其瞻视，俨然人望而畏之，斯不亦威而不猛乎？"

子张曰："何谓四恶？"

子曰："不教而杀谓之虐。不戒视成谓之暴。慢令致期谓之贼。犹之与人也，出纳之吝，谓之有司。"（《论语·尧曰》）

怎样谋求官位俸禄呢？孔子说，要尊重五种美德，摒除四种恶政，就可以从政了。这五种美德是：使百姓得到好处，自己却无所耗费；安排劳役，百姓不怨恨；有欲望而不贪图财利；安舒矜持而不骄傲放肆；庄重威严而不凶猛。尤其是“惠而不费”，顺着百姓所能得到的利益而让百姓获得利益，不就是使百姓得到好处而自己无所耗费吗？选择百姓能干得了的劳役让他去干，怎会怨恨呢？希望实行仁义而得到仁义，还贪求什么财利呢？君子无论人多人少，势力大势力小，都不敢轻慢，不就是安舒矜持而不骄傲放肆吗？君子衣冠端正整齐，目光神色都郑重严肃，使人望而敬畏，不就是庄重威严而不凶猛吗？而且要避免“四恶”，不经教化便加以杀戮，叫作“虐”，不加告诫便要求成功，叫作“暴”，起先懈怠而突然限期，叫作“贼”，同样是给人财物，却出手吝啬，叫作“小气”。

孔子还告诫子张，入仕做官，“安身取誉为难”（《大戴礼记·子张问入官》），即做到官位稳固又能有好的名声很难。子张问为什么？孔子回答道：

已有善勿专，教不能勿怠，已过勿发，失言勿掎，不善勿遂，行事勿留。君子入官，有此六者，则身安誉至而政从矣。

且夫忿数者，官狱所由生也。拒谏者，虑之所以塞也。慢易者，礼之所以失也。怠惰者，时之所以后也。奢侈者，财之所以不足也。专独者，事之所以不成也。君子入官，除此六者，则身安誉至而政从矣。

……

君子欲言之见信也，莫善乎先虚其内。欲政之速行也，莫善乎以身先之。欲民之速服也，莫善乎以道御之。……此治民之至道矣，入官之大统矣。

君子做官要做到六点，那就是：自己有长处不要独自拥有，教别人学习不要懈怠，已出现的过错不要再次发生，说错了话不要为之辩护，不好的事不要继续做下去，正在做的事不要拖延。君子做官要避免六点，那就是：怨恨多了，牢狱之灾就会发生；拒绝劝谏，思虑就会受到阻塞；行为不庄重谨慎，就会失礼；做事松懈懒惰，就会丧失时机；办事奢侈，财物就不充足；独断专权，事情就办不成。君子做官，戒除这六点不爱的习惯则人身安全，荣誉加身，做官之路通达。要想使自己的话被别人相信，最好的办法是虚心听取意见；要想政治措施迅速推行，最好的办法是身体力行；要想使民众迅速服从，最好的办法是以道来治理国

(明) 仇英《孔子圣绩图 · 赐药图》
鲁哀公曾赐给孔子药物，以示对孔子的重视。

家。……这是治理民众的最重要的原则，也是入仕做官者最重要的纲领。

子张还曾向孔子“问仁”“问行”“问政”“问明”“问善人之道”，可见他的勤学好问。子张主“忠信”之道，明确反对“执德不弘，信道不笃”（《论语 · 子张》）即执守仁德不能发扬光大，信仰道义不能专一诚实，“言不忠信，行不笃敬”（《论语 · 卫灵公》）即说话不忠信，行为不笃敬；提倡“士见危致命，见得思义”（《论语 · 子张》）即看见危难敢于献身，看见有所得，就想到是否合乎道义。可见子张的才艺高广、气度宏大。

子张可能受到过墨家的影响。他认为“君子尊贤而容众，嘉善而矜不能”《论语 · 子张》，君子能尊敬贤人，又能容纳众人，能赞美好人，又能怜悯能力差的人，将爱人扩展为“容众”和“矜不能”，超出了孔子所论的爱有等差的限度，而更接近墨家的“兼爱”之说。《艺文类聚》引《庄子》佚文，也说“子张为武”，荀子所批评的那种“言议谈说已无以异于墨子矣”（《荀子 · 非十二子》），大约说的就是子张之儒。

西河学派

西河儒学是战国时期魏国西河地区的一个著名学派。它的开创者是孔门中素以“文学”著称的子夏。据《史记·仲尼弟子列传》记载，“孔子既没，子夏居西河教授，为魏文侯师。”《汉书·儒林列传》记载：“如田子方、段干木、吴起、禽滑釐之属，皆受业于子夏之伦，为王者师。”而且，“《诗》《书》《礼》《乐》定自孔子；发明章句，始于子夏。”（《文献通考·经籍考》）子夏在设教授徒的同时还继孔子之后整理和传授“六经”，开创了作为经学源头的“章句之学”。可以说，西河学派在传播儒家经典、发扬儒家学说、继承和发展孔子思想等方面都贡献卓著，并对魏国的政治改革产生了巨大的影响。

子夏，姓卜，名商，字子夏，是孔子晚年最得意的弟子之一，在同门师兄弟中是文学类的高足。有一次，子夏提出关于《诗》的问题请教孔子：

子夏问曰：“巧笑倩兮，美目盼兮，素以为绚兮。何谓也？”
子曰：“绘事后素。”
曰：“礼后乎？”
子曰：“起予者商也！始可与言《诗》已矣。”（《论语·八佾》）

子夏请教孔子：“巧笑起来，酒窝显得多甜美呀！美丽的眼珠，滴溜溜地转呀！衣着虽朴素，却令人感到艳丽而多姿呀！这是什么意思？”孔子说：“织绣总是先用素丝，而后用彩色丝线。”子夏说：“那么，礼是不是产生于仁义之后呢？”孔子听了，称赞说：“卜商的话启发了我啊，这样，就可以和我讨论《诗》了。”在《上海博物馆藏战国楚竹书》之中，有一篇《孔子诗论》，有可能就是子夏所作。

子夏在学习方法上很有心得，他说："博学而笃志，切问而近思，仁在其中矣。"（《论语·子张》）即在求学范围上是博学，在方法上是切问近思，在心态上是笃志。子夏还说：

贤贤易色；事父母，能竭其力；事君，能致其身；与朋友交，言而有信。虽曰未学，吾必谓之学矣。（《论语·学而》）

日知其所亡，月无忘其所能，可谓好学也已矣。（《论语·子张》）

子夏既提倡向师长学习，也提倡在实践中面向事物学习。因为一个人仅有知识增长是不够的，还要有道德水准的提高。孔子也表达过大概的意思，"敏于事而慎于言，就有道而正焉，可谓好学也已。"（《论语·学而》）即对工作勤劳，说话小心谨慎，到有道的人那里去匡正自己，这样可以说是好学了。从这一点来看，颜回过于在治学修身上求内，子贡过于在经世致用上求外，而子夏则试图将两者结合起来。但这样鲜明的性格，也使子夏有时太过，有时不足。

子夏担任过鲁国的莒父宰，即今山东高密市东南的地方长官。他向孔子问政，孔子对他说：

无欲速，无见小利；欲速则不达，见小利则大事不成。（《论语·子路》）

不要操之过急，不要贪图小利。操之过急反而达不到目的，贪图小利则大事往往办不成。《论语·雍也》还记载孔子批评子夏说："女为君子儒，无为小人儒。"劝告子夏要多重视内心道德的修养，不要太注重外在事功，而流于求饱暖的小人儒。

子夏尚事功，是有安国保民的志向：

哀公问于子夏曰："必学然后可以安国保民乎？"

子夏曰："不学而能安国保民者，未之有也。"（《韩诗外传》）

所以，子夏会说"仕而优则学，学而优则仕"（《论语·子张》）。但子夏绝不趋炎附势：

诸侯之骄我者，吾不为臣；大夫之骄我者，吾不复见。……争利如蚤甲

（明）仇英《孔子圣绩图 · 齐人归女乐》
齐国人赠送了一些歌女给鲁国，季桓子接受了，三天不上朝，让孔子非常不满。

（明）仇英《孔子圣绩图 · 堕三都》
孔子执政时，曾堕毁三桓，即鲁国公族季孙氏、叔孙氏、孟孙氏的的私邑。

而丧其掌。（《荀子 · 大略》）

子夏说："诸侯对我傲慢的，我不愿跟他为臣；大夫对我傲慢的，我不愿再去见他……因为争指甲那么大一点利益而伤害了手掌，这种事人们是不肯干的。"

孔子去世后，子夏有较长一段时间继续生活在鲁国，与仲弓、子游等人共同回忆孔子言论，编撰《论语》，并且与子张、子游等门人弟子相互交流。但由于观点的不同，他们难免互相攻讦，在矛盾扩大之后，子夏就离开了鲁国，后得到魏文侯弟弟魏成子的引荐，来到了魏国西河一带讲学。

魏文侯亲自拜子夏为师，对他异常尊重。在此之前，子夏的门下就聚集了许多弟子，之后规模更是逐渐扩大，"教弟子三百人"，声名远播。子夏的弟子中，悝李悝、吴起、田子方、段干木、禽滑釐等一大批政治、经济、军事、文化方面的杰出人才，之后又薪火相传，形成了长期活跃的"子夏氏之儒"。

子夏在政治上主张改革。他在同魏文侯讨论礼乐时，提出过他的政治主张，他说：

圣人作，为父子君臣以为纪纲。纪纲既正，天下大定。天下大定，然后正六律、和五声，弦歌诗颂，此之谓德音。（《礼记 · 乐记》）

圣人提出以君臣父子作为“纪纲”，“纪纲”正了，天下便得到安定，天下得到安定，然后才能正音律，和五声。子夏认为，音乐是用来区别贵贱等级的，使其各自得到适宜的地位，这就是后世之所以有尊卑长幼的次序。

官序贵贱各得其宜也，所以示后世有尊卑长幼之序也。钟声铿，铿以立号，号以立横，横以立武。君子听钟声，则思武臣。石声磬，磬以立辨，辨以致死。君子听磬声则，思死封疆之臣。丝声哀，哀以立廉，廉以立志。君子听琴瑟之声，则思志义之臣。竹声滥，滥以立会，会以聚众。君子听竽笙箫管之声，则思畜聚之臣。鼓鼙之声欢，欢以立动，动以进众。君子听鼓鼙之声，则思将帅之臣。君子之听音，非听其铿锵而已也，彼亦有所合之也。（《礼记·乐记》）

子夏告诉魏文侯，在听到各种不同的音乐时，要思念各种不同类别的大臣。听到钟声，要思念武臣；听到磬声，要思念封疆之臣；听到琴瑟的声音，要思念忠义之臣；听到竽笙筲等管乐的声音，要思念理政的大臣；听到鼓声，要思念带兵作战的将帅。这就是说，要从音乐中联系到为政的志向，使两者符合。只要君王与朝廷中各个方面的大臣协调一致，达到互相尊敬的地步，就什么事情都可以办成了。

从思想上看，子夏并不是纯粹的儒家。春秋战国之际，正是社会制度新旧交替的时代，他的思想也反映了这个时代的矛盾性。在《史记·礼书》中，对这种状态有十分形象的描写：

自子夏，门人之高弟也，犹云“出见纷华盛丽而说，入闻夫子之道而乐，二者心战，未能自决”，而况中庸以下，渐渍于失教，被服于成俗乎？

周道衰微，礼崩乐坏，遵守法纪的人在世上受侮辱，而奢侈骄横僭越礼制的人得到表彰与荣誉。子夏曾说：出门看见五彩缤纷、繁华与漂亮的情景而感到愉快，回到家来，听到老师的道理又感到了快乐。这两种思想在内心展开着战斗，而不能决其胜负。

子夏本身就是一个很实际的人，强调务实，他的思想中有许多超出了儒家范围的东西，他的主要弟子也无一人成为儒学正统传人，如田子方、段干木是道家，吴起的最终归宿是法家，而禽滑鳌则成为墨家之巨子。

曾子之孝

《孝经》是儒家学派阐述其孝道思想的一部经典文献。《孝经》中汲取了前人论“孝”的言论，将散见于众多儒家文献中关于“孝”的零星叙述加以系统整理，以孔子思想为本，形成了自身缜密的思想体系。在事亲的前提下，分别叙述了各个不同阶层的人应该遵守的孝道，以及推广孝道、教化民众的方法和步骤，同时，对以孝立身、齐家、治国、平天下的目的，进行了充分的阐述。

关于《孝经》的作者，有人说是孔子自作，但南宋时，已有人怀疑是出于后人附会。司马迁则认为是曾子所作。清纪昀在《四库全书总目》中指出，该书是孔子“七十子之徒之遗言”，成书于秦汉之际。各家学说皆有凭证，各执一词，难以统一。现在一般的观点认为，《孝经》本为曾子及其弟子所作，后在流传过程中得到了多次整理。

曾子，姓曾，名参，他比孔子小46岁，是孔子弟子中很年轻的一名高足。在《论语》中，对孔子弟子一般都称字，只有曾参、有若、冉求、闵子骞四人称子，《论语》单独记述的孔子弟子言行，也以曾子的最多，足见曾子在孔门中的地位。孔子死后，曾子继续积极推行儒家主张，以著书立说和聚徒讲学的方式维持儒学于不坠，“修道鲁卫之间，教化洙泗之上”（《盐铁论·论儒》），于修身和躬行孝道上颇有建树，在“五圣”之中，曾子仅在颜回之下，位列第二。

曾子性情沉静，举止稳重，为人谨慎，待人谦恭。曾子说，“吾日三省吾身。为人谋而不忠乎？与朋友交而不信乎？传不习乎？”（《论语·学而》）“君子不先人以恶，不疑人以不信，不说人之过，而成人之美。存往者，在来者，朝有过夕改则与之，夕有过朝改则与之。”（《曾子·子思子》）孔子曾说，“刚、毅、木、讷，近仁”（《论语·子路》），曾子刚好具备这些特点，他长寿，或许就是仁德修养较好的结果。

曾子之品德，以孝最为著称。据《史记·仲尼弟子列传》记载，孔子以曾子能通孝道，“故授之业，作《孝经》”。《汉书·艺文志》著录《曾子》18篇，已佚。今本《大戴礼记》中有《曾子立事》《曾子本孝》《曾子立孝》《曾子大孝》《曾子事父母》《曾子制言》《曾子疾病》《曾子天圆》等篇，可能就是其中的一部分。

曾子不仅对“孝”有系统的论述，本人又能身体力行。《新语·慎微》记载：

曾子孝于父母，昏定晨省，调寒温，适轻重，勉之于糜粥之间，行之于衽席之上，而德美重于后世。

曾子孝事父母，晚上铺设床铺，早晨探望慰问，住宿调节冷暖，饭食调和浓淡，尽心尽力在照料父母衣食住宿上操劳。

在西周的铜器铭文中，“孝”字像老人扶子行走的样子。在当时的氏族、部落社会之中，“孝”是指对本族中年长者的尊重、敬爱、赡养和祭祀，随着家庭成为社会的基本单位，“孝”也由对族中老者的尊敬，变成对父母的关爱，成为处理家庭内部关系的重要伦理规范。春秋时期，孔子第一次对孝悌思想进行了系统的理论阐述。孔子的孝道观是以“仁”为出发点的，由重视外在的行为，转而强调行孝者内在的道德情感，将“孝”落实于人心。

宰我问：“三年之丧，期已久矣！君子三年不为礼，礼必坏；三年不为乐，乐必崩。旧谷既没，新谷既升；钻燧改火，期可已矣。”

子曰：“食夫稻，衣夫锦，于女安乎？”

曰：“安！”

“女安，则为之！夫君子之居丧，食旨不甘，闻乐不乐，居处不安，故不为也。今女安，则为之！”宰我出。

子曰：“予之不仁也！子生三年，然后免于父母之怀。夫三年之丧，天下之

通丧也，予也有三年之爱于其父母乎？”（《论语·阳货》）

当宰我认为三年之丧太久时，孔子给予了严厉的批评，其依据在“子生三年，然后免于父母之怀”，做子女的也当有三年之爱于其父母。“三年之丧”的依据，是出于血缘亲情和自己内心的“不忍”。幼儿生三年，方可脱离父母的怀抱，因此，也要用守孝三年来报答父母的养育之情。“孝”最重要的表现，就是对父母发自内心的尊敬与爱戴，这种敬爱之情是人的内心情感的真实流露，是出自人内心的自觉，只有发自至情至爱，才能体现出孝的本质。

曾子做《孝经》，也是站在孔子的孝道思想上发展而来的。那么，《孝经》之“孝”是什么呢?

夫孝，天之经也，地之义也，民之行也。（《孝经·庶人章》）

孝是自然规律的体现，是人类行为的准则，是国家政治的根本。这是《孝经》的基本观点，也是全篇的基石。对于生活在家庭中的人来说，孝主要体现在事亲上，即对父母的奉养上。那么，怎样奉养才算孝呢？要以爱敬之心，奉养健在的父母；要以哀戚诚敬之心，祭奉亡故的父母。子有爱敬之心，则父母乐；子有哀戚诚敬之心，则在天之灵安。这就是孝。

除了直接奉养父母以表爱敬之心外，作为个人，事亲者应具有怎样的修养和品行?

首先，要保护好自己的身体，这是父母所给，不能损伤，即所谓“身体发肤，受之父母，不敢毁伤，孝之始也”（《孝经·开宗明义章》）。

其次，要立身行道，树立自己的良好形象，用扬名天下后世、光耀父母来体现自己的孝，这也是孝的最佳表现形式，是“孝之终也”。

再次，对待父母以外的人，也要尊重，不能得罪，即“爱亲者不敢恶于人，敬亲者不敢慢于人”（《孝经·天子章》）。

第四，不论环境怎样，都要不骄、不乱、不争，即所谓“居上不骄，为下不乱，在丑不争”（《孝经·纪孝行章》），只有这样，才可以避免祸患。

具备了上述四条，能够使自己不受伤害，使奉养父母成为可能；同时，还可以为父母增光，从精神上对父母进行安慰并使之快乐。

有孝就有不孝。《孝经》倡导孝，在一定意义上讲是针对不孝而言的。《孝经》所说的不孝，主要包括以下几方面：只重视物质供养，不重视对亲人精神上的安慰，犯上作乱，骄横妄为，最后招致自身灾祸。当然，不孝还包括对父母的一味顺从。面对父母的错误主张或行为，如果不去劝阻或制止，必会使父母陷于不义之地，这也是不孝。

人不仅生活在家庭之中，而且生活在社会当中，在社会中扮演着各自的角色。那么人在社会中如何体现自己的孝呢？

在《孝经》中，曾子根据天子、诸侯、卿大夫、士、庶人五个阶层，将“孝”分为五等，详细规定了每个阶层应该遵守的孝道法则。

天子之孝，一在于“爱敬事亲”，二在于施德教于百姓，使教化之道覆于四海，从而达到万事太平之景象；

诸侯之孝，在于通过自己的行孝，达到“保其社稷，和其民人”的结果；

卿大夫的孝，主要在于“守其宗庙”，要在服饰、言论和行动上严格要求自己，遵守为臣之道，做到“非法不言，非道不行”；

士要将侍奉父母的孝心，转而侍奉天子，以侍奉父亲的敬心侍奉师长；

庶人的孝道，在于“用天之道，分地之利”，“谨身节用，以养父母”，用自己的能力赡养父母。

这《孝经》认为，一切社会生活都可用孝来解释和衡量，用孝来规范社会、规范政治生活、协调上下关系。一句话，《孝经》所倡导的，就是以孝治国。

思孟学派

思孟学派指战国时期以子思和孟子为代表的儒家学派。宋代时，思孟学派就被看作是孔子真传，居于儒学大宗。但在历史上，对于思孟学派的争议却一直都没有停止过。

《汉书·艺文志》中记载，子思曾作《子思子》23篇，但在唐代后失传了。现在的我们已无法知道那个时候的子思对儒学所做的系统思考，也就无法断定孟子的儒家思想是否出自子思。归根结底，对于历史上曾发生的事件、出现过的思想，都总是以当时所记载下来的文献为基础，而一旦因某种原因，这些作为载体的典籍意外地失传了，那么，我们获得都只能是一种猜测，永远无法还原历史本来的面貌。这一切的不幸正发生在思孟学派身上，我们现在只能见到孟子的著作，而子思的著作早已散佚，无法将两者互相比较了。

但是我们还是可以在历史长河中寻找出一些蛛丝马迹的。《史记·孟荀列传》中曾说孟子"受业于子思之门人"，东汉的赵岐说孟子为子思的弟子，虽然他们之间的说法互相抵触，但我们可以肯定的是，孟子的师承确实是子思一派的。荀子在《荀子·非十二子》中，将则子思、孟子前后相续，认为二者具有内在的联系。

略法先王而不知其统，然而犹材剧志大，闻见杂博，案往旧造说，谓之五行。甚僻违而无类，幽隐而无说，闭约而无解。案饰其辞而祗敬之曰：此真先君子之言也。子思唱之，孟轲和之，世俗之沟犹瞀儒，嚾嚾然不知其所非也，遂受而传之，以为仲尼、子游为兹厚于后世，是则子思、孟轲之罪也。

按照荀子的说法，子思、孟轲不仅前唱后和，且在当时产生了一定的影响，受到了一批俗儒的支持与拥护。在这里，荀子批评了子思、孟子，认为他们取法先王而不知道儒学纲领，看起来好像从容不迫，才多志大，见闻博杂，但学说怪诞，不伦不类，神秘而难以通晓，晦涩而不易理解。尽管荀子所论有明显的偏见，但其说法并不会是空穴来风，后世所谓的思孟学派，实际就是由这段评论而来。

思孟学派应该是子思学派和孟子学派的通称，因二者思想上具有某种一致性，所以人们往往将其联系在一起。但由于子思的生活年代与孟子之时有差距，且师门传承比较复杂，在历史上，二者可能是分别独立的，当“孟氏之儒”出现时，“子思之儒”可能依然存在，但可能只是在墨守师说，缺乏创造，所以真正发展了子思思想的，反倒是后起的孟子学派。

子思是孔子的嫡孙，本名孔伋，子思是他的字。子思出生不久，他的父亲孔鲤就去世了，其母守节抚孤。有一次，孔子正在独自慨叹，子思问道：“您是否是在担心子孙不加强修养，对不起祖宗？或者是羡慕尧舜之道而又怨恨达不到呢？”孔子说：“小孩子怎么能知道我的心志呢？”子思回答：“我曾听了您的教诲，正在不懈努力呢。”由此可见，子思在少年时曾亲承孔子教诲。后来，子思事学于曾子。他一度迁居卫国，又至宋国，晚年才返回鲁国，作《中庸》《表记》《坊记》等，现收录在《礼记》中。

子思宣扬“诚”的观念，并视“诚”为世界的本原。《中庸》中有：“诚者，天下之道也。”只有至诚至性，人心才能将理性和感性完全地融合在一起，才能洞察人伦之道和一切事物的规律。在子思看来，圣人之心，至诚如一，所以才具有由诚而明，亦即由性而明的全德。

子思将“克己复礼”的尺度，转化为“中和”之道。《中庸》中有：

喜怒哀乐之未发，谓之中；发而皆中节，谓之和。中也者，天下之大本也；和也者，天下之达道也。致中和，天地位焉，万物育焉。

喜怒哀乐的情感没有发生，可以称之为“中”；喜怒哀乐的感情发生了，但都能适中且有节度，可以称之为“和”。中，是天下万物最大的本源；和，是天下最畅通之道。如果能做到中和，天地就会各安其位，万物才能孕育生长。

出土的郭店楚简中，有原属于《子思子》的《缁衣》《五行》，更有明确提及子思的《鲁穆公见子思》，还有《成之闻之》《尊德义》《性自命出》《六德》等，也应属于子思一派。

思孟学派讲“五行”。“五行”何指？即仁、义、礼、智、圣，被称为“德之行”。具备仁、义、礼、智四种德行的人，符合人道的基本要求；具备仁、义、礼、智、圣五种德行的人，符合天道的要求。“五行皆形于内而时行之，谓之君子”（《五行》），即内心留有“五行”之德，外在实践“五行”之德，这样的人，才是君子。《孟子·尽心下》记载孟子说：“仁之于父子也，义之于君臣也，礼之于宾主也，智之于贤者也，圣人之于天道也，命也。”以“五行”可以成就外圣内王。

思孟学派讲“心性”。孟子学说的根本出发点是“性善论”，认为天赋人性，有恻隐、羞恶、辞让、是非之心，并认为这“四心”，亦所谓的“良心”，是仁、义、礼、智的萌芽。而且，孟子把性善看作人之所以为人，人之所以异于禽兽的特殊要素，也就是人性存在的前提。其实，子思所讲的人人都拥有的“诚”，本身也是一种善性，“诚”即“诚之者人之道”，也就是“成己，仁也”，如果一个人能够做到时刻小心谨慎，常存敬畏之心，即使是独处时，也不能因为没有人监督自己，而做有违道德的事，让自己内心的道德意识发生决定性的作用。只有这样，才能使自己的本性发扬光大。这就说明，子思认为道德以意识的形式存在于人的内心之中，在这里，已经隐含着性善观了。孟子是在子思的基础上向前迈了一小步，把各个环节串联起来，捅破了这层薄薄的窗户纸。他以人的道德属性为根本，并在此基础上得出了明确的“性善论”：人性是天赋的，天赋的道德本身是善的，所以，人性是善的。

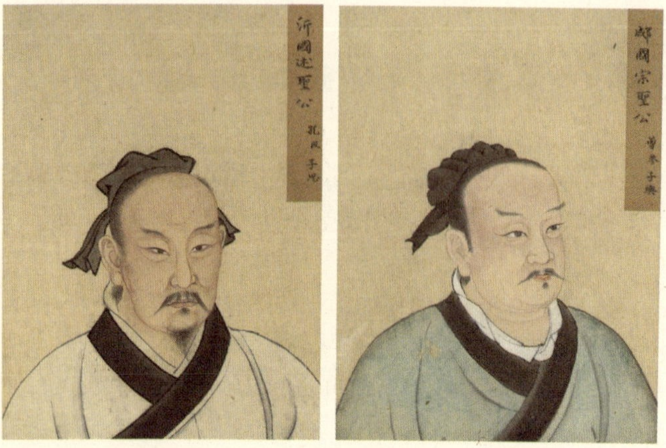

佚名 曾子与子思画像

孟子论义

义，繁体写作“義 ”，上面是一个“羊”，下面是一个“我”。古代把许多美好的事物都与“羊”联系起来，如“美、善、养、羡”等。那么，为什么“义”也和美好有关呢？许慎《说文解字》解释说，“义之威仪也，从我、羊”。甲骨文中的“义”字是把羊头放在长柄的三叉武器上，以表示一种威仪。它的本义是仪表的“仪”，后来被借用于合理的意思，而仪表的“仪”，就在左边加上了一个“亻”。清段玉裁给出了更深刻的解释：“仁者，人也；义者，我也。谓仁必及人。义必由中，制也。从羊者，与善美同义。”（《说文解字注》）即“仁”是和他人相互联系的，但“义”是由自己的内心来判断的。

在先秦诸子中，儒家首先提出“义”的概念，并对此做了较为深入的论述。现代汉语常用的带“义”的词汇很多，如忠义、信义、孝义等，今天所谓“义”即源于儒家。那么，儒家的“义”是什么意思？《礼记·祭礼》：“义者，宜此者也”，处己有度，做事适宜，就能配称“义”。朱熹在《朱子语类》中也讲：“君子见得这事合当如此，却那事合当如彼，但裁处其宜而为之。”君子决定此事与彼事当不当为，首先就看是否合于“义”。

孔子说，“君子喻于义，小人喻于利”（《论语·里仁》）。“君子之于天下也，无适也，无莫也，义之与比”（《论语·里仁》）。“君子义以为质。礼以行之，孙以出之，信以成之，君子哉！”（《论语·卫灵公》）君子一切唯以“义”为准则。孟子又概括出了“仁、义、礼、智”四端，即：

恻隐之心，仁之端也；羞恶之心，义之端也；辞让之心，礼之端也；是非之心，智之端也。（《孟子·公孙丑上》）

孟子已将“义”作为人天生固有的道德之一，赋予了它更广泛的内容。那么，作为“羞恶之心”的“义”，究竟是什么呢？朱熹在《四书集注》中解释说：“羞，耻己之不善也；恶，憎人之不善也。”综合来看，就是对自己或他人不善、不道德的行为感到羞耻或深恶痛绝。

在这种规范之下，合宜、正当的处物行事就是“义”的行为，而“非其有而取之”，就是“非义也”。《孟子·滕文公下》中讲了一个“月攘一鸡”的故事：

今有人日攘其邻之鸡者。或告之曰：“是非君子之道。”曰：“请损之，月攘一鸡，以待来年然后已。”如知其非义，斯速已矣，何待来年？

有这样一个人，他每天都要偷邻居家一只鸡。有人告诉他说：“这不是正经人应该干的事。”他回答说：“那就请允许我减少一些吧，以后我每月偷一只鸡，一直到明年就完全停止。”孟子说，偷鸡是“非其有而取之”，这样处物行事是不义的，应该赶快停下来，为什么要等到明年呢？所以说，“义”是一条很重要的道德标准。

孟子还把仁、义比较着讨论。《孟子·离娄上》中说：“仁，人之安宅也；义，人之正路也。旷安宅而弗居，舍正路而不由，哀哉！”孟子把“仁”看作是可以心安的宅所，把“义”看作是光明的坦途，他感叹有些人放着安宅不住，放着正路不走，他们“言非礼义”，而且不能“居仁由义”，这样的人是不能与之交往的。《孟子·告子上》又说：“仁，人心也；义，人路也。”“仁”是人心之所，“义”是通达人心之所的正确途径。《孟子·万章下》中还有：“夫义，路也；礼，门也。”从“礼”的大门出入，才能找到“义”路。

在孟子其后，荀子认为“义”是优越于动物的本质，正是由于人具有“义”这样的社会责任，才能组成一个完整的、分工不同但却很统一的社会。“义”是维护社会安定的一个极其重要的手段，是矫除性恶的武器，也是君子人格的根本。

在儒家的道德规范中，“义”往往与“利”联系在一起。在“义”与“利”的关系上，儒家伦理并不是一概反对谋利，而是强调先义后利、见利思义，主张“君子爱财，取之有道”，反对见利忘义、损人利己、损公肥私的行为，认为一个有道德修养的人，不应当唯利是图，而是要有更高的理想追求和人生目标，在实现理想的同时，正确处理“义”与“利”的关系，使二者达到高度统一。所以说，儒家并非不讲“利”，更不是完全否定“利”，而是肯定“利”客观存在的合理性和必要性的。孔子认为，追求富贵是人的本性，但不用正当的方法得到它，就无法去享受它的美好；贫穷与低贱是人人都厌恶的，但不用正当的方法去摆脱它，就无法摆脱它带来的痛苦。

荀子更是直接肯定了“利”的客观存在性。他认为，“利”是人们不可缺少的物质需要，“义”也是人们不可缺少的精神追求，只要是“以义制利”，使人人向善，就能保证国家和社会的稳定，从而使整个社会、每个个人都得到真正的利益。

如果“义”与“利”可以得兼，那自然是人生的幸事，而“义”与“利”不能两全的情况，则时有发生。在此情境下，儒家的选择就是先义后利、舍利取义，甚至舍生取义。孟子有言：

鱼我所欲也，熊掌亦我所欲也；二者不可得兼，舍鱼而取熊掌者也。生亦我所欲也，义亦我所欲也，二者不可得兼，舍生而取义者也。（《孟子·告子上》）

为了家族、国家和天下的“大义”，人生最可宝贵的生命都可以舍去，更不用说对物质利益的追求了。儒家所说“义”与“利”的关系，既是个人利益与集体利益的关系，也是物质利益与道德准则的关系。在儒家的观念里，家族、国家和天下的利益至高无上，每一个置身于这个家族和这个国家的个人，都必须对此负起相应的社会责任和义务，当个人与集体、物质与道德相冲突的时候，就应该限制甚至牺牲个人的私欲，维护集体的利益，遵循道德的原则。

佚名　闵子骞与孟子画像

荀子论礼法

荀子曾经多次游学齐国，在稷下学宫三为祭酒，“祭酒”即学长，是稷下学宫的最高职位。后因为遭受了谗人的诽谤，愤然离开齐国，到秦国游说，但秦昭王对荀子的态度十分冷淡，并不采纳他改革时弊的政见，荀子难以施展他的才能。之后，荀子又到过赵国，但仍得不到君王的赏识，反而遭到一次次的冷嘲热讽、诽谤打击。不久再次南行至楚，楚公子春申君一向对荀子比较尊崇，初次见面就任命他为兰陵县令，荀子在此过了一段比较安宁的生活。春申君死后，荀子亦被免职。此时，他深感年老体弱，无力再四处奔波，就留在兰陵著书讲学，直至去世。

战国末期，天下归一在即，百家争鸣接近尾声。荀子倡导“王道”，广采道、法、名、墨诸家学说，会归于儒，成为融汇诸子百家之集大成者。今本《荀子》共32篇，前24篇为荀子自作，《大略》等最后6篇，系荀子的门人整理而成。唐代杨倞为其作注时，又重新编排了顺序。

在人性的问题上，荀子可谓和孟子截然不同，针锋相对。荀子否定了孟子的“性善论”，认为孟子没有分析综合，没有验证。在天下纷争的时代，不讲功利，不谈耕战，只在那里大讲仁义，只能是迂腐之论，完全是坐着空讲，没法操作，不能实行。所以与之相反，荀子提出“性恶论”，理由是：

……材性知能，君子小人一也。好荣恶辱，好利恶害，是君子小人之所同也；若其所以求之之道则异矣；

凡人有所一同：饥而欲食，寒而欲暖，劳而欲息，好利而恶害。是人之所生而有也，是无待而然者也，是禹、桀之所同也。目辨白黑美恶，耳辨音声清浊，口辨酸咸甘苦，鼻辨芬芳腥臊，骨体肤理辨寒暑疾养。是又人之所

常生而有也，是无待而然者也，是禹、桀之所同也。（《荀子·荣辱》）

人天生就有欲望，饿了想吃饭，冷了想穿衣，累了就想休息，喜欢利益，躲避灾害，这是本性，无须外界影响，连君子、圣人也不能例外。基于这种认识，荀子把人分为两类，即王公大夫和庶人。前者生下来也是性恶的，但是由于他们懂礼，善于用礼去规范自己的言行，所以就变成了谨守社会规范的人。后者天生下来就不懂礼，更不会自觉地去行礼，因此必须用刑法制服他们，这便是所谓的“礼不下庶人，刑不上大夫”（《礼记·曲礼上》）。

那么，怎么能让人性变化为善呢？进一步地说，怎么样能消弭人和人之间为了利益的争斗，把负面的社会情感归于有序相待、各得其宜、社会安定、天下治平的氛围中呢？在荀子看来，是要外儒内法，两者共用。

荀子将“礼”看成从个人修身到治国、平天下的根本大法。

第一，在论及“礼”的产生时，荀子认为人性都是恶的，都是有贪欲的，要满足所有人的所有要求，仅靠财富的平均分配绝不可能。因此，天子就制定了“礼”，来分配天下财富，让人们去遵守。

第二，在谈及“礼”的重要性时，荀子认为，“礼”对治理国家，就好像秤之于物体的轻重，就好像木工的绳墨之于物体的曲直，人没有“礼”就不能正常生活，事情没有“礼”就办不好，国家没有“礼”就不安宁。

第三，在谈及如何制定“礼”时，荀子认为，人分尊贱、长幼，社会地位、物质分配自然应有所区别。天子是制“礼”的人，至尊至贵，就应该获得最高的统治地位和最大的物质享受。王公大夫是行“礼”之人，其社会地位、物质分配自然应低于天子，而高于百姓。百姓天生不知“礼”、不懂礼、不行礼，就应该用刑去制服他们，使他们出力生产，供养天子。只有这样，才能使人们各行其是，各得其所。

荀子礼、法并提，在强调“礼”的规范作用的同时，也非常重视“法”的巨大强制力。人性多欲，而人的欲望又是没有止境的。人们都爱好或憎恨同样的东西，欲望多了，就会造成物品的匮乏，就会引起争斗，引发犯罪，对于各种犯罪分子，必须“以法数制之”。在荀子看来，“重法”也是对人性进行改造的一种手段。荀子还制定了“法”的原则：

首先，赏罚必须严明。荀子认为，法就是赏善罚恶，如果对做好事者不进行奖赏，人们就会因无利可图而不去行善；对作恶者不惩罚，就会让恶人、恶行泛滥天下。治国之法，必须要赏有功，罚有罪，只有如此，才能树立法律的权威。

佚名 子贡、宰我、仲弓、伯牛画像

其次，量刑要适当，要罚当其罪。《荀子·正论》中说：“罪至重而刑至轻，庸人不知恶矣，乱莫大焉。凡刑人之本，禁暴恶恶，且征其未也，杀人者不死，而伤人者不刑，是谓惠暴而宽贼也，非恶恶也。”一个人所受的惩罚，要与他所犯的罪相适应，既不能重罪轻罚，更不能轻罪重罚。

最后，要注重执法者的素质。荀子从根本上是重“王道”“人治”的，所以即使是提倡“法治”，也格外强调人的作用。他认为，光有法律还不行，还必须有善于执法的君子。法律只是工具，关键看掌握它的人的素质，如果执法者有德有才、刚直不阿、秉公执法，则国家太平；如果让小人执法，无才无德、徇私枉法，则不免危害天下。

荀子形成了以礼治、法治结合为核心的政治观，在当时的形势下，荀子感应时势之变，引法入礼，隆礼重法。虽然限于时代限制，荀子并没有能够身体力行其理论，但通过韩非子、李斯的传承，乃至董仲舒等对其思想的全面发展，荀子学说成为汉代之后真正在发挥着作用的政治思想，后世即有论，“二千年来之学，荀学也”（谭嗣同《仁学》），可见如是。

“天人合一”的《周易》

《周易》，儒家尊它为“群经之首”，道家尊它为“三玄之冠”，数千年来，从帝王到百姓，从鸿儒到术士，从世外隐士到凡夫俗子，从政治家到军事界、从思想家到科学家，无不对《周易》抱有极其浓厚的兴趣，认为“《易》之为书，推天道以明人事者也”（《四库全书总目提要·易类》）。传易、说易、用易，大到国家的治乱兴亡，小到个人的荣辱得失，人们无不希望能从《周易》中找到满意的答案。

孔子就曾言：

故《易》刚者使知瞿（惧），柔者使知刚，愚人为而不忘（妄），僭（渐）人为而去诈。……《易》，我后其祝矣，我观其德义耳也。幽赞而达乎数，明数而达乎德，又仁[守]者而义行之耳。（《要》）

读《易》，要观其德义，“惟达道德者能原本之矣”（《大戴礼记·易本命》），才可以无大过。

我们所讲的《周易》，指的是我们现在所见到的传本。在先秦时期，能称呼为“易”的书至少有三种，《周礼》中记载，三易之法，“一曰《连山》，二曰《归藏》，三曰《周易》”（《周礼·春官宗伯》）。一般认为，夏代称为《连山》，商代称《归藏》，到了周代，就称为《周易》，“周”指的是“周朝、周地”，“易”是“变化、变易”的意思。

《周易》一书可分为《经》《传》两大部分。《经》是对卦象义的揭示和相应吉凶的判断，分上、下两篇；《传》是对《经》的解释，包含《文言》、《彖传》上下、

《象传》上下、《系辞传》上下、《说卦传》、《序卦传》、《杂卦传》共七种十篇，称之为“十翼”。这些内容不是一时一地形成的，而是经过了很多人的创作和增缮，从伏羲作“八卦”，文王演为“六十四卦”，到孔子作“十翼”，《周易》经历了漫长的发展演进过程，才变成了我们今天所见到的样子。

翻开《周易》，映入人们眼帘的是“—”“－－”两种符号，分别代表“阳”“阴”的意义。“—”称阳爻，“－－”称阴爻，将阳爻、阳爻按照不同组合由下往上重叠三次，就形成了八卦，即“乾，坤，震，巽，坎，离，艮，兑”八个基本卦，称为八经卦。再将八经卦两两重叠，可以得到六个位次的易卦，共六十四卦，且每一卦都有特定的名称。在每一个卦象之后，《易传》都用简练而艰深的文字对其进行了解说。这些卦象，正是《周易》的中心和纲领。

《周易》以八卦为基本模式，其中的卦爻辞既讲自然现象的变化，又配以人事的吉凶悔吝。这是一种把感性形象和抽象意义相互结合起来的符号性思维，而这种思维的内核，是“天人合一”的思想。

“天人合一”既是一种宇宙观，又是一种社会法则和人生理想，其理论的实质，是关于人与自然的统一问题的思考。见《周易·乾卦·文言》：

夫大人者与天地合其德，与日月合其明，与四时合其序，与鬼神合其吉凶，先天而天弗违，后天而奉天时。

这里的四个“合”字，讲的是“天人合一”。所谓“先天”，指的是天的先导，在自然变化未发生之前，便加以引导；所谓“后天”，即是指要遵循自然的变化规律，从天而动；“与天地合其德”，即人与自然界要互相适应、相互协调。

至于六十四卦的排列结构，更含有“天”“地”“人”三才的意义。“乾”“坤”两卦居首，代表创生化育万物的天与地，其余六十二卦代表万物，而人则包含在万物之中。这些无不说明人与其他万物一样，都是天地的产物，是自然界的一部分。尽管“人”已逐渐从自然之中独立出来，成为与“天”“地”并列的“三才”之一，但人的原本属性决定着他能够保持本已存在的天人之间的和谐统一关系。

大千世界变动不居，神妙莫测，要达到天人和谐就要服从普遍规律，天地的运动是有规律的，从不违背规律而乱动，所以才有日升月落、旦暮晦朔、四时交替，井然有序，绝无偏差。人类社会的活动也有一定的规律，顺应规律，海晏河清，政通人和；反之，违背规律，则政暗民叛，国将不国。衡量人们的行为正确与否，就要看事情是否与天地之道相合。《周易·系辞上》说“天地变化，圣人效之”，圣人、君子、贤人乃至百姓，都是按照天地之道行事，不同只在于君子自觉而百姓自然。

人类效法天地，几乎可以表现在所有方面。首先是人的品格的修炼。《乾卦·象传》说“天行健，君子以自强不息”，《坤卦·象传》说“地势坤，君子以厚德载物”，君子效法天地之德行，就要既刚健有为，自强不息，又能厚德载物，以道德教化行于人世，以蓄积美德，人们只有与天地合其德，才能做到“天人合一”。其次，人在修身的基础上，更要敏行，通过人的积极行动，达到“天人合一”。一个人简单地效法和遵循天道是远远不够的，还要在不违背客观规律的前提下，充分发挥主观能动性来争取最好的结果，这才是“天人合一”思想的最高境界。

“兴观群怨”的《诗经》

《诗经》流传到今天共有311篇，但《诗经·小雅》“鹿鸣之什”中的《南陔》《白华》《华黍》，“南有嘉鱼之什”中的《由庚》《崇丘》《由仪》，这六篇诗都仅有篇名而无文辞，故实际上只有305篇。

《诗经》中的诗分风、雅、颂三类。对于风、雅、颂的解释有很多种说法，一般认为是按照音乐来划分的，因为《诗经》中的诗篇当初都是乐歌，由于曲调特点的不同，划分为三类，后乐谱失传，仅留歌词，我们今天看到的不过是一部乐曲歌词的底本。

“风”是各地的民歌，共160篇，分周南、召南、邶、鄘、卫、王、郑、齐、魏、唐、秦、陈、桧、曹、豳等十五国风。“雅”是西周王畿的乐调。雅乐即正乐，周天子的都城是全国的中心，出于尊王观念，把王畿之乐称为“正乐”，而称诸侯国的地方音乐为俗乐。“雅”分为大雅、小雅，大雅31篇，小雅74篇，共105篇。“颂”是祭祀用的宗教音乐，内容主要是赞美神灵、祖先的功德的，又分周颂31篇，鲁颂4篇，商颂5篇。

诗是用来言志的。诗和音乐舞蹈密切联系，而且，诗还起着表达情感意愿的作用。《尚书·尧典》中记载：

帝曰：“夔！命汝典乐，教胄子，直而温，宽而栗，刚而无虐，简而无傲。诗言志，歌永言，声依永，律和声。八音克谐，无相夺伦，神人以和。”

舜帝命他的臣民夔掌管音乐，以此教育贵族子弟，通过与道德规范相通的乐的教化，使他们具有正直而温和的品性修养。他又接着说，诗是表达心意的，把它唱出来就是歌，乐曲要依据唱时的情调形成，并用声律加以调和，各种乐器要配合得当，不能打乱次序。以这样的礼乐教化天下，神和人就会和谐相处，各得其安。

诗可以兴，可以观，可以群，可以怨。（《论语·阳货》）

所谓“兴”，指借助诗歌具体生动的比喻，启发人们通过联想去表达、理解与之有关的事物或情理；所谓“观”，不仅指从诗中观察、了解一国社会政治的盛衰、善恶、得失，还指借诗观志，观察、了解作者的思想、感情、愿望；所谓“群”，指人与人之间可以通过诗消除隔阂，沟通感情，和睦相处；所谓“怨”，指通过诵读《诗经》中的某些相应的诗句来摆脱自己内心的愁怨。

《周南·关雎》是《诗经》之始。这首爱情诗写的是一个男子对一个女子思念、追求的过程。

关关雎鸠，在河之洲。窈窕淑女，君子好逑。
参差荇菜，左右流之。窈窕淑女，寤寐求之。
求之不得，寤寐思服。悠哉悠哉，辗转反侧。
参差荇菜，左右采之。窈窕淑女，琴瑟友之。
参差荇菜，左右芼之。窈窕淑女，钟鼓乐之。

诗含而不露，借景抒情，恬静温和，意境深远，情致隽永。表面看来，这首诗歌中并没有包含什么志向，但细细想来，却写出了日常的情感生活中实实在在的和谐之美，表达了作者积极的生命态度。快乐的情感在于年华流逝的每一个瞬间，生存的愉悦是由这些深切的生活片段联结而成的。这正是诗歌中传达出的“志”，其底蕴是心灵的丰富和深厚，是一种深挚多情的情感。

再如《魏风·硕鼠》：

硕鼠硕鼠，无食我黍！三岁贯女，莫我肯顾。
逝将去女，适彼乐土。乐土乐土，爰得我所。
硕鼠硕鼠，无食我麦！三岁贯女，莫我肯德。
逝将去女，适彼乐国。乐国乐国，爰得我直。

硕鼠硕鼠，无食我苗！三岁贯女，莫我肯劳。
逝将去女，适彼乐郊。乐郊乐郊，谁之永号？

这首诗通篇使用比喻的手法，表现了时人不堪沉重的剥削和压迫，希望社会变革。头两句直呼剥削者为“硕鼠”；三四句进一步揭露剥削者贪得无厌而寡恩，我多年养活你，你却不肯给我照顾、给予恩惠，甚至连一点儿安慰也没有；后四句更以雷霆万钧之力，喊出了他们的心声。

《小雅·沔水》中这样感叹：

嗟我兄弟，邦人诸友。莫肯念乱，谁无父母！

“家邦之念”是情感的归宿，同姓、异姓诸侯都应以此为责任，共同去承担兴国的事业。诗作表达的家国之情，不是亲近和眷恋，而是为国、为天下的豪迈与深沉。

还有部分诗歌直接表达了由衷的悲伤，虽然缺少了自信与沉稳，但是多出了对于人世伤痛的愤慨。如《小雅·节南山》：

驾彼四牡，四牡项领。我瞻四方，蹙蹙靡所骋。

欲驱马驰骋，举目四望，却感天地狭窄，难寻出路。这种类似于后世阮籍驾马不由径路，穷途而哭的境况，正是士大夫痛感政治生存的苦闷，是对现实产生深深的焦虑而找不到出路的心境的写照。

《诗经》时代，是士人涌起的时代。他们以“诗”来酬酢应对，讽谏劝诫，评论抒情，以赋诗来表情达意，更多的去表现自己的爱国热情，希望建功立业来实现自己的人生价值。但自平王东迁后，周王朝实际上已经是名存实亡。在国家政治颠沛困顿的时局中，那些和平生活中的温情之歌，被凝重、悲怆、愤激的歌哭所代替，士大夫们以责任感和使命感，点燃了济世的激情；以忧患哀思的情思，展开了情感上苦难的历程。

恭俭庄敬之礼教

“礼”既是个人行为的基本准则，又是治国安邦的根本纲领；既是道德评判的最终依据，又是精神文明的完整体现。它影响到社会生活的各个领域，调整着人与人、人与社会的关系，是无所不包的社会生活的总规则。早在夏代之前，“礼”就已经存在。但那时候所说的“礼”的含义，与现在我们所讲的有一定的区别。礼本写作“禮”，从字的结构上来说，是在一个器皿里面盛两串玉具，以奉神明。《说文解字》也解释说：“礼，履也，所以事神致福也。”“礼”最初只是原始社会祭神祈福的一种宗教仪式，人们尊神敬祖，力图通过烦琐又庄严的祭祀，得到上天的赐福与祖先的庇护。我们现在所讲的“礼”的含义，都是从这类意义上引申演化而来的。

周公对远古流传下来的原始祭祀礼仪及传统习俗，进行了大规模的整理和改造，制礼作乐，建立了一整套的礼仪制度，诸如朝觐、田猎、巡狩、聘问、宾客、祭祀、婚嫁、丧葬等，要行不同的礼，即使在同一种典礼活动中，贵族的等级不同，其所使用的器物、所穿的衣服、所行的仪式等等也各不相同，这就是“周礼”。“周礼”是一种社会等级秩序，是一种别异之规，“礼，经国家，定社稷，序民人，礼后嗣者也。”（《左传·隐公十一年》）如果人人都遵守礼，就会有君君、臣臣、父父、子子的上下尊卑，大家都各守名分、各司其职、各行其是，国家就会稳定有序，社会就会安定和谐。

春秋时期，“八佾舞于庭”这样的僭越行为屡见不鲜，后来甚至出现了大夫、士人弑君自立的情况。在孔子看来，“周礼”是夏、商、周三代之治的总结，是国家和社会管理的典范，国家只要按照“周礼”去做，就会永享太平。孔子说：“能以礼让为国乎？何有？不能以礼让为国，如礼何？”（《论语·里仁》）“为国以礼”，就是要维护君臣、上下的秩序，维护周天子的权威。以礼治国是在任何一个国家内都通行的标准。他也希望每个人都能用仁爱之心待人，克制自己的私欲，遵守礼的约束，挽救社会的衰乱。

孟子认为，"人之有道也，饱食、暖衣、逸居而无教，则近于禽兽"（《孟子·滕文公上》）。孟子强调的"教"不是别的什么内容，而是礼乐文化，"教"的主旨是教以人伦，让"父子有亲，君臣有义，夫妇有别，长幼有序，朋友有信"（《孟子·滕文公上》）。"礼"是每个人在社会上的一种角色定位，父即是父，子即是子，君即是君，臣即是臣，这种人伦关系、社会角色关系是不容违背的，一旦违背了这种关系，人则无异于禽兽。

荀子认为，"礼"是治理国家的基本方略，"天下从之者治，不从者乱；从之者安，不从者危；从之者存，不从者亡"（《荀子·礼论》）。"礼"是国家的脊梁，不按照礼行事，事情就办不好，国家就不得安宁，君臣、父子、兄弟、夫妇之间的关系就会颠倒混乱。"礼"是规范社会成员的行为准则，只有遵循"礼"的约束，社会才有正常的秩序，国家才会得到治理，这同用秤称重量、木匠用绳墨判曲直，以及用圆规和方尺画圆形和方形的道理是一样的。

荀子强调，"礼"就是"别异之制"，推崇"礼"，就是要"有分有别"。在政治上，君君臣臣，等级名分要明确，制度规范要严明；人际关系上，父父子子，也一定要符合伦理。而最具有现实意义的一点，就是用"礼"来约束社会的分工分职。大到一个国家，小到一个群体、家族，要维持其统一和生存，除了要确立政治上"君君、臣臣、父父、子子"的尊卑贵贱，还需要社会成员在生产、交换领域的分工合作及相应的社会管理，即"农农、士士、工工、商商"。"礼"是为了表明每个人在社会中，依据自己的身份所要承担的责任。

儒家将"礼"作为教育弟子的科目之一。《礼记·杂记下》有这样一条记载："恤由之丧，哀公使孺悲之孔子学士丧礼，《士丧礼》于是乎书。"孺悲所书的《士丧礼》现已无法确知，但我们从这则记载中看到了一条重要信息，那就是，孔子确实曾把他有关"礼"的学问传授给学生。孔子出于保存"礼"及教育弟子的需要，也曾对与"礼"有关的文献进行了编修。孔子自编"礼"的教材，就是《仪礼》的初本，只是这个初本的具体内容，我们现在已无从知晓。但从《礼记》"经礼三百，曲礼三千"的说法中可以肯定，《仪礼》的内容远不止现在能看到的17篇。那时的"礼"不仅体系庞大，而且内容烦琐。《仪礼》历战国、秦，到汉代已非原貌。孔子弟子及后学众多，不同的人所传授的"礼"在文字和仪节上必然会有差异，连篇目也可能有所删并或拆分。秦始皇焚书坑儒，又使得战国流行的诸多版

佚名　古代礼器图样

本因此而灭绝，损失十分严重。到了汉初，侥幸保存下来的只有高堂生所传本，据《汉书·艺文志》记载，“汉兴，鲁高堂生传《士礼》十七篇”。汉武帝末年，又曾得到过一本有56篇的《仪礼》，其中17篇与高堂生所传相似，多出的内容被称作《逸礼》。东汉后期，郑玄给《仪礼》作注，对文字部分曾做一番整理，我们现在看到的就是由郑玄修订过的版本。

今本《仪礼》17篇以冠礼为起始，以婚礼为根本，以丧祭礼为重，以朝聘礼为尊贵，以乡射礼为和谐，记载了社会生活中的诸多礼节仪式。具体篇目如下：《士冠礼》《士婚礼》《士相见礼》《乡饮酒礼》《乡射礼》《燕礼》《大射礼》《聘礼》《公食大夫礼》《觐礼》《丧服》《士丧礼》《既夕礼》《士虞礼》《特牲馈食礼》《少牢馈食礼》《有司彻》。

《仪礼》强调天人、人我之间的有序统一。其宗族伦理体现在冠、昏、丧祭之礼中，士冠礼是贵族男子20岁时举行的成年礼，士婚礼是成年男女成亲时所举行的仪式，丧葬礼通过对死者遗体的处理，表达对死者的敬爱之情。社会交往伦理则体现在士相见、射、乡、燕、聘之礼中，士相见礼是士人之间交往的礼仪，射礼具有军事训练和选拔人才的性质，乡饮酒礼是在乡学中举行酒会，具有长老会议的性质，燕礼属于联络君臣之间感情的礼仪，聘礼是诸侯之间的会见礼。这些“礼”不仅是社会中实际行动的准则和人生的法度，更重要的是，这是古代人们解决社会问题的指导观念，是他们内心深处的精神世界。

广博易良之乐教

《乐记》是专门论述音乐之作，但至今为止，关于《乐记》的作者、版本等问题仍争论不休。现存《乐记》的前半部分论述了音乐的本源、社会功能等；后半部分则分别记述了子夏和魏文侯、孔子和宾牟贾、师乙和子贡论乐的问题。从思想上看，它里面有孔子、孟子的观点，也有荀子的理论，还有《周易》《左传》以至《礼记》中其他各篇的内容。可见，《乐记》不是一人一时的著作，而是在先秦几百年音乐实践和音乐思想的基础上逐步形成的。现在有学者认为，《乐记》是汉初儒者搜集整理了先秦谈乐的言论，特别是儒家谈乐的言论，综合起来编辑而成的。它的原作者应是先秦儒者，它的编辑者则是汉初儒生。

《乐记》首篇就开始讨论音乐的起源。“乐”本作“樂”字，原义是谷物成熟结穗，与人对农作物的收获和喜庆有关，后引申为喜悦、感动的心理感情。

凡音之起，由人心生也。人心之动，物使之然也。感于物而动，故形于声。声相应，故生变；变成方，谓之音；比音而乐之，及干戚羽旄，谓之乐。乐者，音之所由生也；其本在人心之感于物也。

古代宗教祭祀活动十分发达，人们经常载歌载舞向神献媚，音乐由此应运而生。虽然在当时音乐也会受到很多外界因素的影响，但是，音乐的产生却完全是一种主观的行为。《乐记》认为，一切音乐的产生都源于人的内心。人们的内心的活动是受到外物影响的结果。人心受到外物的影响而激动起来，通过声音表现出来，各种声音相互应和，由此产生变化，由变化产生了条理次序就叫作“音”。将音组合起来再进行演奏和歌唱，配上道具舞蹈，就叫作“乐”。音乐正是由于外界事物触发人的情感活动而产生的，是人情感的外现。

人与动物的最大区别就在于动物只能听懂生理意义上的声音，而不可能懂得具有节奏的音乐，即所谓的“知声而不知音者，禽兽是也。知音而不知乐者，众庶是也。唯君子为能知乐”（《礼记·乐记》）。不同的人有不同的情感，用音乐表现出来自然也会有所不同：

其哀心感者，其声噍以杀。其乐心感者，其声啴以缓。其喜心感者，其声发以散。其怒心感者，其声粗以厉。其敬心感者，其声直以廉。其爱心感者，其声和以柔。（《礼记·乐记》）

内心悲哀时，发出的声音就会焦急短促；内心快乐时，发出的声音就会宽舒徐缓；内心喜悦时，发出的声音就会高昂悠扬；内心愤怒时，发出的声音就会严厉猛烈；内心恭敬时，发出的声音就会正直纯净；内心爱慕时，发出的声音就会温和柔顺。

音乐不仅可以体悟人心，也可以体察政治：

治世之音安以乐，其政和。乱世之音怨以怒，其政乖。亡国之音哀以思，其民困。……

志微噍杀之音作，而民思忧。啴谐慢易、繁文简节之音作，而民康乐。粗厉猛起、奋末广贲之音作，而民刚毅。廉直、劲正、庄诚之音作，而民肃敬。宽裕肉好、顺成和动之音作，而民慈爱。流辟邪散、狄成涤滥之音作，而民淫乱。（《礼记·乐记》）

治世之音安适而喜悦，那是因为政治宽和；乱世之音怨恨而愤怒，那是因为政治乖戾；亡国之音悲哀而忧虑，反映了民众的内心困苦。反之，细微急促的音乐响起了，民众会感到忧郁；宽舒平缓、节奏简明的音乐响起了，民众会感到舒畅；粗犷威武、奋发向上的音乐响起了，民众会感到振奋。刚正、端庄、真诚的音乐响起了，民众会肃然起敬；圆润柔和的音乐响起了，民众就会和善；放荡邪僻、轻佻散漫的音乐响起了，民众就会变得淫乱。

那么，什么样的音乐才是“尽善尽美”，才能“情见而义立，乐终而德尊”呢？

《乐记》强调“以和之美”，注重音乐内部各要素的和谐，强调音乐创作应是不同艺术内容风格的统一。《乐记》指出，“宫为君，商为臣，角为民，徵为事，羽为物。五者不乱，则无怗滞之音矣”。五音的和谐有序是由要素的定位、协调来形成的，“五色”“八风”“百度”是音乐的构成要素，“不乱”“不奸”“有常”是对要素协调的要求。《乐记》又提出，“乐者，审一以定和，比物以饰其节，节奏合以成文”，“一”指的是基本音，创作音乐时要在审察后，选择一个基本音为基础，使多种艺术手段能够恰到好处地运用，乐曲有序且富于变化，这样才能达到“以和为美”的境界。

中和之乐贵在平和、静穆、平易，和谐而不放纵。《乐记》将音乐分为“和乐”与“淫乐”。所谓“淫乐”，即“郑卫之音”，指的是那些违反中和之美的音乐艺术作品，其特点是节奏紊乱，旋律轻浮，这类音乐作品行于世，不但无助于社会秩序的稳定，相反，还会促进社会矛盾的激化。而“和乐”则相反，它的特点是节奏旋律的繁简、强弱变化都比较适中，是雅颂之音。

听其雅、颂之声，志意得广焉；执其干戚，习其俯仰诎伸，容貌得庄焉；行其缀兆，要其节奏，行列得正焉，进退得齐焉。

……

宽而静、柔而正者宜歌颂。广大而静、疏达而信者宜歌大雅。恭俭而好礼者宜歌小雅。正直清廉而谦者宜歌风。（《礼记·乐记》）

听《雅》《颂》之声，纯净的思想会占据脑海；手执盾斧一类的舞具，练习舞蹈的俯仰屈伸，容貌就会变得庄重；按照固定的舞位行进，和乐曲节奏协调一致，行列就很规矩，进退就很有序。对于千方百计力图保持社会稳定的儒家来说，当然要对“和乐”大加褒奖，并认为宽厚安静、柔和正直的人，适合唱《颂》；志向远大而安静、疏朗通达而诚信的人，适合唱《大雅》；恭慎好礼的人，适合唱《小雅》；正直谦让的人，适合唱《国风》。

“礼乐不可斯须去身”（《礼记·乐记》），音乐能够从根本上改变人的气质，在自然而然中，使人的心境平和下来。所以说，音乐之于我们，并不是可有可无的东西，而是陶冶心灵不可或缺的精神食粮。

“六艺”之学

所谓“六艺”，见于《周礼·大司徒》及《周礼·保氏》。

以乡三物教万民，而宾兴之。一曰六德：知、仁、圣、义、忠、和；二曰六行：孝、友、睦、姻、任、恤；三曰六艺：礼、乐、射、御、书、数。（《周礼·大司徒》）

养国子以道，乃教之“六艺”：一曰五礼，二曰六乐，三曰五射，四曰五御，五曰六书，六曰九数。（《周礼·保氏》）

郑玄的解释，以吉礼、凶礼、宾礼、军礼、嘉礼为“五礼”，即“以吉礼事邦国之鬼神”“以凶礼哀邦国之忧”“以宾礼亲邦国”“以军礼同邦国”“以嘉礼亲万民”。“礼”是教化之首：

道德仁义，非礼不成。教训正俗，非礼不备。分争辨讼，非礼不决。君臣上下，父子兄弟，非礼不定。宦学事师，非礼不亲。班朝治军，莅官行法，非礼威严不行。祷祠祭祀，供给鬼神，非礼不诚不庄。是以君子恭敬撙节退让以明礼。（《礼记·曲礼上》）

如果没有礼，道德仁义也就没有了。“教训正俗”是端正社会风俗；“分争辨讼”是解决分歧，化解矛盾；“君臣上下，父子兄弟，非礼不定”，没有礼，名分很难确定，谁是君，谁是臣？谁是父，谁是子？谁是兄，谁是弟？“宦学事师，非礼不亲”，孝顺父母，侍奉师长，如果不讲礼，就不知该如何事奉老师。“班朝治军”是

(明) 仇英《陌上竞马图》
此图画出了古代士人春游竞马的场景。

军队、朝臣的排列，军队的治理；“莅官行法”是官员上任后的行为约束。如果没有礼，没有任命官吏、执行法令的准则，就很难体现出威严。“祷祠祭祀，供给鬼神”，祭祀祖先，向鬼神献祭，如果没有礼，就不能显示出虔诚庄重。

黄帝的《云门》、唐尧的《大咸》、虞舜的《大韶》、夏禹的《大夏》、商汤的《大濩》、周武王的《大武》是为“六乐”。《周礼·春官宗伯·大司乐》中说：

以乐德教国子，中和、祗庸、孝友。以乐语教国子，兴、道、讽、诵、言、语。以乐舞教国子，舞《云门》《大卷》《大咸》《大磬》《大夏》《大濩》《大武》。

乐德，是以“乐者，通伦理者也”，通过乐教来灌输道德观点，起到移风易俗的作用。乐语具体一些，“兴”是比喻，借古喻今进行启发引导；“道”“讽”“诵”可能是歌咏吟诵、配乐赋诗的不同方式，与诗歌密切相关；“言”“语”可能是说话讨论的不同方式，与文章密切相关。乐舞则通过史诗性的乐舞，颂扬王的功德，使后人知之、学之。

“五射”是“白矢、参连、剡注、襄尺、井仪”（《周礼注疏》）。“白矢”要求射透箭靶，见其镞白；“参连”为射连珠箭的训练；“剡注”为射水平箭的训练；“襄尺”要求射箭时肘平，肘上可放一杯水，使臂直如箭；“井仪”要求四箭中靶后呈井状。从“五射”的内容及要求，可以想见当时训练之严格。学射，不仅是锻炼射箭技术，更要在射礼中感悟到“内志正，外体直”，也就是志向的确立和道德的培养，还有良好的心理素质。

射礼包括大射、宾射、燕射和飨射四种。大射，是天子祭祖、祭神之先，所设的大射之典，以射选择贡士中参加祭礼的人；宾射，是天子因诸侯来朝举行的射礼；燕礼，是天子与群臣燕息之射，以表君臣尊卑；飨射，是在举行乡饮酒礼时所举行的，以表长幼之序。四种射礼各有不同的程序，对所用弓、箭、靶、乐节等都有不同的规定，体现了“礼别异”的思想。

“五御”是“鸣和鸾、逐水曲、过君表、舞交衢、逐禽左”（《周礼注疏》）。“鸣和鸾”要求车驾起后，车铃“和”“鸾”必须铿锵齐鸣；“过水曲”要求御者驾车过水时，不能使车坠入水中；“过君表”指遇到障碍，要善于乘隙而入，不能与障碍物相撞；“舞交衢”指行于交衢之上，能驾车旋转起来；“逐禽左”指驾车出猎要善于用车阻挡禽兽，能协助射猎。这些都是驾驭战车的技术训练。

“六书”是象形、指事、会意、形声、转注、假借，用于识字。《说文解字·序》中有：

《周礼》，八岁入小学，保氏教国子先以六书。一曰指事。指事者，视而可识，察而可见，上下是也。二曰象形。象形者，画成其物，随体诘诎，日月是也。三曰形声。形声者，以事为名，取譬相成，江河是也。四日会意。会意者，比类合谊，以见指撝，武信是也。五曰转注。转注者，建类一首，同意相授，考老是也。六曰假借。假借者，本无其字，依声托事，令长是也。

在《周礼》中规定，八岁可以进初级学校，学官教育他们，先教的是“六书”。一是指事，指字形、结构看起来认识，但必须经过考察，才能知道它所体现的字义，“上、下”如此；二是象形，用画画的办法画出物体，笔画的波势曲折同自然物的态势相一致，“日、月”如此；三是形声，按照事物的性质和叫法，挑选可相比譬的声符和义符组成文字，“江、河”如此；四是会意，连接两个以上的字为一个字，表示新的意义，“武、信”如此；五是转注，转注出来的字和本字属同一部首，意义相同，可互做解释，“考、老”如此；六是假借，本无其字，借用一个同音字代表它，“令、长”如此。

“九数”是“方田、粟米、差分、少广、商功、均输、方程、赢不足、旁要”（《周礼注疏》），这些与后世《九章算术》中的内容相当，都是基础的数学知识。除此之外，“数”还包括天文、历谱、五行、占卜等，是主要自然科学知识的总和。

可以说，“六艺”之学文武并重，知能兼求，有论曰：

礼以考敬，乐以敦爱，射以平志，御以和心，书以缀事，数以理烦。敬考则民不慢，爱敦则群生悦，志平则怨尤亡，心和则离德睦，事缀则法戒明，烦理则物不悖。六者虽殊，其致一也。（徐干《中论》）

礼乐使人有仁，礼让人有敬畏之心，不敢怠慢，乐让人有怜爱之情，所以就会生出喜悦；射御使人有勇，射让人立下志向，不会怨天尤人，御让人心中平和，团结一致，不会生出嫌隙；书数使人有智，用书来记事，能记下让人警醒的法律戒令，用数来理清繁杂的头绪，万物就不会悖反。“六艺”虽然各个不同，但目标是一致的。

从“六经”到《十三经》

最初，“经”并不是儒家独有的，如《墨子》中就有《墨经》上、下篇，《老子》又叫《道德经》，《庄子》又叫《南华真经》，还有医术《黄帝内经》等。

“经”的意思是经典，《孝经序疏》引皇侃曰：“经者，常也，法也。”刘勰《文心雕龙·宗经》说：“经也者，恒久之至道，不刊之鸿教。”可见，“经”指的是可放之四海，万世不变的永恒真理。

儒家的“经”，一开始就是“六经”，《庄子·天运》中记述道：

孔子问礼于老聃曰：“丘治《诗》《书》《礼》《乐》《易》《春秋》六经，自以为久矣，孰知其故矣？”老子曰：“夫六经，先王之陈迹也。”

按照司马迁的说法，“六经”都是古老的文献，《易》是占筮用书，《书》是夏商周三代史，《诗》是周代诗歌总集，《礼》是周代的礼仪记录，《乐》是周代乐制、乐谱、乐曲，《春秋》是鲁国编年史。孔子时，“礼乐废，《诗》《书》缺”（《史记·孔子世家》），孔子以一己之力，搜集文献，编次《书》，删订《诗》，修正《礼》《乐》，作《易》的“十翼”，又据鲁史编次《春秋》。孔子把“六经”讲授给弟子们，又代代相传，“六经”遂成为儒家最基本的经典。焚书之劫后，“六经”成了“五经”，没有了《乐经》。其他“五经”，尽管因传述者不同，出现了很多版本，但还是留下来了，《乐经》则片甲不存，原因可能是《乐经》本身就以乐曲、乐谱为要，战乱年代乐器丢失，乐官流散，《乐经》失去了讲授的基本条件，故难逃劫难。到了东汉，“五经”又增为“七经”，这时加上的是《论语》和《孝经》。

唐代前中期，先是孔颖达作《五经正义》，将原本“五经”中的《仪礼》换为

（唐）阎立本《孝经图卷》（局部）
此图以《孝经》为内容，配以插图。

《礼记》，将《春秋》定为左丘明的《左传》；后是“七经”又增为“九经”，“礼”为“三礼”，即《仪礼》《礼记》《周礼》，《春秋》为“三传”，即《左传》《公羊传》《穀梁传》，反而把《孝经》《论语》撤了出去。一直到唐代后期，国子监刻立石经“十二经”，才又成了《周易》《尚书》《诗经》《周礼》《仪礼》《礼记》《春秋左氏传》《春秋公羊传》《春秋穀梁传》《论语》《孝经》《尔雅》。

“十三经”之名定于宋代，最后加上的一本是《孟子》。关于合在一起的《十三经》，最早的版本是南宋光宗时候刊刻的，现在的通行本是清代阮元主持校刻的，共计有65万字左右，最长的是《左传》，有20万字，大约占了三分之一，最短的是《孝经》，只有不到2000字。

在从“六经”增为“十三经“的过程中，“世人以经为常，以传为转，以论为伦，此皆后儒训说，非必目睹其本真”（章太炎《国故论衡》）。出现了很多的“注”“笺”“疏”“集解”“正义”“章句”等，现《十三经注疏》中收录的有：

《周易正义》——三国魏·王弼，西晋·韩康伯注，唐·孔颖达正义
《尚书正义》——三国魏·王肃伪西汉孔安国传，唐·孔颖达正义
《毛诗正义》——西汉·毛亨传，郑玄笺，唐·孔颖达正义
《周礼注疏》——东汉·郑玄注，唐·贾公彦疏
《仪礼注疏》——东汉·郑玄注，唐·贾公彦疏
《礼记正义》——东汉·郑玄注，唐·孔颖达正义
《春秋左传正义》——西晋·杜预集解，唐·孔颖达正义
《春秋公羊传注疏》——东汉·何休解诂，唐·徐彦疏
《春秋穀梁传注疏》——东晋·范宁集解，唐·杨士勋疏
《孝经注疏》——唐·李隆基注，北宋·邢昺疏
《尔雅注疏》——东晋·郭璞注，北宋·邢昺疏
《论语注疏》——三国魏·何晏集解，北宋·邢昺疏
《孟子注疏》——东汉·赵岐注，伪北宋·孙奭疏

焚书坑儒的罪与罚

秦始皇焚书坑儒，在中国史上无疑属于那种重大事件，即使是最简单的通史著作也不能不写一笔。但让我们深感困惑的是，“焚书”“坑儒”究竟何时合为了一个词？这很难说得清楚，因为两者毕竟是两件事，非要扯到一起说，甚至还简单地把焚书坑儒归为暴政，视为强秦灭亡的致命原因，是失之偏颇的。

“焚书”的出发点在于禁止私学，统一思想。诸子争鸣时日已长，是非纷乱，议论百出，战国末期已有渐趋统一之倾向，吕不韦集合众家编纂《吕氏春秋》便是一种尝试。秦始皇也曾设立七十博士，让他们从六国宫廷和民间搜集大量的文献，并召2000多名诸生学习。在这个过程中已经销毁了一部分书。

“焚书”事件爆发于始皇三十四年（前213），导火索是由来已久的封建与郡县之争。

始皇置酒咸阳宫，博士七十人前为寿。仆射周青臣进颂曰：“他时秦地不过千里，赖陛下神灵明圣，平定海内，放逐蛮夷，日月所照，莫不宾服。以诸侯为郡县，人人自安乐，无战争之患，传之万世。自上古不及陛下威德。”始皇悦。博士齐人淳于越进曰：“臣闻殷周之王千馀岁，封子弟功臣，自为枝辅。今陛下有海内，而子弟为匹夫，卒有田常、六卿之臣，无辅拂，何以相救哉？事不师古而能长久者，非所闻也。今青臣又面谀以重陛下之过，非忠臣。”始皇下其议。（《史记·秦始皇本纪》）

这一年，秦始皇因寿宴置酒于咸阳宫，大宴群臣，博士仆射周青臣大赞郡县制，“陛下带领秦国平定四海，放逐蛮夷，日月照耀之处所在，莫不俯首称臣。陛下在昔日六国诸侯的领地上，设置了郡县制。现在老百姓安居乐业，再也没有战争之患。陛下您的丰功伟绩一定会传之万世。从古到今，还没有人能赶得上陛下您的威德。”这段话很明显是在为秦始皇歌功颂德。博士淳于越却非要唱反调，他向秦始皇建议要废除郡县制，恢复封建制，“封建制是要分封子弟功臣，以此作为枝辅。如今四海之内都是陛下您的领土，您的子弟却竟然只是匹夫之臣。万一国家有了什么危难，宗亲们怎么能有能力来相救的？”淳于越还讽刺周青臣的话纯属拍马屁，绝非忠臣所为。面对淳于越咄咄逼人的言辞，被泼了冷水的秦始皇倒没有当场发作，而是决定通过廷议来论辩是非曲直。

丞相李斯曰："五帝不相复，三代不相袭，各以治，非其相反，时变异也。今陛下创大业，建万世之功，固非愚儒所知。且越言乃三代之事，何足法也？异时诸侯并争，厚招游学。今天下已定，法令出一，百姓当家则力农工，士则学习法令辟禁。今诸生不师今而学古，以非当世，惑乱黔首。丞相臣斯昧死言：古者天下散乱，莫之能一，是以诸侯并作，语皆道古以害今，饰虚言以乱实，人善其所私学，以非上之所建立。今皇帝并有天下，别黑白而定一尊。私学而相与非法教，人闻令下，则各以其学议之，入则心非，出则巷议，夸主以为名，异取以为高，率群下以造谤。如此弗禁，则主势降乎上，党与成乎下。禁之便。（《史记·秦始皇本纪》）

在廷议中，丞相李斯站了出来。他认为，看问题不能崇古薄今，封建制是三代旧事，既不值得提倡，更容易混淆视听，让那些不懂事的小民跟着起哄，惑乱太平。李斯迅速转移了话题，从封建与郡县之争变成了私学之弊，给私学扣上了“各以其学议之，入则心非，出则巷议，夸主以为名，异取以为高，率群下以造谤”的帽子，说他们在朝廷上口是心非，出了朝廷就在街头巷尾议论时政，凭借批评皇帝的得失来提高自己的名气，凭借标新立异的言论，借以表现自己的学识高深，他们的手下更是生出了许多诽谤之言。现在，秦朝已经建立了统一的国家，就不应该再允许私学流行，破坏安定的局面。

对于这些“恶行”，李斯还提出了具体的应对办法：

臣请史官非秦记皆烧之。非博士官所职，天下敢有藏诗、书、百家语者，悉诣守、尉杂烧之。有敢偶语诗书者弃市。以古非今者族。吏见知不举

者与同罪。令下三十日不烧，黥为城旦。所不去者，医药卜筮种树之书。（《史记·秦始皇本纪》）

就是这个“焚书”的建议，让秦始皇背上了永远无法洗刷的千古罪名。

这条“焚书令”可以分解为以下几条：

其一，史书被禁毁得最厉害。除了秦史，六国史书几乎没有幸免的。

其二，儒家《诗》《书》及诸子之书，在民间的都是禁毁对象，只有博士掌管的书可以留存。

其三，医药、卜筮、种树等实用书籍不在禁毁之列。

其四，不执行“焚书令”的，要被罚做修城墙的苦役，谈论《诗》《书》要被砍头，道古讽今的要被灭族。由此可见，焚书只是个表象，其背后的深意是以强力镇压言论自由来赢得思想统一。

“坑儒”发生在“焚书”一年后。“坑儒”的起因也不是儒生，而是由方士引起的。秦始皇迷信方术，希望能找到仙药，可以长生不老。方士们投其所好，屡次欺骗秦始皇，开始的时候，秦始皇很信任他们，还曾听从他们的建议派人去海上寻找神仙。但是时间一长，方士们的骗术就不那么灵了，很难自圆其说。他们害怕有一天被揭穿，就走为上策。这件事让秦始皇怒火冲天，他有了一种强烈的被人利用、欺骗的感觉。后来他又听说，这些方士在逃跑之前还找好了理由，说他刚愎自用、贪于权势，是不能得到仙药的。这简直就是火上浇油。秦始皇本来只是生气于方士们的脱逃，现在又继而恨儒生中有诸多知情不举报者，更兼之当时天下儒生对秦始皇焚书之举非议众多，让秦始皇在恼羞成怒的情况下动了杀机。

大怒曰：“吾前收天下书不中用者尽去之。悉召文学方术士甚众，欲以兴太平，方士欲练以求奇药。今闻韩众去不报，徐市等费以巨万计，终不得药，徒奸利相告日闻。卢生等吾尊赐之甚厚，今乃诽谤我，以重吾不德也。诸生在咸阳者，吾使人廉问，或为妖言以乱黔首。（《史记·秦始皇本纪》）

他捉来与方士有牵连的儒生严加拷问，儒生们经不住严刑互相告密，结果居然有1000多人遭到牵连。秦始皇亲自圈定其中400多人活埋，其他人发谪徙边。

“焚书”还算是政令，“坑儒”则是秦始皇乱发脾气。从前事的角度看，儒家把“六经”残缺不全的罪名全扣在了秦始皇的头上，也有点儿泄私愤的意思。“焚书令”之下，究竟烧了多少书我们不得而知，但在秦末的战火中，项羽咸阳一炬，秦宫室的书全部灰飞烟灭，损失更大。可从后事的角度看，秦始皇就一点儿也不冤了。“坑儒”中被牵连的都是与秦始皇政见不合的人。“焚书”时开始钳制思想、摧折文化，这比单纯烧书更可恶，此例一开，给后世做了极坏的榜样，统治者动辄以禁焚典籍为名，行专制学术之实；再加上“坑儒”时，以天子一怒，就说儒生“为妖言以乱黔首”，杀之而后快，这哪里还是公天下？

（南宋）李唐《晋文公复国图》（局部）
此图描绘了晋文公重耳被放逐在外十九年，最后回国即位的故事。

为政以德

在《左传·襄公二十四年》中有“德，国家之基也”的论断之后，对“为政以德”的论述便不绝如缕。先秦时讲“以德为本，以义为术，以信为动，以成为心，以决为计，以节为胜”（《逸周书·柔武解》），强调以仁德为根本，礼义为措施，以守信为行动，以成功为目标，以决断为谋虑，以度为胜利。还有“以德行仁者王，王不待大。……以德服人者，中心悦而诚服也”（《孟子·公孙丑上》），即用道德实行仁义使天下归顺的人，不用依靠国家的辽阔，用道德使人归服的，是心悦诚服的归顺。“为天下及国，莫如以德，莫如行义。以德以义，不赏而民劝，不罚而邪止”（《吕氏春秋·离俗览·上德》），治理天下和国家，莫过于用德，莫过于行义，用德用义，不靠赏赐，人民就会努力向善，不靠刑罚，邪恶就能制止。

汉代也强调“以德为国者，甘于饴蜜，固于胶漆”（《春秋繁露·立元神》）。陆贾在《新语·道基》中说，“虐行则怨积，德布则功兴，百姓以德附，骨肉以仁亲”，暴虐行为导致怨恨积累，布施德政就能使功业兴旺，百姓因为德而归附君主，骨肉因为仁而亲密友爱。所以要“治以道德为上，行以仁义为本”，要在实践中形成“德主刑辅”“先德教，后刑罚”的思想。刘向在《说苑·政理》中也说：“圣王先德教而后刑罚，立荣耻而明防禁，崇礼义之节以示之，贱货利之弊以变之。圣王先用仁德教化，而后用刑罚，树立荣辱观念，并明确什么是防范和禁止的，崇尚礼义大节，来给百姓做示范，轻视财利金钱来改变他们的贪欲。这也一直是历朝历代想要达到的德治目标。

为政以德，一要以德施政，尚德利民，如西汉黄霸的平政宣化，班固在《汉书·循吏传》中不断地称赞他：

……霸为人明察内敏，又习文法，然温良有让，足知，善御众。为丞，处议当于法，合人心，太守甚任之，吏民爱敬焉。

……俗吏上严酷以为能，而霸独用宽和为名。

……会宣帝即位，在民间时知百姓苦吏急也，闻霸持法平，召以为廷尉正，数决疑狱，庭中称平。

……霸力行教化而后诛罚，务在成就全安长吏。

……霸以外宽内明得吏民心，户口岁增，治为天下第一。

……然自汉兴，言治民吏，以霸为首。

黄霸是执法宽和、教化得力的典范。他出仕于汉武帝后期，当时为了稳定战后局面，不得不以严刑峻法治国，各级官吏都崇尚严酷执法，唯有黄霸以执法宽和而出名。其政治策略不外乎政策宽简，抚孤寡，恤贫弱，有利于民；取之有度，劝农桑，节财用，让利于民。如在颍川期间，黄霸制定条令，推行教化，劝导老百姓做善事，并用心耕田种桑，饲养家畜，通过开源节流来增加收入。郡中有鳏、寡、孤、独的人死了无法安葬的，只要报告上来，黄霸都能妥善地给予处置。甚至连哪些地方出的木头可以做棺材，哪些地方卖的猪可以做祭品，他都能详细地说出来。

二要以德治吏，倡俭惩贪。就像俗语说的那样，“文臣不爱钱，武臣不惜命，天下当太平”。所以，为官者要能“正以处心，廉以率己，忠以事君，恭以事长，信以接物，宽以待下，敬以处事”（陈宏谋《从政遗规》），让自己做到公正，要求自己廉洁，侍奉君主要忠诚，对待长辈要恭敬，待人接物要守信，对待下属要宽厚，从事政务要以敬为先。

唐太宗不止一次重申这些原则：

太宗谓侍臣曰：“古人云：‘鸟栖于林，犹恐其不高，复巢于木末；鱼藏于水，犹恐其不深，复穴于窟下。然而为人所获者，皆由贪饵故也。’今人臣受任，居高位，食厚禄，当须履忠正，蹈公清，则无灾害，长守富贵矣。古人云：‘祸福无门，惟人所召。’然陷其身者，皆为贪冒财利，与夫鱼鸟何以异哉？卿等宜思此语为鉴诫。”（《贞观政要·论贪鄙》）

唐太宗对侍臣说：“古人说：‘飞鸟栖息于树林，唯恐树木不高，所以筑巢于树木的顶端；鱼藏于水中，唯恐水不深，所以穴居于水底洞穴中。然而能被人们所捕获的，都是因为贪饵的缘故。’现在受任命的大臣，居高位，食厚禄，应当忠诚正直，清廉无私，这样才能没有灾祸，长守富贵，这就是为官以德的根本啊！……”

三要以德辅法，德治、法治相结合。“道之以政，齐之以刑，民免而无耻；道之以德，齐之以礼，有耻且格”（《论语·为政》），用政令来治理百姓，用刑法来整顿他们，百姓只求能免于犯罪受惩罚，却没有廉耻之心；用道德引导百姓，用礼制去同化他们，百姓不仅会有羞耻之心，而且有归服之心。因为法律不能惩恶意，道德不能治恶行，所以治理国家，德与法缺一不可。“治之经礼与刑，君子以修百姓宁；明德慎罚，国家既治四海平”（《荀子·成相》），凡是轻德重法，只用严刑峻法的朝代，多是短命的；而德法兼用、德主刑辅的朝代，往往是长治久安的。

历朝皆有冤案，原因大都因刑罚过严，而翻案也都是以德为先。如南宋的董槐为冤民翻案，见《宋史·董槐传》的记载：

十四年，起为广德军录事参军，民有诬富人李桷私铸兵结豪杰以应李全者，郡捕系之狱，槐察其枉，以白守，守曰：“为反者解说，族矣。”槐曰：“吏明知狱有枉，而挤诸死地以傅于法：顾法岂谓诸被告者无论枉不枉，皆可杀乎？”不听。顷之，守以忧去，槐摄通判州事，叹曰：“桷诚枉，今不为出之，生无由矣。”乃为翻其辞，明其不反，书上，卒脱桷狱。

有人诬告李桷私自铸造兵器，结交当地豪杰，企图发动叛乱。郡守一听李桷要造反，不问青红皂白，立即派人将他逮捕起来关进了监狱。董槐经过调查，发现李桷是被诬告的，于是不顾个人安危，据理驳斥顶头上司说：“明明知道是冤案，还要昧着良心把人往死路上推，不顾事实地将好人加上叛逆的罪名，难道法律上说过被告者无论冤不冤枉都要杀吗？”郡守虽被董槐驳得哑口无言，但还是不肯接受董槐的意见，因为谋反一类案件从来都是宁枉勿纵，往往是宁愿错杀无辜，也不肯自己承担风险。直到董槐接任，才呈文上报，释放了李桷。

尚贤使能

《战国策·秦策》中有秦昭王礼敬范雎之言：

事无大小，上及太后，下至大臣，愿先生悉以教寡人，无疑寡人也。

秦昭王一心想招揽天下贤才，并不管范雎的过往。在当时，儒家、墨家、法家、杂家等，皆有尚贤的观点。在儒家看来，“为政亦多务矣，唯用贤为国之大事。治乱必于斯，兴亡必于斯，人也更无所由也，一于斯而已”（唐甄《潜书·主进》）。意思就是说，政务的内容是多方面的，但以尚贤任能为第一。一个国家或地区的政局是治是乱、是兴是亡，只要看看那里的为政者是否崇尚贤能就知道了。

贤才的标准是什么？《说文解字》：“贤，多才也。”《玉篇》：“贤者，能也。”“贤”更侧重内在的道德品格，如《周礼·地官司徒·大司徒》所言：“以贤制爵，则民慎德。”《礼记·王制》也有相似的说法，“上贤以崇德，简不肖以绌恶”。而“能”更侧重治国经世的实际才干，如《孟子·公孙丑上》所论“贤者在位，能者在职”。但在当时，贤、能常常并用。

以八统诏王驭万民：一曰亲亲，二曰敬故，三曰进贤，四曰使能，五曰保庸，六曰尊贵，七曰达吏，八曰礼宾。（《周礼·天官冢宰·大宰》）

尊贤使能，俊杰在位，则天下之士皆悦而愿立于其朝矣。（《孟子·公孙丑上》）

儒家推崇的贤能，就是以德行、能力辅佐君王的人，就像《礼记·礼器》中说的那样，要崇尚有德行的人，尊敬有道艺的人，任用有才能的人，荐举贤才而安置在官位上，聚集众人宣告所要举办的大事。

贤才究竟有多重要？孔子说："举直错诸枉，则民服。举枉错诸直，则民不服。"（《论语·为政》）如果崇尚贤能，把贤能者安置在邪曲者之上，百姓就会服从；反之，如果不崇尚贤能，把贤能者安置在邪曲者之下，百姓就不会服从。所以说，"国以尚贤使能而兴，弃贤专己而衰"（王安石《性贤》），这是从古至今的通义，是历史的必然之势。还有这样的比方：

朝无贤人，犹鸿鹄之无羽翼，虽有千里之望，犹不能致其意之所欲至矣。（刘向《说苑·尊贤》）

若君王的朝中没有贤德的人，就像鸿鹄没有翅膀一样，虽然想翱翔千里，但最终也不能够达到。那么，如何才能达到预期目的呢？"绝江海者，托于船；致远道者，托于乘；欲霸王者，托于贤"，就像横渡江海，就要依托于舟船；想走远路，就要依托于马车；那么，想称霸天下，兴起王业，就必须依托于贤德的人。"非其人而欲有功，若夏至之日而欲夜之长也，射鱼指天而欲发之当也"。任用的是不合宜的人，又想成就功业，就如同在夏至当天，还期望夜晚更长，或者是向天射箭，以求能射到鱼一样，都是不可能的。

怎样招来贤才？关键在于君王的礼贤下士，与天下贤士为伍。"周公旦白屋之士所下者七十人，而天下之士皆至；……仲尼修道行，理文章，而天下之士亦至矣。"（《说苑·尊贤》）周公礼待贫困的贤士，有七十余人，因而，天下的士人都到他那里；孔子修养道德品行，整治礼乐制度，因而天下的士人也到他那里。这是儒家对君王的要求，有明君如唐太宗者，也在身体力行。

勣既忠力，帝谓可托大事，尝暴疾，医曰："用须灰可治。"帝乃自剪须以和药，及愈入谢，顿首流血。帝曰："吾为社稷计，何谢之。"（《新唐书·李勣传》）

唐太宗割下自己的胡须用来为自己的臣子配药。在唐太宗看来，李勣是社稷之臣，作为君王的他理该如此，没什么要感谢的。

怎样任用贤才？关键在于量才而用。荀子称之为“材人”：

材人：愿悫拘录，计数纤啬而无敢遗丧，是官人使吏之材也。修饬端正，尊法敬分而无倾侧之心，守职循业，不敢损益，可传世也，而不可使侵夺，是士大夫官师之材也。知隆礼义之为尊君也，知好士之为美名也，知爱民之为安国也，知有常法之为一俗也，知尚贤使能之为长功也，知务本禁末之为多材也，知无与下争小利之为便于事也，知明制度、权物称用之为不泥也，是卿相辅佐之材也，未及君道也。能论官此三材者而无失其次，是谓人主之道也。（《荀子·君道》）

这里面有三条原则：其一，谨慎勤劳，能做好自己的本分工作者，可以担任基层官吏；其二，品德端正、忠于职守，能明通制度者，可以担任中等官吏；其三，尊崇礼义、爱民安国，有全面的能力者，可以担任卿相。而且，荀子还看到了，有些贤者并不是样样精通，能力可能不如农人、商人、工人等，但其具备专才。故而，任贤就是使贤能各在其职，各安其位。

“汉家儒宗”叔孙通

后世对叔孙通的评价毁誉参半。司马迁说他“希世度务”（《史记·叔孙通传》），说好听点儿是审时度势，通权达变；司马光说他“徒窃礼之糠粃，以依世、谐俗、取宠”（《资治通鉴·汉纪》），说不好听点儿，就是见风使舵，谄媚讨好。洪亮吉更是直言，“秦之亡，亡于赵高，实亡于叔孙通一言”（《历朝史案》），说强秦的灭亡，叔孙通才是罪魁祸首。

这评语说得也不是无缘无故的。叔孙通在秦朝时曾为待诏博士。所谓待诏博士者，就是已经征召到朝廷，但还没有得到正式博士头衔的儒生。

数岁，陈胜起山东，使者以闻，二世召博士诸儒生问曰：“楚戍卒攻蕲入陈，于公如何？”博士诸生三十余人前曰：“人臣无将，将即反，罪死无赦。愿陛下急发兵击之。”二世怒，作色。叔孙通前曰：“诸生言皆非也。夫天下合为一家，毁郡县城，铄其兵，示天下不复用。且明主在其上，法令具于下，使人人奉职，四方辐辏，安敢有反者！此特群盗鼠窃狗盗耳，何足置之齿牙间。郡守尉今捕论，何足忧。”二世喜曰：“善。”（《史记·叔孙通列传》）

陈胜、吴广起义，消息传到咸阳，秦二世在宫中召见大臣，问他们如何看待这件事，这件事会不会危及秦王朝的统治？当时有很多人一致说，这是谋反，朝廷应该立即派兵去镇压。没想到秦二世一听就烦，马上火冒三丈。叔孙通则说：“不能这样看待这件事。现在明主在上，天下太平，这些人不过是几个偷鸡摸狗的小毛贼，让郡县把他们抓起来就行了，您犯不上为这种小事发愁。”这番话正合秦二世心意。叔孙通这通言辞，不仅为自己赢得了许多金银赏赐，还被正式晋升为了博士。但在后世看来，叔孙通这种只会谄谀取宠，枉顾国家大局的行为，比赵高的指鹿为马，有过之而无不及。

可没过多久，叔孙通却没有按照常理行事，当秦二世正打算对他加官封赏时，他居然带着他的弟子们离开了秦国。因为在叔孙通心中，他对秦二世的阿谀奉承之言，只是在“几不脱于虎口”之时保全自己的一种权宜办法。叔孙通看出了风雨飘摇的秦王朝灭亡在即，自然不会与它同归于尽，他的离开也是为了避祸。从这件事中可以看出，叔孙通相当有政治头脑，对政治形势及与此有关的人事关系的判断，颇为准确。

叔孙通先是投奔了项梁、项羽，汉高祖二年（前205），又归顺了刘邦。从此，叔孙通一直追随着刘邦，成为汉高祖智囊团中的一员。

刘邦最初并不器重叔孙通，原因是看不惯叔孙通穿宽袍大袖的儒服。叔孙通倒也不墨守成规，他见刘邦似有不悦，便改穿刘邦家乡楚地的短衣，这明显带有讨好的意味。当时，他的弟子们也颇有怨言，他们追随叔孙通的时间不短了，但叔孙通与刘邦交谈时，却多说的是一些兵将打仗之事，对儒学几乎避而不谈，更别提向刘邦举荐他们了。他们都觉得，叔孙通说着那些不着边际的话，推荐的那些“群盗壮士”，是在故意迎合刘邦。叔孙通则安慰他们：

汉王方蒙矢石争天下，诸生宁能斗乎？故先言斩将搴旗之士。诸生且待我，我不忘矣。（《史记·叔孙通传》）

叔孙通说：“我这是有原因的。在现在的时势下，朝廷需要的是斩关夺将、冲锋陷阵之士。你们是读书人，让你们拿起刀枪去战场上格斗，你们能行吗？以后自然有用到你们的地方，我怎么能忘记你们呢？”听了叔孙通的解释后，他的弟子们都不作声了。

叔孙通说的一点儿也没错，在楚汉战争烽火连天的岁月里，叔孙通深知这不是手无缚鸡之力的儒生显露身手的时候，儒生们的用武之地，是在刘邦即位称帝之后。因为在刘邦的起义队伍中，绝大多数人都是下层民众，如樊哙原来是宰狗的，灌婴是贩卖丝缯的，周勃最初以编织养蚕的器具为生，后来又做过丧事的吹鼓手，所以他们文化意识很浅薄，不懂得礼仪，就连刘邦自己都是这样的人，他甚至还干过将儒帽当“溺器”的混账事。西汉立国之始，群臣们公然在朝廷上邀功争宠，在宴席上大呼小叫，喝多了还撒酒疯，拔出宝剑，掷中宫殿的柱子；军队中更是没什么严格的纪律，有浓重的草莽英雄的味道。

叔孙通知道刘邦很厌恶这种没大没小的局面，便建议刘邦制定礼仪制度，以正体统。叔孙通反反复复对刘邦讲，“儒者难与进取，可与守成”，儒家打江山不行，但守江山可离不开儒家思想；而且，“五帝异乐，三王不同礼，礼者，因时世、人情为之节文者也”。五帝、三代的礼乐仪程不同，因为礼仪是随着人情世道变通的。“臣愿颇采古礼，与秦仪杂就之”，叔孙通向刘邦保证，他将吸收古礼与秦礼的长处，制定一套简单易行的新礼仪。

在得到刘邦的首肯后，叔孙通就带领征聘来的儒生和自己的弟子们，一边著述礼书，一边操练礼仪。当叔孙通觉得已经合乎规范了，就请刘邦前去观看。刘邦看后十分满意，下令群臣也由叔孙通指导礼仪。一段时间后，叔孙通制定的礼仪开始全面实施，群臣们一改以前的混乱状况，他们在上朝时，挨个儿行礼，规规矩矩，让刘邦真正体验到了做天子的威风，情不自禁地说：“吾今日知为皇帝之贵也。”刘邦高兴之余，更是重赏了叔孙通，并任命他为太常，主管祭祀和文化教育等。

汉高祖九年（前198），叔孙通晋升为太子太傅，担当起教育太子的重任。有段时间，刘邦打算改易太子，以赵王刘如意替代原太子刘盈，此举引起了满朝文武的震动。叔孙通直言进谏，“太子天下本，本一摇天下振动，奈何以天下为戏！”这一次，叔孙通的态度异常坚决，一改圆滑狡黠之态，而是带着凛然正气，“陛下必欲废嫡而立少，臣愿先伏诛，以颈血污地。”意思就是说，如果刘邦改立太子，他就自杀。叔孙通一直逼得刘邦说出了“吾听公言”，方才罢休。

叔孙通事汉高祖、汉惠帝两朝，官运通达，尽管被狠狠骂过，“公所事者共十主，皆面谀以得亲贵”，才能游刃于秦二世的残暴昏庸、项羽的喜怒无常、刘邦的粗鲁无赖之间。他的缺点是赤裸裸的，但他的优点也不能抹杀。通过制礼的实践，叔孙通第一次从实用的层面上明确地实现了儒学与政治的自觉结合，在礼仪继承改革和实践方面的贡献非一般执着于旧典的迂腐儒生所能比。故此，司马迁给他的总体评价是，叔孙通明世通时务，制礼知进退，能够与时变化，卒为“汉家儒宗”。

伏生传《尚书》

《尚书》被誉为“七经之冠冕，百氏之襟袖”（刘知几《史通·断限》），是流传至今历史最悠久的一部历史文献汇编，全书共四部分，依次为《虞书》《夏书》《商书》《周书》，其中记录了夏、商、周的珍贵史料。然而，这部内容浩博的典籍，读起来疑义重重，在流传过程中又几经劫难，至今仍有很多问题无法解答。

《尚书》最早称为《书》。“书”本是竹简的泛称，先秦时期，人们多在竹简上写字记事，一根竹简上只能写一两行字，字数多了，就分为几个竹简写，然后用丝带或熟牛皮绳编连起来，这就是古代的“书”。当时，很多典籍都统称“书”，《尚书》只是其中一种。后来，随着书籍种类的增多，内容与体裁也各有不同，书名发生了变化，《书》才逐步成为专门记载帝王言论及活动的政事性书籍。

“尚”又是什么意思呢？其解释大致有三种：第一种说法认为，“尚”是上古的意思，“尚者，上也。言此上代以来之书，故曰《尚书》”（《尚书正义》）；第二种说法，认为“尚”是尊而重之的意思，《尚书》就是人们所尊崇的书；第三种认为，“尚”代表“君王”，“以尧为上始而书其时事也”（刘熙《释名》），《尚书》是记载君王与臣下的言论的书。上述三种说法，都有一定的道理。

古代很早就有较为完善的史官制度。《汉书·艺文志》中说“君必举书”，“事为《春秋》，言为《尚书》”，史官将君王的一言一行记录下来，就成了《尚书》的雏形。到了春秋战国，《尚书》的篇章积累得越来越多。后来，孔子在整理《尚书》的时候，以儒家学说来评断是非，认为只有贤明君王及贤臣的言论和事迹才有资格入档这部文献汇编。经过孔子的整理，《尚书》的篇数明显变少了，大约有百篇。

《尚书》在汉代的遭遇非常有戏剧性。因为是史书，在秦始皇焚书时，民间版本的《尚书》都被焚毁了。不幸中的万幸，博士官伏生是熟读《尚书》的儒学大家，因为担心《尚书》失传，伏生不惜冒着生命危险，偷偷将自己掌管的《尚书》藏在了济南老家的夹壁墙内。在“坑儒”一事中，伏生也幸运地躲过了这场灾难。后来，他逃离秦都咸阳，在流亡了一段时间后，大约在汉高祖五年（前202）回到了自己的故乡。

汉惠帝四年（前191），西汉废除了“挟书律”，伏生便将原来夹壁中藏的《尚书》取出来，因为年久水湿虫蛀，百篇《尚书》朽烂了多半，只剩下了28篇。伏生便以这28篇《尚书》为底本，教授于齐鲁之间，不用再偷偷摸摸，也不必再战战兢兢了，“学者由是颇能言《尚书》，诸山东大师无不涉《尚书》以教矣”（《史记·儒林列传》）。

汉文帝曾想让伏生入朝传授《尚书》，但那时候伏生已90多岁，老迈不能远行。无奈之下，汉文帝只好令太常掌故晁错起身赶往山东去伏生的家中学习《尚书》。伏生是向晁错口传的，那时他的口齿既不伶俐，说得也不清楚，晁错听得一知半解；更糟的是，就算是伏生的孙女帮忙，他们讲的也是山东方言，晁错却是个河南人，他一边听一边笔录，中间模糊不清的只好按照自己的理解顺下来，这就是《今文尚书》的底本，是用汉代通行的隶书写的。后来，朝廷又从民间找到了一篇《泰誓》，也编入了这个底本中，故而《今文尚书》变成了29篇，成了官方定本。

除笔录出《今文尚书》的晁错外，伏生还有两个得意弟子，一位名叫张生，一位名叫欧阳生。两人在伏生去世后，集伏生之说，“以己意弥缝其阙，别作《章句》，又特撰大义，因经属指，名之曰《传》”（郑玄《尚书大传注》），撰成《尚书大传》41篇，“其文或说《尚书》，或不说《尚书》……与经义在离合之间”（《四库全书总目提要》）。因《尚书大传》逐渐散佚了一些，我们无法断定其全部内容，但《尚书大传》作为汉代解说《尚书》的第一部著作是确凿无疑的。后来，张生将《尚书》传给了夏侯氏，形成了《尚书》的大、小夏侯之学；欧阳生传授的《尚书》则成了《尚书》欧阳氏之学。无论是大、小夏侯之学还是欧阳氏之学，在汉代都是儒学中的热门学问，被长期立为学官，学习《今文尚书》的博士弟子也越来越多，一直与《古文尚书》相抗衡。

直到东汉末年，经过了贾逵、马融、郑玄等的阐释研究，《今文尚书》逐渐与《古文尚书》在义理上合流。可以说，200多年间《今文尚书》与《古文尚书》的纷争一方面促进了《尚书》学的发展，另一方面也给《尚书》笼上了一层层迷雾。更

（明）崔子忠《伏生授经图》（局部）
伏生席地而坐，正在讲授《尚书》。

不幸的是，在西晋永嘉五年（311）的“永嘉之乱”中，《今文尚书》遭遇了灭顶之灾，各种版本全部散佚，到了东晋后，《今文尚书》的传授几乎全部消失，此后的《尚书》学中再没了单独的29篇《今文尚书》原貌。逃过了焚书劫难，曾显赫一时的《今文尚书》到底没有抵住历史的冲刷，就这样销声匿迹了。

辕固生刺猪

西汉初年的思想界是多元的，向伏生学习《尚书》的晁错本是法家；被齐王煮了的郦食其是以游说为主业的纵横家；刘邦最著名的大谋士张良则是得了先秦兵家之学的真传。其时，百家学说从并行发展到相互融合，但其中的激烈矛盾是不可避免的。

儒学本是先秦声势显赫的学派，经过了焚书坑儒之难，到了汉初，显学之位被道家与综合各家的黄老之说占据。黄老之学源于战国，其主要发展了《老子》中提出的一系列“君人南面之术”，全力研究国家的祸福成败、兴亡得失。黄老之学的拥护者既有大权在握的丞相曹参、陈平，更有一言九鼎的窦太后，由于他们居高临下地推行，黄老之学堂堂正正地走进庙堂，成了治国理政的指导思想。

学者之间本就容易相轻，黄老之学被统治者垂青，治黄老的学者也在宫廷内外得意非凡，很多人更是看不起“博而寡要，劳而少功”的儒生，觉得他们大谈修齐治平，却从未做出过什么惊天动地的大事业。司马迁曾评价说：“世之学老子者则绌儒学，儒学亦绌老子。道不同不相为谋，岂谓是邪？”（《史记·老子韩非列传》）

一个典型例子是，黄老之学的学者黄生与儒家学者辕固生，曾在汉景帝面前争论商汤、周武王是否受命的问题。黄生即《史记·太史公自序》中提到的“习道论于老子”的黄子，是黄老之学的主要人物。辕固生是研究齐诗的，汉景帝时已任博士之职。辕固生本名辕固，“生”是先生的省称，称其辕固生，是后世尊称。

辕固生是对黄老之学的那套理论不买账的，他曾经当着汉景帝的面和黄生吵架：

黄生曰：“汤武非受命，乃弑也。”辕固生曰：“不然。夫桀纣虐乱，天下之心皆归汤武，汤武与天下之心而诛桀纣，桀纣之民不为之使而归汤武，汤武不得已而立，非受命为何？”黄生曰：“冠虽敝，必加于首；履虽新，必关于足。何者，上下之分也。今桀纣虽失道，然君上也；汤武虽圣，臣下也。夫主有失行，臣下不能正言匡过以尊天子，反因过而诛之，代立践南面，非弑而何也？”辕固生曰：“必若所云，是高帝代秦即天子之位，非邪？”于是景帝曰：“食肉不食马肝，不为不知味；言学者无言汤武受命，不为愚。”遂罢。是后学者莫敢明受命放杀者。（《史记·儒林列传》）

在辕固生看来，商汤、武王深受人民的欢迎和拥戴。黄生则大不以为然，认为，“汤、武非受天命而有天下，是逆天而行事，该杀！”辕固生马上大声反驳：“你说的不对，桀、纣是两个昏君，虐待百姓，乱杀无罪之人，百姓恨之入骨，天下之人都想诛杀他。因此，处在桀、纣统治下的老百姓，都不想再为之做事，而心归汤、武。所以汤、武奋起领导义军，杀掉桀、纣自立为君。这不是受命于天是什么呢？”黄生听后，非常不服气：“辕先生虽然讲得有一定道理，但帽子虽破，也必须戴在头上，鞋子虽新，也必须穿在脚上，这是为什么呢？这是上下的本分。桀、纣虽昏庸，然而他们还是君王啊！汤、武虽然圣明，但毕竟还是臣子啊！君王有不适当的行为，作为臣子不能纠正其错误言论，匡补其错误行为，反而因其过错而杀害了他们，取而代之，这不是弑君是什么？”黄生以为如此高论，一定会使辕固生哑口无言。不料，辕固生马上反击：“如果你的论点成立的话，那么请问，高皇帝除暴秦，代之而有天下，建立了汉朝，难道也是造反吗？”辕固生这样反问，一下子切中了要害。黄生更是心中一惊，立即惊恐不安，唯恐汉景帝怪罪于他。

这确实是一个两难命题。因为如果肯定汤武革命，就为以后臣子犯上作乱提供了借口；如果否定汤武革命，那么，西汉的建立便缺乏理论根据。辕固生的反驳，不但使黄生哑口无言，无法回答，就连最高裁判汉景帝也不好回答。汉景帝只好打了个比方，“吃马肉不吃马肝，人家不会以为你不懂得吃；讨论学问，不说汤武革命的事，这也不算是愚笨。”言外之意就是说，汤武革命就像有毒的马肝一样，不必讨论了。这场论辩在汉景帝和稀泥一样地调停下草草收了场。

辕固生的行事作风，很有大无畏的气势。西汉初期，窦太后是黄老之说的大力推行者，“窦太后好黄帝、老子言，帝及太子、诸窦不得不读《黄帝》《老子》，尊其术”（《史记·外戚世家》）。窦太后汉文帝时当了23年的皇后，汉景帝时做了16年的太后，汉武帝时还当了6年的太皇太后，尽管后来双目失明，却相继凭借母亲、祖母的身份，密切监督着朝政的一举一动。

有一次，窦太后当面问辕固生，《老子》是怎样的一本书。这个问题，窦太后当然也问过别人，其他人都是顺着说好话，只有辕固生按着自己的意思，不屑一顾地说："这不过是普通人的言论罢了。"窦太后勃然大怒，大骂儒经为"司空城旦书"，也就是罪犯之书；之后，更是出了个离奇的惩罚方法，让辕固生到猪圈里去和野猪搏斗。辕固生已年过古稀，而野猪的攻击力极强，窦太后其实是一心想把辕固生置于死地。汉景帝对自己的亲妈也没有什么好办法，幸亏窦太后是个瞎老太婆，汉景帝把自己用的最锋利的尖刀，偷偷地给了辕固生。在与野猪搏斗时，辕固生用尖刀刺中了野猪的心脏，这才保住了性命。

在两次辩论中，辕固生的观点都是站得住脚的。第一次与黄生的争执，表明了辕固生坚持儒家的天命、革命、民本思想；第二次与窦太后的争执，则开启了儒学逐渐取代黄老之学的进程。辕固生能在黄老之学盛行时，仍对自己的学术信仰坚信不移，这正是儒家大力提倡的铮铮风骨。辕固生在90多岁时，他曾告诫刚入仕的公孙弘，"务正学以言，无曲学以阿世"（《史记·儒林列传》），读书人要说堂堂正正的话，不要趋炎附势，曲意逢迎，这也完全是辕固生读书治学、为人处世的座右铭。

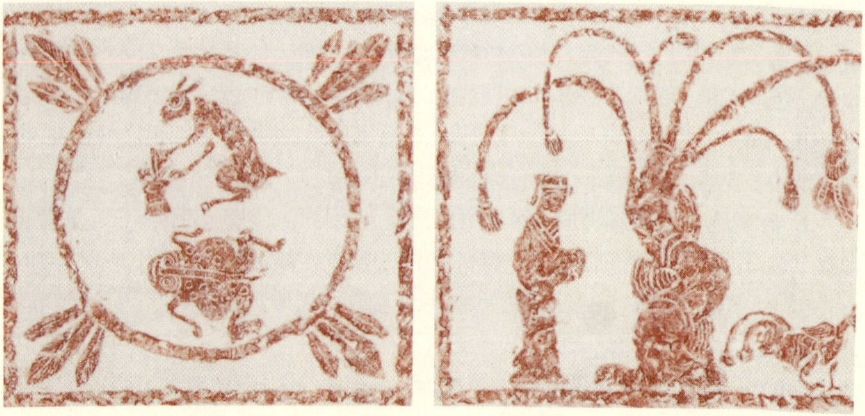

佚名 汉代画像石（局部）

孔宅壁中书

学术的发展离不开典籍的传承，为了让典籍逃过焚书的厄运，除了伏生，当时也有其他人想到了把书藏在墙壁中的办法。孔氏九代中的长子孔鲋，在从朋友陈余处得知秦始皇要大灭书籍文献的消息时，就做出了“书不出则有祸，吾将先藏之以待其求”（《孔丛子》）的决定，把《尚书》《礼记》《论语》《孝经》等家传典籍藏在了孔氏旧宅的墙壁中。之后，他“持孔氏之礼器，往归陈王”（《史记·儒林列传》），与陈余、张耳等人加入过陈胜、吴广的起义队伍，并被陈胜拜为博士。但没过多久，孔鲋就因意见不合离开，其余大部分时间都用于著书讲学。

后世有《孔丛子》，辑录了许多孔氏子孙的言行事迹，相传就是孔鲋所作。《孔丛子》有《答问》，记载了孔鲋与陈胜的问答之言，其中有圣人之道不可诬，三代之政有所遵从，史传不可妄疑、强敌不可轻视等讨论，可见孔鲋是典型的儒家者言。《孔丛子》中还有《诘墨》，是孔鲋对墨家诋毁儒家的论辩之词。墨子认为儒家纵容臣子弑君，孔鲋反击此事纯属诬陷。墨子借晏子之口，认为儒家提倡礼制，但仍治理不好国家。孔鲋强调晏子是推崇礼制的彬彬君子，是墨子理解错了。墨子说孔门弟子，如子路、子贡、漆雕开毛病多多，孔鲋也用实例一一反驳。可见孔鲋对孔门之事的熟悉。尽管经过考证，《孔丛子》是汉魏间的伪作，但其中的部分材料仍有可信度。

孔鲋所藏的孔宅壁中书，一直到汉武帝时，鲁恭王刘余在扩建宫室而拆除孔子旧宅时才重见天日。传说在拆除旧宅时，刘余听到天上传来“钟磬琴瑟之声，遂不敢复坏，于其壁中得古文经传”（《汉书·景十三王传》），找到了《古文尚书》《礼古经》《春秋古经》《古文论语》《孝经》数十篇。之所以称之为“古文”，乃是因其都是用先秦古文字书写的，与以隶书写的“今文”相对。这些书辗

转传到了孔氏十一代的孔安国手中。孔安国少年时，曾随伏生学习《尚书》，经学造诣很深。孔安国拿到这些“古文”后，先研究了《古文尚书》。

孔氏有古文《尚书》，而安国以今文读之，因以起其家。《逸书》得十余篇，盖《尚书》滋多于是矣。（《史记·儒林列传》）

孔安国用“今文”誊了一遍《古文尚书》，发现古文、今文的区别，不仅在于书写的文字不同，还有版本不同、篇目不同、字数不同、用字不同，他这个版本的《古文尚书》，比伏生版《今文尚书》多了16篇。

孔安国还做了58篇《孔传》，作为博士的他，将《古文尚书》及《孔传》一起献给了汉武帝，可惜正赶上汉武帝末年的巫蛊之祸，汉武帝因太子刘据的事焦头烂额，无暇他顾，《古文尚书》不仅没有被立为学官，还被束之高阁，与其他“古文”一起收入宫廷，成了“中秘书”。

孔安国还训解过《古文论语》《古文孝经》，“乃考证古今文字，撰众师之义，为《古文论语》训”，“《孝经传》二篇”（王肃《孔子家语·后序》）。《古文论语》出现在《齐论语》《鲁论语》前，是《论语》各版本中最重要的一环；《古文孝经》则被担任鲁国三老的孔安国家人献给了汉昭帝，只是在今文经学占据官学的境况下，《古文论语》《古文孝经》受重视程度不够，地位颇低。

孔安国的遭遇说明了中央朝廷对古文经重视不足，但在民间，古文经却有一方圣地，那就是河间献王刘德所在的河间之地。刘德是汉景帝的次子，他喜好儒

汉代画像石（局部）

学，荫庇儒生，那时在政治上找不到出路的儒生，纷纷聚集到河间来：

从民得善书，必为好写与之，留其真，加金帛赐以招之。由是四方道术之人不远千里，或有先祖旧书，多奉以奏献王者，故得书多，与汉朝等。……献王所得书皆古文先秦旧书，《周官》《尚书》《礼》《礼记》《孟子》《老子》之属，皆经传说记，七十子之徒所论。其学举六艺，立《毛氏诗》《左氏春秋》博士。修礼乐，被服儒术，造次必于儒者。山东诸儒多从而游。（《汉书·景十三王传》）

刘德从民间得到一本好书，就命人重新誊写一遍给原主人，再给原主人一些金银布帛作为补偿。于是，家有藏书的人从四面八方，甚至不远千里来河间献书。

刘德所收之书，一是数量巨大，几乎与皇室藏书数量相当；二是以儒经为主；三是多为“古文”。不仅如此，刘德又带着儒生们整理儒经，对书籍加以考订，如有《周官》五篇，其中《冬官》篇散佚，刘德便以《考工记》补其阙。还重修礼乐，采集古代雅乐之声、八佾之舞，述成《乐记》，又辑古代礼乐典章五百多篇，皆呈于汉武帝。可惜，汉武帝并不待见自己这位异母哥哥，不仅没有采纳他的礼典，就连刘德所献的典章也没有好好保存，使大多数典籍都没有流传下来。而随着刘德死于萁豆之争，热闹了近20年的河间学术中心也归于沉寂，但此时此地对儒学的大力支持，已经显示出儒学要逐渐登上历史舞台了。

罢黜百家，独尊儒术

汉武帝“罢黜百家，独尊儒术”是政治运作与学术建构的完美结合。汉武帝大力提拔儒家学者，推崇儒术治道，并不是学术上的喜好，而是政治上的需要。儒学更是内圣外王、经世致用的学问，不会甘于在野，只要时机成熟，就会向庙堂挺进。

按汉初的制度，当时身为胶东王的刘彻是没有资格继承皇位的。汉武帝的生母王美人，在汉景帝众多妃子中并无出众之处。但是，这位王美人却颇有政治眼光。当时的长公主，也就是汉景帝的姐姐刘嫖，有一女名叫阿娇，想许给太子刘荣，太子之母栗姬却不答应，这一下子就惹恼了长公主。而聪明的王夫人却看出了这件事的玄机，尽管刘彻比阿娇还要小，却开明地接纳了这桩亲事，得到了长公主的信任和支持。长公主仗着受宠爱，多次在窦太后面前数落栗姬的不是，夸奖王美人和自己的女婿刘彻。这样时间长了，太子刘荣在窦太后心中的地位一落千丈，再加之宫廷内的明争暗斗，很多不好的事情都指向了太子刘荣。不久，太子刘荣就被废黜了。而刘彻借助着长公主的势力成了太子，最终登上了皇帝的宝座。

汉武帝即位之初，就和他的祖母窦太后唱反调，他不信黄老的“无为”，而想要“有为”，任命儒家学者卫绾为丞相，在建元元年（前140）下诏“举贤良方正直言极谏之士”。但在各地所推举的贤良中，有不少是“治申、商、韩非、苏秦、张仪之言”的人。卫绾上奏道，这些人“乱国政，请皆罢”（《汉书·武帝纪》）。汉武帝批准了卫绾的建议。不久，汉武帝又大胆启用好儒术的窦婴、田蚡为丞相、太尉。两人看准了汉武帝的意思，推荐了赵绾和王臧两位儒生任御史大夫、郎中令等要职，又派使者以“安车蒲轮，束帛加璧”的大礼，把两人的老师申公从鲁地接到长安，目的是“议立明堂”，“以礼为服制，以兴太平”（《史记·魏其武安侯列传》）。

如果说汉武帝的这一系列动作都是平稳的政治改革，窦太后都可以听之任之，那么，赵绾、王臧向汉武帝建议，让列侯都回到自己的封地去，又把窦氏外戚和宗室子弟中品行恶劣者，“除其属籍”，不得入宫，这就未免冒进了。列侯多娶的是公主，谁也不愿意迁到属国去，这些人跑到窦太后那里告状，窦太后对此相当不满。第二年，赵绾又提出“毋奏事东宫”（《汉书·窦田灌韩传》），国事不必奏报给窦太后，要废除太后的临朝称制。窦太后忍无可忍，利用自己的权威，一举罢免了窦婴、田蚡，将赵绾、王臧投进了监狱，两人皆自杀。就连汉武帝也被窦太后一顿训斥，儒学新政宣告失败。尽管在这场角逐中，窦太后获胜了，但这不过是黄老之学退出政治舞台前的回光返照，随着建元六年（前135）窦太后的去世，黄老之学的最后一个顽固堡垒也消失了，汉武帝最高统治地位得到了实质上的巩固，推行新政已无人能够阻挡。

元光元年（前134），汉武帝再一次诏贤良对策。汉武帝采纳了董仲舒的建议，“推明孔氏，抑黜百家”（《汉书·董仲舒传》），“卓然罢黜百家，表章六经”（《汉书·武帝纪》）。

其一，出于“邪辟之说灭息，然后统纪可一，而法度可明，民知所从矣”（《汉书·董仲舒传》）的目的，汉武帝“建藏书之策，置写书之官，下及诸子学说，皆充秘府”（《汉书·艺文志》），把民间的百家之书都收到宫廷中，不允许在民间随意流传，自由讲习。这样一来，百家学术开始委顿，新出的著作数量急剧下降，为了让思想能存续下来，百家之言也不惜披上儒家的外衣。

其二，朝中只设立“五经”博士，分别有《易》《书》《礼》《春秋》[①]，其他的博士，“诸不在六艺之科、孔子之术者，皆绝其道，勿使并进”（《汉书·董仲舒传》），一概黜退。“五经”的各家博士皆设一人，有缺即补。博士不只执掌图书，做做学问，还“国有疑事，掌承问对”（杜佑《通典·职官》），成了治国理政的智囊团。

其三，太学制度逐渐完善。博士们兼任太学的经师，在太学执教。太学学生定员50名，称为博士弟子，他们从全国范围内遴选出来，被免除了赋税徭役，以便在太学中安心向学。后来，太学中还设立了“受业如弟子”，相当于旁听生。太学每年举行“岁试”，根据考试成绩授予一定的官职，“自此以来，则公卿大夫士吏

①．“《春秋》”为合称。

斌斌多文学之士矣”（《史记·儒林列传》）。

其四，在选官制度中，儒学水平成了一大标准。长于礼治、精通儒术的官员往往能得到破格提拔。如丞相公孙弘，本是布衣，就是以“习文法吏事，缘饰以儒术”（《汉书·公孙弘传》）为敲门砖，最终位列三公，封平津侯。自此后，士人多不愿习读其他学术，而是争相诵读儒学经典作为获取功名利禄的阶梯。

其五，治国理政的大事小事，也要以儒学为依据，各种记令奏议，无不援引儒家经典之说。以《春秋》断案，以《诗经》为谏书，用《尚书·洪范》考察灾异，用《尚书·禹贡》治理水灾，这样的例子屡见不鲜。

在这些政策的影响下，当时的儒生或是步入朝堂，居官为政，以求成就治国平天下的事业；或是隐居在野，著书立说，开门授徒，以求思想上的薪火相传。

前者以公孙弘为代表，使儒学走向了官学化。公孙弘属于大器晚成的人才，他首任博士时已经60岁，中间又被罢免过一次，六年后，才又因应贤良文学对策再次拜为博士，待诏金马门。之后，他的仕途走得极顺，75岁高龄时做了丞相。公孙弘以治《春秋》起家，在耄耋之年，以坐火箭般的速度位极人臣，原因是赶上了汉武帝尊儒的好时机。他又能以丞相之尊推动一系列政策的出台实施，不仅使儒生在官吏系统中的比例逐渐增大，为儒生们找到利禄之途，更使得儒学思想深入到国家治道的灵魂中，最终成为全社会主导的意识形态。

后者以董仲舒、江公为代表，使儒学走向了经学化。各种经书被固定下来，成了恒久真理的载体，有只可信奉而不可怀疑的权威性。儒生们要孜孜以求地找寻经书中的微言大义，为圣人立言，就像董仲舒阐发《公羊》而作《春秋繁露》，就是“本《春秋》以立论”，在对《春秋》大义阐释的基础上，才能够再创立新的儒家思想体系。但因经书在传承的过程中，形成了“古文”和“今文”，不同学派之间对经书的认识是有差异的，这也是汉代儒学自身内分歧不断、彼此攻讦的根本原因。

"阐道醇儒"董仲舒

董仲舒年轻时就博览诸子著作，曾跟随儒生公羊寿学习《春秋公羊传》，颇得公羊学之精髓。他在汉景帝时就被立为博士。不久之后，董仲舒开始传书收徒，因为他不仅学识渊博，又"进退容止，非礼不行"（《汉书·董仲舒传》），德行非常好，跟着他学习的人很多。当他下帷讲学时，更是门庭若市，座无虚席，在社会上有很高的声望。

班固在《汉书·董仲舒传》中称"推明孔氏，抑黜百家，立学校之官，州郡举茂材孝廉，皆自仲舒发之"，认为独尊儒术的最大功臣就是董仲舒。董仲舒在建元元年（前140）汉武帝诏贤良对策时，就提出了很多可行的建议，随后汉武帝派公孙弘等人逐步实施。但董仲舒自己的仕途却并不顺利，他只获封了江都相，后来又因为在《灾异之记》里写了不合时宜的话得罪了汉武帝，锒铛入狱，差点儿丢了性命。更糟糕的是，他又被派到性格乖僻、喜怒无常的胶西王手下为相。董仲舒看到胶西王独断专行，不纳谏言，唯恐再次获罪，便以年老多病为由，告老还乡，专心讲学著书。但他依然关心朝廷动向，汉武帝也没把他忘在脑后，朝中遇有大事，汉武帝经常先遣使臣前往请教，董仲舒总是认真作答，且每答必切中时弊。

董仲舒的思想之所以能得到汉武帝的认可，一个最大的原因是他将儒家学说政治化，满足了专制帝王的需要。他以"春秋公羊学"为思想资源，以天人合一为哲学基础，融合法家、阴阳家、道家，对先秦以来的儒家学说，做了一次大刀阔斧的改造。

"天人感应"是董仲舒哲学思想的核心。董仲舒论"天"，既指具体物质的天，也指抽象空泛的天，"天者，百神之君也，王者之所最尊也"（《春秋繁露·郊义》），天能干预人事，人的行为也能使天感应。

从国家的角度讲，天授权予人世间的君王，借其统治人间，行使意志，以成就天德。一方面，君王是天的儿子，地位至高无上，人们应该无条件地忠于他们，服从他们。另一方面，君王也被置于天的控制之下，君王事天如父，要对天尽为子之道，只做对天下有利的事，最关键的是要“畜万民”，行仁义之道，爱护臣民百姓，使之安居乐业。这就为君王制定了行为的准则，限制了君王行使权力的任意性。那么，倘使君王违反了天意又将如何呢？又怎样使君王体察到他之所作所为是顺天，还是违天了呢？董仲舒对此也做了解答：“帝王之将兴也，其美祥亦先见；其将亡也，妖孽亦先见。”（《春秋繁露·同类相动》）如果君王违背天的意愿，天便示以灾异，对君王提出警告。在此情况下，君王就该有所自省，正己之政，否则将有更糟糕的事情发生。例如，当周朝衰落时，天子不能统御天下，诸侯力政，大夫专国，于是日食、流星、地震、河水断流等灾异先后而至，周天子又没有改过，天便叫他国亡，最后乃至身死。

从个人的角度讲，人的形体构造和精神性情都为天所创造，是天之副本。如人体有小骨节三百六十六块，与一年的日数相对应；人有大骨节十二块，与一年的月数相对应；人的四肢与四季相对应，人的五脏与五行相对应。有数的，数量相对应；没有数的，按类也相对应。正因为天、人是同类的，所以，他们之间会发生感应关系，天有阴阳清浊之变化，人便有喜怒哀乐之性情。这种感应是通过“气”来实现的。天地间表面看来像是虚空，其实充满着气。人在天地间就像鱼浸在水中，人与气之间没有任何空隙。气能“分为阴阳，判为四时，列为五行”（《春秋繁露·五行相生》），通过气的流动，形成了雨、雪、雷、雹等，就是天向人表达意志，所以，人们要通过考察气象变化，以知天意、受天命、观天道，并且据以采取相应措施，扬长避短，救偏补弊，扬善去恶，化凶为吉。

天人关系又具体体现在阴阳、五行学说中。董仲舒认为，“天道之大者在阴阳。……王者承天意以从事，故任德教而不任刑”（《汉书·董仲舒传》），“君臣、父子、夫妇之义，皆取诸阴阳之道”（《春秋繁露·基义》）。阳尊阴卑，阴是阳的辅助者，体现在政治伦理关系上，君尊臣卑，父尊子卑，夫尊妇卑。同时，董仲舒还把五行学说应用到政治伦理关系上，认为士的德行是最高的，再把仁、义、礼、智、信与五行相配，得出了许多符合治道的结论。

“大一统”是董仲舒政治思想的核心。“大一统”以“一统为大”，包括国家统一、政治统一、思想统一，而思想统一，最有利于国家统一、政治统一。

为人君者，正心以正朝廷，正朝廷以正百官，正百官以正万民，正万民

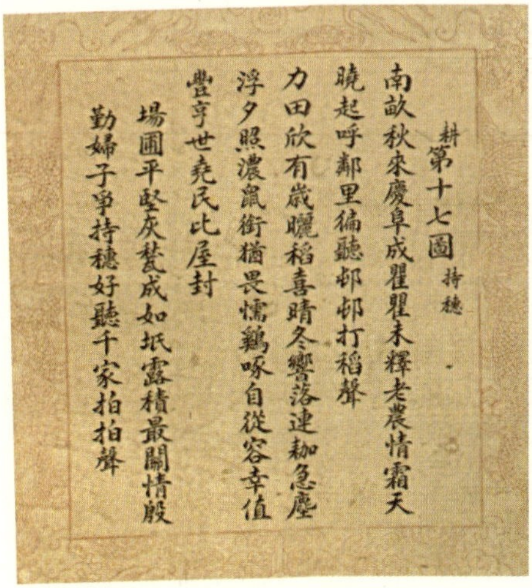

（清）焦秉贞《耕织图·耕图·持穗》
力田欣有岁，晒稻喜晴冬。乡落连枷急，尘浮夕照浓。
鼠衔犹畏懦，鸡啄自从容。幸值丰亨世，尧民比屋封。

（清）焦秉贞《耕织图·耕图·二耘》
郁郁平畴绿，劳劳一载耘。理苗疏是法，非种去宜勤。
笠重初收雾，锄轻半带云。日高忙饷妇，稚子故牵裙。

以正四方。（《汉书·董仲舒传》）

这也是董仲舒"罢黜百家，独尊儒术"之所以能打动汉武帝的根本原因。儒家政治学说的基本思路就是要建立一个等级有序的社会，实现圣王统治下的社会理想。但先秦儒家并不希望在现实政治生活中由天子一个人掌握绝对的权力来实行专制。他们希望通过礼，能对君王权力进行某种程度的限制。但在汉武帝时，集权已不可逆转，能否实现"大一统"，君王是最重要的环节。而只有儒者才能够通过对天的考察、对灾异祥瑞的分析来窥探天意。儒家解释了天意，就可以告诉君王应该怎么去做，也可以根据阴阳五行同气相应的理论来采取相应措施，消灾避难，让国家长治久安。在某种意义上说，君王服从天命也是服从于儒学。这样一来，政治统一的中心就与思想统一的中心重合了。

经过董仲舒这样的改造，儒学开始主动去迎合现实，成为一种帝王之学。董仲舒一生都致力于改造儒学、实践儒学，标榜《春秋》之道、《春秋》之义、《春秋》之法，并且通经致用，尽管让儒学套上了政治枷锁，但儒学也借助现实政权的力量，发展为伸入到社会政治生活中每一角落的大众哲学。

《春秋》以决狱

《春秋》是孔子根据鲁国史官的记录整理而成的。此书记载了从鲁隐公元年（前722）到鲁哀公十四年（前481）之间共242年的历史。《春秋》是现存的第一部编年体史书，其纪年依据鲁国，但是史实记述的范围却延及各个诸侯国，内容包括政治、军事、经济、文化、社会生活等诸多方面。

经过孔子笔削润色的《春秋》，不再是纯粹的史书。孟子曾评论说："孔子成《春秋》，而乱臣贼子惧。"（《孟子·滕文公下》）《春秋》中寄寓着孔子对历史的褒贬，蕴含着孔子对礼崩乐坏的慨叹之情，对乱臣贼子的诛讨之义。孔子以《春秋》发凡起例，确立了许多书写历史的原则。《春秋》记载了200多年的历史，但仅有16000余字，主要原因就在于《春秋》的文字极为简略，对每一件事情的记录，最长的一条不过40余字，最短的仅有一两字。孔子就是用这样简约的文字表达了复杂的意义，在表面看来都是叙述性的文字，但评论自在其中，是为"春秋笔法"。

后世阐释《春秋》之义，多在大义与微言两方面。"大义"是在《春秋》的文字中去寻求深刻的道理；"微言"是精当而含义深远的话，是要在文字与事例之外领会出孔子的政治理想。

公羊派学者认为，"《春秋》为汉制法"（皮锡瑞《经学历史》），董仲舒更是极言：

《春秋》谓一元之意，一者万物之所从始也，元者，辞之所谓大也。

孔子作《春秋》，上揆之天道，下质诸人情，参之于古，考之于今。

《春秋》大一统者，天地之常经，古今之通谊也。（《汉书·董仲舒传》）

《春秋》二百四十二年之文，天下之大，事变之博，无不有也。

（《春秋繁露·十指》）

把《春秋》视为无所不包的百科大全书，所有问题都应该，而且也能够在其中找到答案。董仲舒著有《春秋决狱》232事，《汉书·艺文志》载有《公羊董仲舒治狱》16篇，都是从《春秋》的具体史实中引申出了法律原则，神奇地将《春秋》与法制紧密联系了起来。

《春秋》决狱的主要原则是"论心定罪"。此语出自盐铁会议上儒生的讨论，"《春秋》之治狱，论心定罪。志善而违于法者免，志恶而合于法者诛。"（《盐铁论·刑德》）董仲舒也强调过，"《春秋》之听狱也，必本其事而原其志。志邪者不待成，首恶者罪特重，本直者其论轻。"（《春秋繁露·精华》）在判案时，要以犯罪事实为根据分析犯罪者的主观动机。若有违反儒家经义原则的动机，即便未曾实施犯罪，也要追究责任；反之，则可以酌情减免。

董仲舒在《春秋》中找到了具体的例子。第一个例子是赵盾弑君。《春秋·宣公二年》："秋九月乙丑，晋赵盾弑其君夷皋"。《春秋·宣公六年》："春，晋赵盾、卫孙免侵陈。"《公羊传》做了如下解释："赵盾弑君，此其复见何？亲弑君者，赵穿也。亲弑君者赵穿，则曷为加之赵盾！不讨贼也。"应该如何判断是非曲直呢？在董仲舒看来，赵盾并无弑君之意，加以"弑君"之名，是因为他没有"讨贼"，后来又使赵盾之名复见，表明又把他赦免了。

第二个例子是许世子弑君。《春秋·昭公十九年》："夏五月戊辰，许世子止弑其君买"，"冬，葬许悼公"。《公羊传》是这样解释的："贼未讨，何以书葬？不成于弑也。曷为不成于弑？止进药而药杀也……曰许世子止弑其君买，是君子之听止也；葬许悼公，是君子之赦止也。赦止者，免止之罪辞也。"许悼公有病，他的太子叫止进药给他吃，可是药吃错了，许悼公因此而死。董仲舒认为，一方面，许止没有事先尝药，没有尽到孝子的责任；另一方面，许止主观上并无弑君之心，应从轻论处。

在董仲舒提出，并得到汉武帝及大部分人的认可后，"《春秋》决狱"逐渐深入到汉代的法律意识中。有这样一则史例：

有一男子乘黄犊车，建黄旐，衣黄襜褕，著黄冒，诣北阙，自谓卫太子。公车以闻，诏使公卿、将军、中二千石杂识视。长安中吏民聚观者数万人。右将军勒兵阙下，以备非常。丞相、御史、中二千石至者，并莫敢发言。京兆尹不疑后到，叱从吏收缚。或曰："是非未可知，且安之。"不疑曰："诸君何患于卫太子！昔蒯聩违命出奔，辄距而不纳，《春秋》是之。卫太子得罪先帝，亡不即死，今来自诣，此罪人也。”遂送诏狱。（《汉书·隽不疑传》）

汉昭帝时期，有一年正月，一个男子着黄衣黄帽，乘着黄犊车来到长安城，自称是汉武帝卫皇后所生的太子刘据，也就是当今皇上的亲哥哥。长安城轰动了，因为太子刘据不是涉嫌谋反，后来自杀了吗？怎么又活过来了？大臣们都不知该怎么处理，生怕是当年的真太子，只有京兆尹隽不疑，断然把这个男子下到监狱里，再向汉昭帝汇报此案，奏请定夺。隽不疑依据的是《春秋》。春秋卫灵公死后，应由蒯聩继位，但蒯聩不满其母亲的淫乱及对政治的干涉，谋杀没搞成，流亡在外，于是，蒯聩的儿子蒯辄继位了。蒯辄继位后，蒯聩和蒯辄的关系就从父子变成了君臣，这是符合名分的。按照这样的解释，即使现在的男子就是汉昭帝的亲哥哥，那长幼关系也得让位于君臣关系。后来，经汉昭帝讯问，此男子承认了自己是假货。汉昭帝因隽不疑的聪明决断夸赞他："公卿大臣就应当任命像你这样懂得儒家经术并且明白伦理道德的人来做！"

到了东汉，《春秋》决狱的原则依然重要。宦官张让的弟弟张朔因作奸犯科，被正直的李膺审讯后，处以死刑。张让跑到汉桓帝那里，控告李膺执行死刑前没有先奏请，是不符合规矩的。李膺说，过去晋文公逮捕卫成公回到京师，没有事先奏请过周天子，但是孔子编《春秋》是肯定他的做法的。《礼记》中也说，公族有罪，虽然国君赦免，但有关部门还可以依据法律判处，而不盲目服从国君。当年孔子担任鲁国司寇，上任七日便诛杀了少正卯。我一直担心因办事迟缓而受谴责，但却没想到因处理公务迅速而受谴责。李膺的回答有理有据，处处不离圣人之言，尽管汉桓帝心里非常不高兴，却也没法反驳，只能认可李膺用《春秋》决狱来解决问题。

盐铁会议

汉昭帝始元六年（前81），霍光以汉昭帝的名义发布诏书，命御史大夫桑弘羊、丞相田千秋召集“怀六艺之术”的贤良、文学60多人，以问“民所疾苦，教化之要”为议题（《汉书·食货志》），针对西汉朝廷的现行政策，举行一次大规模的讨论会。

汉昭帝“通《保傅传》《孝经》《论语》《尚书》”（《汉书·昭帝纪》），霍光也主张“公卿大臣当用经术士”（《汉书·隽不疑传》）。盐铁会议的焦点是“或上仁义，或务权利”（《盐铁论·杂论》）。参加这次会议的贤良、文学等都是纯粹的儒生，“夫为君者法三王，为相者法周公，为术者法孔子，此百世不易之道也。”（《盐铁论·刑德》）除了心不离周公、口不离孔孟外，他们还十分推崇董仲舒的思想。当时朝廷的政策是汉武帝征和四年（前89）颁布的《轮台诏》中提出的“当今务在禁苛暴，止擅赋，力本农。……以明休息，思富养民”（《汉书·西域传》），这是汉昭帝、霍光和纯儒们都大力支持的。

但桑弘羊等执政掌权的大夫们却提出了异样的声音。桑弘羊是商人家的孩子，13岁被资选入仕，做了近30年的大司农，却主张要延续汉武帝前期的政策，也就是经济专制，为国增富。据桓宽整理的《盐铁论》统计，盐铁会议发言共297人次，其中贤良、文学144次，桑弘羊114次，可见基本上是以桑弘羊为主的大夫们与贤良、文学做辩论。

盐铁会议之所以称之为“盐铁”，是因其首个论题，便是盐铁专营、酒榷、均输、平准等政策要不要继续执行。盐铁专营是国家设立盐铁官，管理煮盐、制造铁器和买卖盐铁等事务；酒榷是国家设立酒榷官，对酒也进行专卖；均输官负责将各地农民向政府贡献的土特产品，运往价高的地方出售；平准官负责用价贱时买、价贵时卖的方法平抑物价，使商人不能囤积居奇，牟取暴利。

大夫曰："……今县官铸农器，使民务本，不营于末，则无饥寒之累。盐铁何害而罢？"

贤良曰："农，天下之大业也，铁器，民之大用也。……今总其原，一其贾，器多坚硬，善恶无所择。……盐铁贾贵，百姓不便。……故百姓疾苦之。"（《盐铁论·水旱》）

在大夫看来，这些政策的执行能迅速增加收入，解决了汉武帝需要大量军费的现实问题。但贤良、文学认为，这些政策是与民争利，而且"散敦厚之朴，成贪鄙之化"（《盐铁论·本议》），"贵德而贱利，重义而轻财"（《盐铁论·错币》），败坏社会风气。

第二个论题是国家对货币的管理。西汉初年的货币铸造不完全由中央控制，民间私铸盗铸成风，货币制度紊乱。汉武帝听从桑弘羊的建议，收回铸币权，并铸造重量和面值相等的五铢钱，以前的各种货币一律废止，这才稳定了币制。但贤良、文学却主张取消货币，最好恢复以物易物。在他们看来，上古时贝壳、石头都可以当货币用，民众都没意见，后来用稀有物资做货币，又几经变更，没有恒定标准，铸造者从中图利，民众们无所适从。法令虽严禁伪造，由于铸币本身有利可图，所以禁不胜禁。与其如此，还不如按照民众的使用习惯，用什么就以什么为货币，不加干涉、不加禁止为是。

第三个论题是对匈奴用兵还是和亲。桑弘羊等大夫们仍主张继续兴兵打击匈奴，彻底征服匈奴，如果停止用兵，就会使汉武帝的事业前功尽弃。贤良、文学则持反对态度，国家"用军于外，政败于内"（《盐铁论·备胡》）的后果，只能是给民众增加负担，而应该"去武行文，废力尚德"（《盐铁论·世务》）、"偃兵休士，厚币结和亲"（《盐铁论·击之》），使"两主好和，内外交通，天下安宁"（《盐铁论·结和》），甚至应该解除边关防御措施，认为如果"以仁义导之，则北垂无寇虏之忧，中国无干戈之事矣"（《盐铁论·世务》）。

这些问题的论争，看似只是具体政策的调整，实质是法治、德治以谁为重的交锋。虽然汉武帝说了独尊儒术，但在标榜儒术与政治实践之间是有差距的。在很多政策的制定上，依然儒法并用，互为表里，更没放弃重用酷吏、重典治国，以严刑酷法教民督奸。贤良、文学则主张德治，对厉行法治持反对态度。他们认为，

"礼义者，国之基也，而权利者，政之残也"（《盐铁论·轻重》），唯有用礼、用仁义、用德治教化，导民为善，防民为恶，"设庠序，明教化，以防道其民，及政教之洽，性仁而喻善"，"教之以德，齐之以礼，则民徙义而从善"（《盐铁论·授时》），从根本上的改变，才是国家稳定的保障。

有观点认为盐铁会议是儒家、法家的思想斗争，把汉武帝、桑弘羊划为法家，这是有些武断的。汉武帝对申、商之术并不满意，桑弘羊亦通经术，在论辩过程中也曾多次引用《诗》《书》《春秋》等。桑弘羊等大夫们应算是在官之杂儒，吸收了法家、阴阳家乃至道家的思想，奉行尊法合世，要"据当世，合时变，推道术，尚权利"（《盐铁论·杂论》）；贤良、文学则是在野之纯儒，奉行的是崇儒复古，"为君者法三王，为相者法周公，为术者法孔子，此百世不易之道也"（《盐铁论·刑德》），要恢复三王之道，匡正当今得失。

西汉一朝越来越多的儒生积极议论时政，希冀参加国家政策的制定，但在朝廷内掌权的杂儒，是看不起在野的儒生们的，说他们穿着肥大的袍子，系着宽宽的带子，摇唇鼓舌地谈论国家大事，好似大气凛然，把皇帝都不放在眼里，实际上能言不能行，什么用处也没有。如果听从这种言论来选用人才，就好像根据马的毛色来断定马的好坏一样，一定会把国家搞乱。贤良大夫们毫不示弱，马上迎头回击，说你们那些政策搞得民怨沸腾，官府有吃不光的鱼肉粮食，穿不尽的衣服布帛，却既不去救济困难的人，也不体恤劳动者的艰苦。国家应该是土地足以养民，民足以供奉其上，现在却只是追逐财力，这是个什么样子！

盐铁会议传达了这样的讯息儒生内部也是分歧重重的。杂儒们取各家所长，以寻求解救时弊的良策；纯儒们更加理想化，政见多从学术角度出发，有时并不切实际。杂儒们倒是能有效地从学术思想中汲取营养，为我所需，带动了学术和时政的共同发展，逐步确立了德治、法治交替并用的为政风格，到了汉宣帝之后，这种风格即被总结为"霸王道杂之"，使各家不同的政治方略，共同融入治道之中。

霸王道杂之

班固曾如此评价汉宣帝：

孝宣之治，信赏必罚，综核名实，政事文学法理之士咸精其能，至于技巧工匠器械之事，自元、成间鲜能及之，亦足以知吏称其职，民安其业也。遭值匈奴乖乱，推亡固存，信威北夷，单于慕义，稽首称藩。功光祖宗，业垂后嗣，可谓中兴，侔德殷宗、周宣矣。（《汉书·宣帝纪》）

这样一位中兴之主，却恐怕是历史上唯一一个蹲过自家牢房的皇帝。

汉宣帝是汉武帝的曾孙，他的祖父是死于巫蛊之祸的太子刘据。当年几个月大的汉宣帝躲过劫难，可他不仅成了孤儿，还被关到了监狱里。遇到大赦，刘询后为汉宣帝，才被送回了他姥姥家。汉武帝年老后，让掖庭收养了刘询，刘询才得以被记入皇室宗牒。

从民间长大的刘询，可能从来没想过自己能登上皇位，但时运却送了他一份大礼。刘询的小爷爷汉昭帝只活了21岁，去世时连子嗣也没留下。霍光最初拥立的是昌邑王刘贺，但刘贺这个人实在太混账，最喜欢做的是淫乱之事，昌邑王继位27天，就让霍光忍无可忍，只好废黜了他。之后，也确实没有更合适的人选了，就这样，汉宣帝荣登宝座。历史有趣地经过了一个轮回，皇位重新又回到了本就该当皇帝的太子刘据这一支。

在民间长大的汉宣帝，做事却很有汉武帝的风范。他的太子曾劝谏："陛下持刑太深，宜用儒生。"（《汉书·元帝纪》）意思就是说，汉宣帝治国之术过于严酷，而应该多任用儒生，多取儒家仁义。汉宣帝听后十分恼火，当场驳斥：

汉家自有制度，本以霸王道杂之，奈何纯任德教，用周政乎！且俗儒不达时宜，好是古非今，使人眩于名实，不知所守，何足委任？（《汉书·元帝纪》）

王道任德，霸道任刑。“王道”以仁政德治的垂范作用，使万民归服，基于道德、礼义、人心，行王道，必须爱民养民，以得民心为要务；必须立于道德，以感化和恩惠扩大影响。“霸道”则基于实力、刑赏、武力，行霸道，必须兵多将广，国富君强；必须巧于应对，才能增强实力。

汉宣帝所说汉家制度的“杂”，即：

观汉祖之取天下也，遭秦世暴乱，不阶尺土之资，不权将相之柄，发迹泗亭，奋其智谋，羁勒英雄，鞭驱天下，或以威服，或以德致，或以义成，或以权断，逆顺不常，霸王之道杂焉。（《帝王世纪·汉高祖论》）

汉宣帝强调的是，从刘邦到汉景帝都是各种思想杂而用之；汉武帝也没有纯用王道，只是偏重儒家罢了。“罢黜百家”是高屋建瓴的口号，不可能全面禁止各派学说，诸子百家的思想，也绝无可能完全销声匿迹。在汉家制度中，治国的根本是要“明教化民”，推行儒家的仁义学说，但礼乐教化和刑名法术是缺一不可的两手策略。礼乐、刑名之间只存在着先与后的差异，是要先行德教，其次才是刑罚，刑者为德之辅。

汉宣帝治国之术被后人推崇之处，一是重视吏治。据史书记载，汉宣帝每隔五日，便要听取丞相及下属部门报告本职工作，目的是听其言，观其行，察其能。每任命刺史、郡守、诸侯王国相等地方大员，汉宣帝都要亲自召见，并仔细交谈，了解这个人过去的经历、政绩，听取他的打算，以后拿他的行为与他的诺言相对照。如果治绩不好，便要认真查找其中的原因。元康四年（前62），汉宣帝曾派遣大中大夫强等12人巡行天下，主要任务是“察吏治得失”。元康二年（前64），本来精明能干、治理有绩的京兆尹赵广汉，因执法出了偏差，被腰斩；神爵四年（前58），号称“屠伯”的河南太守严延年，因酷急和诽谤罪，被弃市。

二是平定边塞。汉宣帝对匈奴采取的是王道，偃武兴文。当时匈奴内乱，无力侵扰北方汉境，各派势力多争取与汉和亲，或者投靠汉朝。汉宣帝“辅其微弱，救其灾患”，设置西河、北地等属国，以妥善安置匈奴来降者，并给予物质援助，

（清）焦秉贞《耕织图·耕图·登场》
红粬收十月，白水浸陂塍。酿熟田家庆，场新岁事登。

助其渡过难关。汉宣帝减少屯兵，只加强了边防设施，修缮边塞亭障，严格烽燧候望。在和好的气氛下，北方边境出现了60多年的安定局面。《汉书·匈奴传》称赞："北边自宣帝以来，数世不见烟火之警，人民炽盛，牛马布野。"诚非溢美。但汉宣帝对西边的羌族采取的则是王道、霸道兼用。汉宣帝令赵充国在金城屯兵，先坚壁固守，做好打持久战的准备，又集中兵力攻打叛汉的先零部，然后再屯田，行缓和矛盾的睦邻友好政策。羌族内部分崩离析，各部纷纷降汉，汉宣帝又"初置金城属国以处降羌"，妥善处理了汉、羌民族关系。

汉宣帝在位25年，明于人君之道，审于为政之理，使"政教明，法令行，边境安，四夷亲，单于款塞，天下殷富，百姓康乐"（应劭《风俗通义》），说明了"霸王道杂之"的治国思路是正确的。治国形而上之的"道"，要以儒家仁义为本；形而下之的"术"，要"重赏深罚以御之，明著法术以检之"（《后汉书·崔寔传》）。在实际策略的推行中，汉宣帝多任用刑法之吏，打击地方豪强，强制迁徙关东大族，诛杀了他认为讽讥朝政的大臣杨恽、盖宽饶，对违法的霍光家族、严延年严厉惩处。"霸王道杂之"，也是继汉宣帝之后的2000多年间所沿袭相传的帝王之术，治国之法。

石渠阁会议

与汉武帝推崇董仲舒所论的公羊学不同，汉宣帝更喜欢《穀梁传》。《穀梁春秋》与《公羊春秋》一样，都是阐释《春秋》义理之作，但二者各有特点。《公羊传》多言阴阳天人之理，《穀梁传》则不做迂怪之变。由于董仲舒等《公羊》学者立足于现实政治，阐发《公羊春秋》的微言大义，为大一统中央集权专制统治提供了一套完整的理论体系，故而受到了特别尊重。而《穀梁》学者不能以经义附会现实政治，故颇受冷落。

汉宣帝喜读《穀梁传》，还有些偶然因素。他继位后，听说祖父曾爱好《穀梁春秋》，便召来学者蔡千秋，令他与《公羊》学者论说经义。此后，汉宣帝有意识地重视《穀梁》《学者》，《培养》《穀梁》学人才。十余年后，到了甘露年间，太学中已有数十人是《穀梁》学者，穀梁学开始走进庙堂。

甘露元年（前53），汉宣帝就组织过一场《公羊》《穀梁》的讨论会。汉宣帝召集五经名儒、太子太傅萧望之等大议殿中，“平《公羊》《穀梁》同异，各以经处是非”（《汉书·儒林传》）。时《公羊》与《穀梁》每方各推5人为代表：《公羊》学者有严彭祖等五人，《穀梁》学者有尹更始、刘向等五人，再加上萧望之，共11人。学者们各以经义对答辩论，讨论了30余事。两年后，汉宣帝觉得多年有计划、有步骤扶植的《穀梁》学，已具有了与《公羊》学分庭抗礼的力量，遂在皇家藏书处的石渠阁召开了一场更大规模的经学讨论会，史称“石渠阁会议”。

诏诸儒讲五经同异，太子太傅萧望之等平奏其议，上亲称制临决焉，乃立

梁丘《易》、大小《夏侯》尚书、《穀梁春秋》博士。（《汉书·宣帝纪》）

这场会议的规格非常高，不仅皇帝亲自裁定是非，参与者也都是当时大儒，如学《鲁诗》的韦玄成，尚书学博士欧阳地余、林尊、周堪，礼学博士戴圣，易学博士施雠、梁丘临，还有公羊学者严彭祖、宋显，穀梁学者尹更始、周庆、刘向等。因有汉宣帝的大力支持，会后，《穀梁春秋》成了官学，穀梁学者终于扬眉吐气。

汉宣帝大力扶植《穀梁春秋》，目的是纠正《公羊春秋》之偏。汉宣帝讲"霸王道杂之"，王道提倡的是"稽古礼文"，公羊学的天人感应、阴阳五行等理论不再适用，而穀梁学却最重礼义教化。例如，同是解释《春秋·隐公元年》"元年春王正月"，《公羊传》和《穀梁传》就不相同。《公羊传》逐词逐字地对"元年""春""王""正月""王正月"进行解释，然后归结到"大一统"上。《穀梁传》只言"虽无事，必举正月，谨始也"。在各自的议论中，《公羊传》强调的是"立嫡以长不以贤，立子以贵不以长"，"子以母贵，母以子贵"的长幼尊卑观念，《穀梁传》则强调的是"孝子扬父之美，不扬父之恶"的宗法礼制。石渠阁会议多侧重礼制方面，如规定了丧服之礼，有丧服、有谥法，讨论了祭礼、射礼等。

石渠阁会议讨论出的成果，最重要的是评议"五经"异同。当时，经学内部各派林立，势如水火，如《尚书》的大夏侯与小夏侯，大夏侯将小夏侯贬为"章句小儒，破碎大道"，小夏侯不甘示弱，直接说大夏侯"为学疏略"。汉宣帝试图在石渠阁会议上解决的，就是"五经"蕃滋蔓衍和纷争不息的问题。据《汉书·艺文志》记载，石渠阁会议记录有《五经杂议》18篇，《书议奏》42篇，《礼议奏》38篇，《春秋议奏》39篇，《论语议奏》18篇。只可惜这些文献都已亡佚，保留下来的只是只鳞片爪。石渠阁会议后，汉宣帝扶持"微学"，也就是实力不强的各派经学，除《穀梁春秋》外，又增立梁丘氏《易》、大小夏侯《尚书》等博士，这样，加上原有的"五经"博士8员，共计12员。黄龙元年（前49），汉宣帝又从官制加以编定，即黄龙十二博士。

石渠阁会议讨论出的第二个成果是确定了一些礼仪制度规范，促进了经义向具体典章制度的转化。因石渠阁的文献大多散佚，我们无法尽知会议讨论问题的详细情况，但从残存的《石渠礼论》看，其中既有对经典文义的解释，也有对现实生活中礼仪规范是否符合经义、可否施行的讨论。儒家理论不再是民众脑海中的观念，而是更现实地介入到社会政治生活。可以说，石渠阁会议为后世提供了如何以经义建构社会规范体系的具体蓝本，如东汉的白虎观会议就十分明显地继承了这种做法。

石渠阁会议之所以重要，也是因其是历史上第一次由皇帝亲临裁决的经学会议。当会议讨论问题出现意见分歧，不能达成共识、得出一致结论时，汉宣帝便做出裁定，这就导致了皇权与经学权威合而为一，皇权成为经学的最高权威，成为裁定经说的裁判。经学有了皇权的加持，更容易在政治舞台上大展宏图。但皇权也迫使经学在学术思想上丧失了一些独立性，导致学术思想追随政治的步伐，处在皇权更具体、更有力度的支配和控制之下。因此，经学学术思想的是非，由政治、皇权来裁判，亦荣亦辱。

刘歆争立《左传》

春秋学在汉代特别热闹。先是《公羊传》一副唯我独尊的样子，然后，《穀梁传》又誓要把《公羊传》拉下马。到了西汉末年，则是《左传》粉墨登场。《史记·十二诸侯年表序》中说：

孔子明王道，干七十余君，莫能用，故西观周室，论史记旧闻，兴于鲁，而次《春秋》，上记隐，下至哀之获麟，约其辞文，去其烦重，以制义法。王道备，人事浹。七十子之徒，口受其传指。为有所刺讥褒讳挹损之文辞，不可以书见也。鲁君子左丘明，惧弟子人人异端，各安其意，失其真，故因孔子史记，具论其语，成《左氏春秋》。

这是对《左传》缘起的最早的说明。

《公羊传》和《穀梁传》都是今文经，而《左传》争立的是古文经。《左传》在西汉的民间传本很多，一是北平侯张苍的《春秋左氏传》，曾献给河间献王。《汉书·儒林传》说：

汉兴，北平侯张苍及梁太傅贾谊、京兆尹张敞、太中大夫刘公子皆修《春秋左氏传》。谊为《左氏传》训故，授赵人贯公，为河间献王博士。

二是孔壁本，此事见于《汉书·楚元王传》：

及鲁恭王坏孔子宅，欲以为宫，而得古文于坏壁之中。……及《春秋左氏》，丘明所修，皆古文旧书，多者二十余通，藏于秘府，伏而未发。孝成皇帝名、愍学残文缺，稍离其真，乃陈发秘臧，校理旧文，得此三事。以考学官所传、经或脱简，传或间编。

《左传》的这两个传本都是古文经，可信度还是很高的，司马迁撰《史记》就曾引用过不少《左传》的材料。不过，司马迁所见是张苍本还是孔壁藏本，我们不得而知。

刘歆是争立《左传》学官的大功臣。刘歆出身名门，他的六世祖是汉初的楚元王，其中祖辈或为王侯，或为大夫，累世显赫。刘歆从小也学今文经，但并不喜欢，他认为今文学家的一大弱点就是"信口说而背传记，是末师而非往古"（《汉书·楚元王传》）。后来，他随父亲刘向奉汉哀帝之命，校订中秘书，发现了许多古文经，对今文经就不屑一顾了。在这一点上，刘歆与刘向也有争执。据《汉书·刘楚元王传》记载，"歆以为左丘明好恶与圣人同，亲见夫子；而公羊、穀梁，在七十子后。传闻之与亲见之，其详略不同。歆数以难向，向不能非间也，然犹自持其《谷梁》义。"刘歆的立论根据是，撰写《左传》的左丘明与孔子是同时期的人，能够亲见；《公羊传》《穀梁传》则属后起，所讲的义理只是传闻。两者的可信度自然不同。

刘歆与父亲的相争并没有结果。尽管连父亲都不认同，但刘歆仍把很大精力花在研究《左传》上，"引传文以解经，转相发明，由是章句义理备焉。"（《汉书·楚元王传》）这里的"经"指《春秋》本经，最初《左传》与《春秋》是独立的两部书，学者读《左传》，只是传训诂而已，刘歆却将两部书联系起来。于是《左传》摇身一变被纳入了经学的轨道。

只成为经学是远远不够的，刘歆还得让《左传》得到官方的认可。汉哀帝时，因王莽的举荐，刘歆在政治上受到优宠。他向汉哀帝建议，把《左传》《毛诗》《逸礼》和《古文尚书》等都列于学官。汉哀帝叫刘歆去和"五经"博士讲论经义，诸博士要么不理解，不吭声，要么直接反对。刘歆气愤不已，写了一封言辞激烈的信给这些博士们，在信中痛骂经学弊端：

往者缀学之士，不思废绝之阙，苟因陋就寡，分文析字，烦言碎辞，学者罢老，且不能究其一艺，信口说而背传记，是末师而非往古。至于国家将有大事，若立辟雍、封禅、巡狩之仪，则幽冥而莫知其原。犹欲保残守缺，挟恐见破之私意，而亡从善服义之公心。或怀嫉妒，不考情实，雷同相从，随声是非，抑此三学，以《尚书》为不备，谓《左氏》不传春秋，岂不哀哉！（《汉书·楚元王传》）

刘歆的意思是说：以往的一些学士，不去考虑面临废绝的阙漏部分，只是因陋就寡，分析文字，多是闲言碎语，学者到病老之时还不能弄通一经。相信口头的传说而违背先代的传记，以末世经师所说为是，以往古所传为非，以致国家每有重大事情，如制定辟雍、封禅、巡狩的礼仪，也糊糊涂涂，不知原委。但他们仍企图抱残守缺，带着唯恐被人戳穿的私意，根本没有从善服义的公心，有的则心怀嫉妒，不去考察真情实据，互相雷同，彼此相从，对别人所说的是非随声附和，压制了这三种学术，认为《尚书》已是足本，说《左氏》并没有解释《春秋》，这不是很可悲的吗！

刘歆言辞激烈，基本就是骂当时的文学家是糊涂蛋，那些地位崇高的大家气得不行，马上上书汉哀帝，大骂刘歆窜改了本朝的典籍，更有甚者如龚胜，打算辞官养老，觉得根本不能与刘歆同朝为官。汉哀帝的做法，倒不是说谁对谁错，不过刘歆心里也清楚自己捅了马蜂窝，自愿出任外职，这一场口水战算是告一段落。

实际上，刘歆争立《左传》，是想以《左传》为切入点，重新进行一次礼制建设。尤其是在汉哀帝时，“纲纪失序，疏者逾内，亲戚之恩薄，婚姻之党隆，苟合侥幸，以身设利”，“俗吏之治，皆不本礼让，而上克暴，或忮害好陷人于罪，贪财而慕势，故犯法者众，奸邪不止，虽严刑峻法，犹不为变”（《汉书·匡衡传》）。全社会从上到下都是乱套的，伦理纲常如同虚设，严刑酷法也无法约束。在刘歆看来，公羊、穀梁学者不仅不能解决这个问题，甚至在某种程度上，这些都是他们搞坏的，今文经学除了会大谈空话，对务实国政无济于事。而《左传》“详于本事”，更好地保留了孔子“据行事，仍人道，因兴以立功，就败以成罚，假日月以定历数，借朝聘以正礼乐”（《汉书·艺文志》）的意蕴，正可以之重构礼之正轨，以风化天下。由此看来，刘歆争立《左传》看似是学术之争，根本上还是政治之争，这也是汉代儒学最鲜明的特点之一。

西道孔子

王莽曾问过桓谭："扬子云何人耶？"

桓谭答曰："扬子云才智开通，能入圣道，卓绝于众，汉兴以来，未有此也。"（桓谭《新论·正经》）认为扬雄是汉代第一得圣心、圣道之人。桓谭还说过，"扬雄作玄书，以为玄者，天也，道也。言圣贤制诰作事，皆引天道以为本统"（《新论·正经》），认为扬雄得了天道。

"今扬子之书文义至深，而论不诡于圣人，若使遭遇时君，更阅贤知，为所称善，则必度越诸子矣"（《汉书·扬雄传》），扬雄之作不亚于圣人，在诸子中是顶尖的，班固评价如此之高，最后还给扬雄封了个"西道孔子"的称号，直接把扬雄推上了圣人尊位。王充在《论衡·超奇》中也说："扬子云作《太玄经》，造于眇思，极窅冥之深，非庶几之才不能成也。孔子作《春秋》，二子作两经，所谓卓尔蹈孔子之迹，鸿茂参贰圣之才者也。"可惜这些都是身后荣名，扬雄生前则"寂寂寥寥扬子居，年年岁岁一床书"（卢照邻《长安古意》），还是很寂寞的。

扬雄的一生，可分三个阶段来看：

第一个阶段是扬雄入京前的时期。在蜀地时，他有一个有道教倾向的老师严君平，严君平善治《老子》，著有《老子指归》。在严君平的影响下，扬雄养成了他"默而好深湛之思，清净亡为，少嗜欲，不汲汲于富贵，不戚戚于贫贱，不修廉隅以徼名当世"（《汉书·扬雄传》）的性格，这种性格也伴随了扬雄一生。扬雄不愿意入仕途，不在明经的训诂和章句上下功夫，但却喜欢写辞赋。蜀地曾出过一位辞赋大家司马相如，未入京之前的扬雄，就是以司马相如为榜样，漫游蜀地山川，致力于辞赋创作的。

第二个阶段是扬雄在朝为官时期。40岁左右，扬雄来到长安，最初他只是打算游学京师，后来偶然获得机会，顺利步入仕途。扬雄有位同乡叫杨庄，一次，杨庄在汉成帝面前诵读了扬雄早年的作品《绵竹颂》，汉成帝一听，说："此似相如之文。"杨庄回答："非也，此臣邑人扬子云所作。"就这样，扬雄因一篇作品上达天听，受到汉成帝赏识，开始"待诏承明之庭"，也就是成为文学侍臣。之后，扬雄随汉成帝郊祀、游猎，创作"四赋"，即《甘泉赋》《河东赋》《羽猎赋》《长杨赋》，成就了他在文学史上的地位。

第三个阶段是王莽新朝时期。扬雄先是感谢王莽任他为中散大夫，作《剧秦美新》阿谀奉承了王莽一通；后又因莫名其妙的事情被牵连，在兵吏来捕拿他的时候，担心受辱，便从校书楼上跳了下去，差点儿摔死，最后还是王莽说"雄素不与事，何故在此"，王莽觉得扬雄这个人一向不热衷政治，便下诏赦免扬雄，不再纠缠此事，这才罢了。扬雄倒没有因此事失去王莽的信任，但除了为王莽作《祭元后诔》之外，扬雄在继续默默做了几年官后，于71岁时去世了。

扬雄并不太用力于政治，多潜心学术，著作颇丰。"自有大度，非圣哲之书不好也；非其意，虽富贵不事也"，"欲求文章成名于后世"（《汉书·扬雄传》）。据《汉书·艺文志》《隋书·经籍志》记载，扬雄除有数篇赋作，还有《太玄》《法言》《方言》《训纂》等书籍。后明张溥《百三名家集》中收有《扬侍郎集》，清严可均《全汉文》在扬雄名下，收录了26篇各种文体之作，但其中有些作品真伪莫辨。

扬雄因仿《周易》作《太玄》，仿《论语》作《法言》，获得了经学家的高度评价。当时也有人指责他违背了孔子述而不作的教导，扬雄辩解道："其事则述，其书则作。"（《法言·问神》）认为自己的《太玄》《法言》虽为新创，但传述的都是圣人之言。在这一点上，扬雄一向是很自信的。

扬雄以"经莫大于《周易》，故作《太玄》"（《汉书·扬雄传》），《太玄》的体例是模仿《周易》的。这要从两方面来看，一方面，《太玄》《周易》的不同之处在于，《周易》是阳卦、阴卦的二分法，乃"易有太极，是生两仪，两仪生四象，四象生八卦"（《周易·系辞上》）；《太玄》是三分法，"玄有二道，一以三起，一以三生。……以三生者，参分阳气，以为三重，极为九营。是为同本离末，天地之经也"（《太玄·玄图》）。《太玄》的三分法，明显比《周易》的二分法复杂且难分析得多。

另一方面，《太玄》对《周易》的发展之处在于，《太玄》中有明确的宇宙生成论，比《周易》的"一阴一阳之谓道"要细化得多。如"阴质北斗，日月畛营，阴阳沈交，四时潜处，五行伏行，六合既混，七宿轸转，驯幽历微，六甲内驯，九九实有，律吕孔幽，历数匿纪，图象玄形，赞载成功”（《太玄·玄图》）。阳气、阴气交合以成四时，再加上五行运转，天上有了日月升落，星宿变迁，通过六合、六甲、九九，就能计算出时辰历法。《太玄》甚至还构建出一种新的宇宙图式，将大量的天文地理、历法节候的知识体系蕴含其中，发展了《周易》以天道明人事及因循革命的思想。

可以说，扬雄是以一套周密完整的哲学体系，建构起了《太玄》，优点是兼容并包，缺点是曲高和寡。在当时刘歆就说：“空自苦！今学者有禄利，然尚不能明《易》，又如《玄》何？吾恐后人用覆酱瓿也。”（《汉书·扬雄传》）意思是说，现在的人连《周易》都不好好读，你却自讨苦吃作《太玄》，我恐怕这本书只能落得让别人拿着去盖咸菜缸的命运啊！

《法言》相对简单一些，在一段段语录中扬雄阐释了许多思想。扬雄有圣人观，如“圣人有以拟天地而参诸身乎”（《法言·五百》），“圣人德之为事”（《法言·孝至》），“圣人之书、言、行，天也”（《法言·君子》），认为圣人有极高的品德与智慧，足以让后人追随；扬雄有人性论，认为人有善有恶，需要后天教化；扬雄还高度认同仁、义、礼、智、信，认为通过修养人人皆可成圣。这些思想素有渊源，扬雄乃是在时势下加入了自己的新理解。

以两本书的成就，很难对扬雄盖棺定论，因为扬雄实在是既单纯又复杂的人。若说扬雄世故，扬雄拿着“四赋”劝谏汉成帝，弄得汉成帝不否认他的才华，但也不待见他，不升他的官职，甚至在哀帝、平帝时仍不徙官，在黄门侍郎的位置上，扬雄一待就是二十几年。若说扬雄不世故，他编写《剧秦美新》歌颂王莽，给自己招惹了一生都抹不去的污点。不过，扬雄这种怪怪的书生气，后人还是赞许的多，王安石就曾在诗中说：“儒者陵夷此道穷，千秋止有一扬雄。”（《扬子》）扬雄既是儒生精神的代表，又是儒生中的特例，他在儒生只看功名、不治学术的西汉末年，差不多以一种旁观者的态度发展了儒学的理论。人生的寂寞在一定程度上成就了扬雄，人生的冷清却又在一定程度上限制了扬雄，就算是后人发自内心的赞誉，也是与他隔着距离的，能以扬雄为知音的，千百年间真是难能寻到。

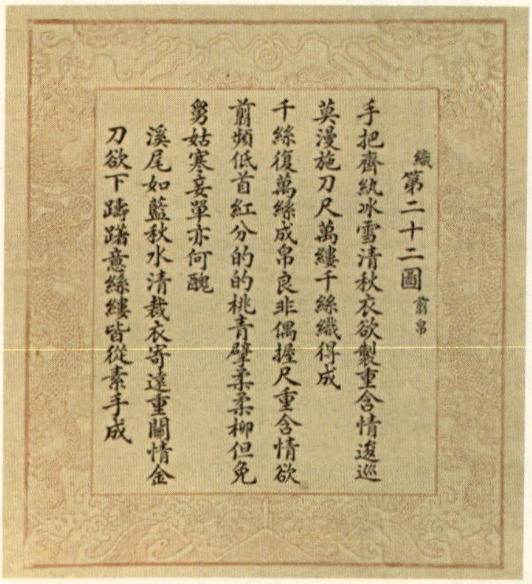

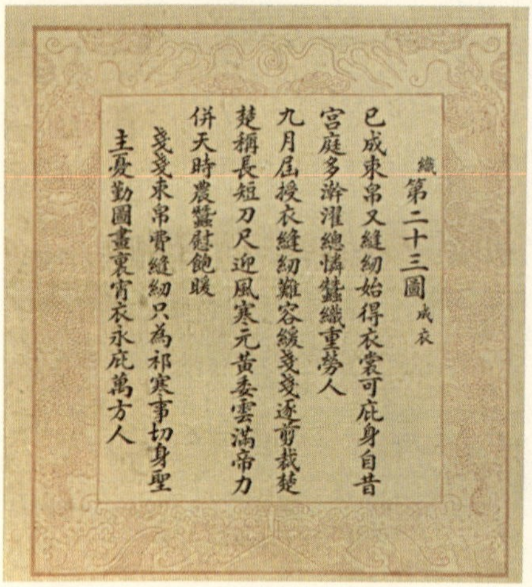

（清）焦秉贞《耕织图·织图·剪帛》上图
（清）焦秉贞《耕织图·织图·成衣》下图
这一系列，是古人为劝课农桑，采用绘图的形式，详实记录耕作与蚕织过程的系列图谱。

王莽的乌托邦

儒家有很强的托古心理，就像康有为所说："荣古而虐今，贱近而贵远，人之情哉！耳、目所闻睹，则遗忽之；耳、目所不睹闻，则敬异之；人之情哉！"（《孔子改制考》）因为远去的事不能再回来，于是乎，在猜想中形成了崇拜，在想得而不可得中，又孕育了不切实际的梦想。王莽改制就是这样的典型。王莽每一次身份的升迁或转变，或找古人的话作为依据，或找古人的故事重演一遍，基本上都有托古改制的影子，正如《汉书·食货志》给他的评语"莽性躁扰，不能无为，每有所兴造，必欲依造古得经文"，可为确言。

《资治通鉴·汉纪》中记载了：

春，正月，王莽风益州，令塞外蛮夷自称越裳氏重译献白雉一、黑雉二。莽白太后下诏，以白雉荐宗庙。于是群臣盛陈莽功德，致周成白雉之瑞，周公及身在而托号于周，莽宜赐号曰安汉公，益户畴爵邑。

元始元年（1），南方的越裳氏献给朝廷一只大白鸟、两只大黑鸟，这简直就是《尚书大传》中记载的周公之事的翻版，周公居摄六年，越裳国的人骑了三头大象，到中原献白雉，成公收下后，转送给周公。王莽如法炮制了这个过程，于是，群臣盛陈王莽的功德可与周公相媲美，王莽便顺势而为，"勉为其难"地接受了安汉公的称号。王莽看大家认可他似周公的德行，便以尊孔、重儒、崇礼，开始了他的改制之举：

第一步，"立侯爵，定俸禄"。王莽提高了官职待遇，退赔了一些被强交赋敛的产值，在一定程度上保障了人民利益，"下及惠士鳏寡，恩泽之政无所不施"

（《汉书·王莽传》），在当时是得到了拥护的。

第二步，“班教化，禁淫祀”。王莽仿周公之制，“车服制度，吏民养生、送终、嫁娶、奴婢、田宅、器械之品。立官稷及学官”（《汉书·平帝纪》）。从宗庙、封国、车服、刑法之制，到民间养生、送死、嫁娶、奴婢、田宅，都制定了新的规范，欲以礼乐教化而达到天下大齐。

第三步，“起明堂、辟雍、灵台，为学者筑舍万区”（《汉书·王莽传》）。明堂是“正四时，出教化”的天子布政之所，辟雍是“如璧之圆，雍之以水，象教化流行也”的礼乐教化之所，灵台是“观阴阳天文之变”的高台，王莽乃是想以这三处为“天地君臣民人皆和”的象征。

第四步，王莽为太学弟子建立官舍，重订博士制度。

立《乐经》，益博士员，经各五人。征天下通一艺、教授十一人以上，及有逸礼、古书、毛诗、周官、尔雅、天文、图谶、钟律、月令、兵法、史篇文字，通知其意者，皆诣公车。网罗天下异能之士，至者前后千数，皆令记说廷中，将令正乖谬，一异说云。（《汉书·王莽传》）

太学中开设《乐经》课程，增加博士名额，每一经各有五人，向全国征求精通一经的教授有十一人以上，及藏有散失的《礼经》，古文《尚书》《毛诗》《周官》《尔雅》，天文、图谶、钟律、历算、本草、方技、兵法、《史籀篇》等并通晓其义的人，都可以公车上书。通过这种方式，招揽全国具有才能的儒生，前后有数千人，朝廷主持他们讨论，把他们的观点记下来，并试图统一各种说法。王莽的这一举措，与秦始皇焚书坑儒、汉高祖蔑视儒生的行为截然相反，由此获得了天下儒生的赞誉。

王莽居摄践祚数年，政绩还算不错，否则就不会名正言顺地坐上龙椅。儒生把他们心目中的偶像王莽推上了皇帝的宝座，继续编织礼乐道德、太平盛世的儒生梦。有意思的是，以王莽为帝，建立的是国号为“新”的王朝，可是，“新”朝处处行的都是复古之事。

王莽先是依照《周礼》改革官制与爵制，设四辅、三公、四将、九卿、二十七大夫、八十一元士及六监等，对原有的中央政府机构及其职掌进行重新组合与调整。

然后改田制，推行《王田令》，“井田”本就是儒家的理想，《孟子·梁惠王下》说过：“昔者文王之治岐也，耕者九一。”当时的儒生师丹也言：“古之圣王莫不设井田，然后治乃可平。”（《汉书·食货志》）王莽意识到了这一点，在元始四年（4）下诏：

今更名天下田曰“王田”，奴婢曰“私属”，皆不得买卖。其男口不盈八，而田过一井者，分余田予九族邻里乡党。故无田，今当受田者，如制度。（《汉书·王莽传》）

其举措有三：一是田地国有，不得买卖；二是男丁八口以下之家占田不得过一井，即九百亩；三是占田过多的人，要分余田与宗族相邻；四是无田的人，政府按标准配给；五是不耕种的荒地也要缴税。

最后是改币制，在禁止民间私铸钱币的同时，不停地调整币值面值，再加上相应的财政制度，“命县官酤酒，卖盐铁器，铸钱，诸采取名山大泽众物者税之。又令市官收贱卖贵，赊贷予民，收息百月三”（《汉书·王莽传》），名山大泽归由国家管理，强调盐、铁、酒的专卖，对一切工商业都要收税，以平衡物价等。

王莽大力改革的初衷是为了扭转不良的社会状况，出发点是好的。可惜王莽也是个秀才书生气太浓的人，“每有所兴造，必欲依古得经文”（《汉书·食货志》），其托古改制又快又乱，还不考虑现实因素。言其改革过快，是王莽试图在短短几年内，就想海晏河清，这是绝不可能的。西汉是百年积弊，这就像治疗病了十几年的病人，不是几服药喝下就能医好的，更何况王莽这一剂药还是错的，顷刻间新病旧病一起发作，积聚下来的危机，也让王莽当了替罪羊。

言其改革过乱，是因为很多措施都用的是打游击的做法，哪里有漏洞就补哪里，虽然看似依从儒家治道，实际上一团乱麻，毫无体系。如田制改革，无田的人按照制度标准，人均一百亩，但实际上，全国的耕地也不够分；再如币值改革，前前后后改了五次，贵族们无所适从不说，每改一次，普通人家就破产一次，最后弄得富者不得自保，贫者无以生存。这些层出不穷的政令还大多虚张声势，宣传价值远大于实际价值，如新设了很多官职，但却没有相应的律令仪法，最后只能敷衍了事。这样折腾来折腾去，结果肯定事与愿违，落得个皇冠落地，新朝以闹剧收场。

谶纬的泛滥

现在习惯讲“谶纬之学”，其实在最初，“谶”与“纬”别为两途，二者同中有异，并不是一个概念。“谶纬”这个词，是在汉代之后才出现的。《四库全书总目提要·易类》中有一段概括的论述：

儒者多称“谶纬”。其实谶自谶，纬自纬，非一类也。谶者诡为隐语，预决吉凶。……纬者，经之支流，衍及旁义。……盖秦汉以来，去圣日远，儒者推阐论说，各自成书，与经原不相比附。如伏生《尚书大传》、董仲舒《春秋阴阳》，核其文体，即是纬书。特以显有主名，故不能托诸孔子。其他私相撰述，渐杂以术数之言，既不知作者为谁，因附会以神其说。迨弥传弥失，又益以妖妄之辞，遂与谶合而为一。

“谶”的含义是“验”，《说文解字》：“谶，验也。有征验之书，河洛所出书曰谶。”有时候和图连在一起，也叫图谶。张衡也说：“立言于前，有征于后。故智者贵焉，谓之谶书。”（《后汉书·张衡传》）“谶”的含义有所延伸，一切预言社会人事未来发展走向的神秘语言文字或物象，都可以叫作“谶”。

“谶”在汉代之前就已经出现了。据《史记·秦始皇本纪》记载：

因使韩终、侯公、石生求仙人不死之药。始皇巡北边，从上郡入。燕人卢生使入海还，以鬼神事，因奏录图书，曰“亡秦者胡也”。始皇乃使将军蒙恬发兵三十万人北击胡，略取河南地。

燕人卢生出海前往蓬莱三岛，得一石碑，上刻一则谶语："亡秦者胡也。"秦始皇见后，认为谶语中之"胡"指的是匈奴，遂命大将蒙恬率三十万大军北伐匈奴；又组织人力修筑长城，抵制侵略，以绝亡秦之患。但秦始皇万万没有料到，谶语中的"胡"，并不是这个意思。秦始皇驾崩后，胡亥继承了皇位，他骄奢淫逸，残暴无比，人民不堪其苦，终于爆发了大规模的农民起义。随后，刘邦率军直趋关中，秦帝国庞大的躯壳崩溃于一旦。这也真应了"亡秦者胡也"的预言，只不过这个"胡"不是胡人的"胡"，而是秦二世胡亥。

最早的谶书是《河图》《洛书》一类的书，《论语·子罕》中就有"凤鸟不至，河不出《图》，吾已矣夫"的话。所谓《河图》《洛书》，实可视为一种"符瑞"，是古圣王新受命的象征，是"天意"的一种表露。后世的谶书也多附会《河图》《洛书》，"圣人明审律历，以定吉凶，重之以卜筮，杂之以九宫。经天验道，本尽于此"（《后汉书·张衡列传》），以言符命妖祥、王朝兴替等。

"纬"相对于"经"而言，"纬书"是解释儒家经典的书。汉武帝独尊儒术，经学日益尊贵，实际已逐渐演变为利禄之途。一时间士人奔走竞趋，靡然向风，他们依《春秋公羊传》的阴阳五行、灾异谴告形式来阐释经典，又在原有内容基础上吸取方士之术，以天人感应为中心，与政治相贯通，假托孔子或黄帝、尧、舜等圣人，对经书进行解释和阐发，对现实政权的合理性与权威性予以说明，希望借此得到统治者的进一步肯定。

儒生们出于抬升纬书地位的需要，又引用和编造了大量的"谶言"，将其神化，以至于谶言成了纬书的重要组成成分。"谶""纬"二者互相辅翼，相得益彰。由于以"谶"解经是纬书的显著特色，因而，人们便将纬书这种经学神学化的产物，称之为"谶纬"。就这样，"谶""纬"合流了。

谶纬于两汉之际，由制约君权、指导政治的内容自然延伸，在特定政治背景下被一些人利用，成为皇权争夺的工具。如有这样的言论：

宝玉……上有刻文，孔子跪受而读之曰："宝文出，刘季握，卯金刀，在轸北。字禾子，天下服。"（《宋书·符瑞志》）

汉之一师为张良，生韩之陂汉以兴。（《春秋纬·保乾图》）

所谓卯金刀，是"刘"字，禾子是"季"字。刘季就是刘邦。这是说，汉高祖的兴起、张良的出现，上天早就告诉孔子了。

（宋）佚名《问喘图》
汉宣帝时的丞相丙吉，亲自过问耕牛气喘的原因。他担心是气候冷热异常，导致了牲畜气喘，认为气候是事关国家命运的大事。

还有当时权力日炽的王莽的故意编造：

是月，前辉光谢嚣奏武功长孟通浚井得白石，上圓下方，有丹著石，文曰“告安汉公莽为皇帝”。（《汉书·王莽传》）

王莽有意识地利用谶纬，制造理论上的依据，来说明自己“受禅”，替代汉朝政权的合法性。“告安汉公莽为皇帝”，意思就是，安国公王莽要做皇帝了。这就是所谓的符命。根据这道符命，王莽做了“摄皇帝”，摄行皇帝之事。居摄三年（8），又出现两道符命。

一道是齐郡临淄县昌兴亭亭长梦见天公派使者告诉他“摄皇帝当为真”，王莽得知后，上奏太后，以此为根据，请求去掉“摄”字，在臣民面前只称“皇帝”，并改元“初始”。另一道是在同一年，梓潼县人哀章造桐柜，内藏一图一书，图曰“天帝行玺金匮图”，书名“赤帝行玺某传予黄帝金策书”，并有这样两句话：“王莽为真天子，皇太后如天命。”听之，王莽立即去高庙拜受“桐金柜”，然后接受了所谓上天的启示，“即真天子位，定有天下之号曰新”（《汉书·王莽传》）。这些足以说明，谶纬在当时具有多么崇高的地位，对于人心的影响又是何等的巨大。

谶纬之学还富于戏剧性地成为推翻新朝政权的工具。光武帝刘秀起兵时，也多以谶纬为号召，众人又以谶纬劝喻刘秀称帝。

行至鄗，光武先在长安时同舍生彊华自关中奉《赤伏符》，曰："刘秀发兵捕不道，四夷云集龙斗野，四七之际火为主。"群臣因复奏曰："受命之符，人应为大，万里合信，不议同情。周之白鱼，曷足比焉？今上无天子，海内淆乱，符瑞之应，昭然著闻，宜答天神，以塞群望。"光武于是命有司设坛场于鄗南千秋亭五成陌。（《后汉书·光武帝纪》）

建武元年（25），曾与刘秀在长安是同学的颍川人强华献上了纬书《赤伏符》，大家都认为这是受命之符，于是纷纷拥戴刘秀即皇帝位，并在祭告天帝的祝文里，特别援引谶纬之辞，说"刘秀发兵捕不道""卯金修德为天子"，以此向天下昭示，刘秀即位是上应皇天大命。

光武帝借助谶纬登上宝座，深刻认识到了谶纬作为思想武器的重要作用。建武中元元年（56），光武帝"宣布图谶于天下"，这等于将谶纬之术作为钦定的法典颁行于天下，让人们无条件地遵照信奉。《后汉书·张衡传》记载："自中兴之后，儒者争学图纬，兼复附以妖言。"《后汉书·方术传》："及光武尤信谶言，士之赴趋时宜者，皆骋驰穿凿，争谈之也。"谶纬之学迅速成为官学，很快就形成了一股社会风气，儒者争学谶纬，以精通谶纬之学为荣。

白虎观会议

东汉章帝时召开的白虎观会议，目的就是评议经学。据《后汉书·章帝纪》记载，汉章帝在建初四年（79）下诏书：

盖三代导人，教学为本。汉承暴秦，褒显儒术，建立《五经》，为置博士。其后学者精进，虽曰承师，亦别名家。孝宣皇帝以为去圣久远，学不厌博，故遂立大、小夏侯尚书，后又立京氏易。至建武中，复置颜氏、严氏春秋，大、小戴礼博士。此皆所以扶进微学，尊广道艺也。中元元年诏书，《五经》章句烦多，议欲减省。至永平元年，长水校尉儵奏言，先帝大业，当以时施行。欲使诸儒共正经义，颇令学者得以自助。

……于是下太常，将、大夫、博士、议郎、郎官及诸生、诸儒会白虎观，讲议五经同异，使五官中郎将魏应承制问，侍中淳于恭奏，帝亲称制临决，如孝宣甘露石渠故事，作《白虎议奏》。

这份诏书有三层意思，其一，在性质上，白虎观会议是石渠阁会议的延续，但白虎观会议规模更大，时间更长，政权干预学术更为深入；其二，众多儒生共同讨论，是试图在学理上融通经义，消弭今文经学与古文经学之间水火不容的巨大隔阂；其三，汉章帝以经学为基础，确立了国家的政道与治道，并在会后撰定了《白虎通义》，既以之为“国宪”，又以之“永为后世则”。

《白虎通义》又称《白虎通德论》，“通”体现在通贯各家经书，不仅引用了今文经学、古文经学的观点，还引用了当时还不是经书的《论语》《孝经》，乃至谶纬、诸子百家等。在《白虎通义》中，共论述了43个专题，在专题下还设有小题。

爵、号、谥、五祀、社稷、礼乐、封公侯、京师、五行、三军、诛伐、谏诤、乡射、致士、辟雍、灾变、耕桑、封禅、巡狩、考黜、王者不臣、蓍龟、圣人、八风、商贾、瑞贽、三正、三教、三纲六纪、情性、寿命、宗族、姓名、天地、日月、四时、衣裳、五刑、五经、嫁娶、拂冕、丧服、崩薨。

这些专题几乎涉及了治国之道、治国之术的所有方面。所谓“圣者，通也，道也，声也。道无所不通，明无所不照，闻声知情，与天地合德，日月合明，四时合序，鬼神合吉凶”（《白虎通义·圣人》），想把这些问题讨论清楚，就要通天地之道，晓人间之事。从这个角度看，《白虎通义》可谓是一部钦定的经学百科全书，更是一部儒生的理想国手册。

《白虎通义》以“君权神授”为中心，强调“王者父天母地，为天之子也”（《白虎通义·爵》），君王是天之子，在人间处于至高无上的地位，“受命之君，天之所兴，四方莫敢违”（《白虎通义·瑞贽》），是神圣不可侵犯的。而且，凡君王皆有德，所以能治理朝纲，教化百姓。

帝王者何？号者，功之表也。所以表明功德，号令臣下者也。德合天地者称帝，仁义合者称王，别优劣也。（《白虎通义·号》）

这是汉代儒家与早期儒家的不同之处，早期儒家多重视对君权的约束，而汉代儒家却重视对君权的集中。

《白虎通义》也强调“三纲”：

三纲者何谓也？谓君臣、父子、夫妇也。六纪者，谓诸父、兄弟、族人、诸舅、师长、朋友也。故《含文嘉》曰：“君为臣纲，父为子纲，夫为妻纲。”又曰：“敬诸父兄，六纪道行，诸舅有义，族人有序，昆弟有亲．师长有尊，朋友有旧。”何谓纲纪？纲者，张也。纪者，理也。大者为纲，小者为纪。所以张理上下，整齐人道也。……三纲法天地人，六纪法六合。君臣法天，取象日月屈信，归功天也。父子法地，取象五行转相生也。夫妇法人，取象人合阴阳，有施化端也。（《白虎通义·三纲六纪》）

“三纲”思想由来甚久,《韩非子·忠孝》就有:“臣事君,子事父,妻事夫,三者顺则天下治,三者逆则天下乱,此天下之常道也。”《春秋繁露·基义》中以之为王道,“三纲”是天理,父权、夫权与君权一样,都是天授予的。这就使得血缘伦理、家庭伦理都变为了政治伦理关系,成为社会规则的组成部分。

《白虎通义》还强调“五常”:

经所以有五何?经,常也。有五常之道,故曰《五经》。《乐》仁,《书》义,《礼》礼,《易》智,《诗》信也。人情有五性,怀五常,不能自成,是以圣人象天五常之道而明之,以教人成其德也少。(《白虎通义·五经》)

如果说,“三纲”是硬性的社会规则,那么,“五常”就是软性的社会教化。

仁者,不忍也,施生爱人也。

义者,宜也,断决得中也。

礼者,履也,履道成文也。

智者,知也,独见前闻,不惑于事,见微知著也。

信也,诚也,专一不移也。(《白虎通义·情性》)

仁、义、礼、智、信是人生来就有的,但需要后天教化的引导。其实,这些内容皆非《白虎通义》首创,很多思想在董仲舒的公羊学中已经成型,但《白虎通义》的整合与归纳,是东汉儒学的新发展。一是将道德思想制度化、将伦理思想具体化,一切都拉入到政道、治道的轨道上来;二是将儒学神学化、将经学谶纬化,《白虎通义》中有大量阴阳五行的各种论点,一切都可以用神秘的五行相生相克来解释,给本是实用的儒学笼上了一层看不透的面纱。

(明）仇英《汉宫秋月图》（局部）
此图描绘了汉代宫闱之中的风光与生活情景。

孔子的神化

春秋时的孔子是君子，战国时的孔子是圣人，西汉时的孔子是教主，东汉后的孔子又成了圣人，到现在又快要成君子了。孔子成为君子并不是薄待他，这是他的真相，这是他自己愿意做的。我们要崇拜的、要纪念的，是这个真正的孔子。

顾颉刚在《春秋时的孔子和汉代时的孔子》中提出这个问题，认为“各时代有各时代的孔子，即在一个时代中也有种种不同的孔子。各时代的人，他们心中怎么想便怎么说，孔子的人格也就跟着他们变个不停。害得一般人永远摸不着头路，不知道孔子的真面目究竟是怎么样的？”

实际上，孔子形象演变得最不可思议的还是在汉代，尤其是在谶纬中，孔子完全被神化了。

孔子的出生是祥瑞之事，《春秋纬·演孔图》中有：

孔子母征在，游大冢之陂，睡梦黑帝使，请己。己往，梦交。语曰：“女乳必于空桑之中。”觉则若感，生丘于空桑之中，故曰玄圣。

这明显是一则神话，说孔子是其母亲与黑帝之神交感后，才生下了他。孔子是黑帝之子，所以称为“玄圣”，还有称为“墨孔生，为赤制”的。《论语谶·撰考谶》说得更有眉目：“叔梁纥于征在祷尼丘山，感黑龙之精，以生仲尼。”叔梁纥是孔子父亲之名，于征在应是颜征在，是孔子母亲之名。不管怎么说，孔子的出生是神的旨意，绝不是普通的小孩子。

孔子的容貌极有辨识度。《礼纬·含文嘉》说："孔子反宇，是谓尼丘，德泽所幸，藏元通流。"《白虎通义·圣人》也有："孔子反宇，是谓丘甫，立德泽所，与藏元通流。"孔子头顶凹了一块，仁德逐渐填进去，头顶就越来越高，这和后来道教的福、寿、禄三星差不多。还有描写得更可怕的：

仲尼斗唇，舌里七重，吐教陈机受度。（《孝经纬·钩命决》）

仲尼……虎掌。

夫子辅喉骈齿。

孔子海口，言若含泽。（《孝经纬·援神契》）

孔子长十尺，大九围，坐如蹲龙，立如牵牛，就之如昂，望之如斗。

孔子之胸有文，曰：制作，定世符运。（《春秋纬·演孔图》）

把这些特征合起来，孔子就是嘴唇如斗，口似海，舌头有七重纹理，牙齿像钩星，喉咙像车辅，手掌像虎掌，他站起来有十尺高，九围大的腰，像牵牛星的形状，坐着又像一条团着的龙，胸口上刻有字，说明孔子生下来就负有代天立法的使命。这哪里还是人的形象，看起来更像是《山海经》中的怪物。

不过，谶纬确实热衷于此，孔子的弟子也都变成了怪怪的样子。

颜渊山庭日角，曾子珠衡犀角。

樊迟山额，有若月衡，反宇陷额，是谓和喜。

子贡斗星绕口。

仲弓钩文在手，是谓知始。宰我手握户，是谓守道。子游手握文雅，是谓敏士。公冶长手握辅，是谓习道。子夏手握五，是谓受相。公伯寮手握直期，是谓疾恶。

澹台灭明歧掌，是谓正直。（《论语谶·摘辅象》）

这样看来，颜回是个大脑袋，额头像太阳；曾子、樊迟都是大脑门，曾子的额头像犀牛角，樊迟的额头像山形；子贡嘴边有几颗痣像北斗七星。仲弓手中有钩子一样的花纹，宰我手纹如户，子游手中有"文"字，公冶长手纹似辅字，子贡手中有"五"字，公伯寮手里有直纹，澹台灭明是断掌。

有了这样神异的形象，孔子还有“前知千岁，后知万世”的超能力。《孝经纬·援神契》记载：

孔子夜梦三槐之间，丰、沛之邦，有赤烟气起，乃呼颜渊、子夏，侣往视之。《搜神记》《孔子夜梦》范氏街，见刍儿捕麟，伤其左前足，薪而覆之。孔子曰：“儿来，汝姓为谁”儿曰：“吾姓赤诵，名子乔，字受亿。””孔子曰：“汝岂有所见邪？”儿曰：“见一禽，巨如羔羊，头上有角，其末有肉。”孔子曰：“天下已有主也，为赤刘，陈、项为辅，五星入井从岁星。”儿发薪下麟示孔子，孔子趋而往，麟蒙其耳，吐三卷《图》，广三寸，长八寸，每卷二十四字，其言赤刘当起，曰：“周亡，赤气起，火兴，玄丘制命，帝卯金。”

这么长一段故事，说的是孔子做了个梦，梦见在丰沛一带有赤色的烟气升起，于是叫颜回、子夏一起去看。他们驱车来到楚地西北范氏街上，看见一个小孩在打麒麟，打伤了它的前足，又抱柴火去覆盖它。孔子告诉小孩，天下要易主了，小孩便拿开柴火，让孔子看下面的麒麟，麒麟面对着孔子，蒙上耳朵，吐出三卷图，宽三寸，长八寸，每卷图有二十四个字。据此，孔子更加确定了周朝要灭亡，而新的皇帝姓刘。

当然，这些不可能是史实，都是汉代人编出来的。但在汉代人心中，孔子是“有圣智而无位”的玄圣素王，做“六经”的目的是为汉制法。无论是孔子的行为，还是孔子的思想，都有不同寻常的意义。

丘作《春秋》，始于元，终于麟，王道成也。（《春秋纬·元命苞》）

丘览史记，援引古图，推集天变，为汉帝制法，陈叙图录。（《春秋纬·汉含孳》）

得麟之后，天下血书鲁端门，曰：趋作法，孔圣没，周姬亡，彗东出，秦政起，胡破术，书纪散，孔不绝。子夏明日往视之，血书飞为赤乌，化为白书，署曰：演孔图。中有作图制法之状。孔子仰推天命，俯察时变，却观未来，豫解无穷，知汉当继大乱之后，故作拨乱之法以授之。（《春秋纬·演孔图》）

吾作孝经，以素王无爵禄之赏，斧钺之诛，与先王以托权，目至德要道，以道行。（《孝经纬·钩命决》）

作为玄圣素王的孔子不得天下，但治天下。孔子“勇力不闻，伎巧不知，专行教道，以成素王，事亦鲜矣”（《淮南子·主术训》），孔子的勇力并不为常人所知，孔子的技艺也并不为人们所了解，而他专门推行教化之道，终被人们尊称为“素王”。其有辅佐的大臣，《论语谶·摘辅象》：“仲尼为素王，颜渊为司徒”，“子路为司空”，“左丘明为素臣”。其有治国的纲领，《春秋纬》：“麟出，周亡，故立《春秋》，制素王，授当兴也”；《论语谶·崇爵谶》：“子夏六十四人，共撰仲尼微言，以事素王”；《春秋纬·演孔图》：“孔子作法五经，运之天地，稽之图像，质于三王，施于四海。”孔子虽是匹夫，却能拨乱反正。

可以说，谶纬中将一切对政道、治道的美好想象，都附加在了孔子一人身上，任意发挥与改造，完全不管历史存在不存在、现实合理不合理，这在我们现在看来是荒诞不经的，但在当时却深入人心。

王充"疾虚妄"

在神学光芒笼罩下的谶纬大行其道，东汉儒生言必谈天、圣、神授，不仅皇帝深信不疑，儒生们也是自己感动着自己。在王充之前，桓谭算是脑子最清醒的，他对谶纬不屑一顾，还在光武帝面前直言，谶纬并非正统之学，纬书是“奇怪虚诞之事”，是“巧慧小才、伎数之人，增益图书，矫称谶记，以欺惑贪邪，诖误人主”（《后汉书 · 桓谭传》），王莽崇信谶纬，临死时还抱着他的符命不放，但这并不能挽救他灭亡的命运，儒生把灾异当作上天的谴告，但就连孔子都讲不清楚的“天道性命”，后世的“浅儒”怎么会知道呢？然而，桓谭的一番话却惹得光武帝勃然大怒，要杀了桓谭了事。桓谭胳膊拧不过大腿，只好叩头请罪，随后亦被贬官。

但这种在时人心中的“异端”思想，却没有就此消失。在半个多世纪后，有了王充和他的《论衡》：

《论衡》细说微论，解释世俗之疑，辩照是非之理，使后进晓见然否之分。今《论衡》就世俗之书，订其真伪，辩其实虚，非造始更为，无本于前也。（《论衡 · 对作》）

《论衡》的中心是“疾虚妄”，以“诠轻重之言，立真伪之平”（《论衡 · 对作》），拨开神学的迷雾，还儒学以本义。

王充反对过度神化孔子，他批判“儒者论圣人，以为前知千岁，后知万世，有独见之明，独听之聪，事来则名，不学自知，不问自晓”（《论衡 · 实知》）的谬论，指出孔子的“不学不成，不问不知”，认为孔子“耳目闻见与人无别，遭事睹物与人无异”（《论衡·实知》），并不具备神性。但王充同时也承认，“孔子见窍睹微，思虑洞达，材智兼倍，强力不倦，超逾伦等”（《论衡·实知》）。孔子的德行、才智、能力远超其同时代乃至之后的许多人。

在王充心目中的孔子，其独特之处有二：一是笔集成文，正定“五经”。

孔子鸿笔之人也。自卫反鲁，然后乐正，雅、颂各得其所也，鸿笔之奋，盖斯时也。（《论衡·须颂》）

孔子，周世多力之人也，作《春秋》，删五经，秘书微文，无所不定。（《论衡·效力》）

孔子作《春秋》，采毫毛之善，贬纤介之恶。可褒，则义以明其行善；可贬，则明其恶以讥其操。新论之义，与《春秋》会一也。（《论衡·案书》）

二是孔子教育有方：

孔门弟子七十之徒，皆任卿相之用，被服圣教，文才雕琢，知能十倍，教训之功而渐渍之力也。未入孔子之门时，闾巷常庸无奇，其尤甚不率者，唯子路也。世称子路无恒之庸人，未入孔门时，戴鸡佩豚，勇猛无礼，闻诵读之声，摇鸡奋豚，扬唇吻之音，聒贤圣之耳，恶至甚矣。孔子引而教之，渐渍磨砺，阖导牖进。猛气消损，骄节屈折，卒能政事，序在四科，斯盖变性使恶为善之明效也。（《论衡·率性》）

因春秋学之故，孔子的地位在汉代一涨再涨，从董仲舒的圣人到成为谶纬中的神仙。王充并未否认孔子与《春秋》乃至“五经”的关系，也并不否认经书乃至经学对社会治道的巨大意义，但其注意到了被大多数汉儒忽略了一点，那就是孔子的教育之道。孔子的七十多个门徒，在未接受孔子教育以前，都只是庸常之辈，并不具备超众之才能、高尚之品质。其中，子路是一个勇猛无礼、作恶甚多的市井无赖。可是后来经孔子的长期教育，这些人的知识才能有了很大的提高，堪充卿相之用。所以说，儒家不是只有孔子一人，儒家的传承是长期以来的师徒相授，唯有承认这一点，才能看到儒家的时世之变，不至于陷入仅尊孔尊儒，却不知与时俱进的怪圈。

王充又将儒生按德、才分为鸿儒、贤儒、硕儒、文儒、儒生、俗儒，肯定鸿儒、贤儒、硕儒、文儒的道德学问，批评儒生、俗儒的谶纬迷信，如鹦鹉学舌一般，“不见本末，空生虚说”，“随旧述故，滑习辞语”（《论衡·正说》），只知附会而毫不知儒学本意，“及时蚤仕，汲汲竞进，不暇留精用心，考实根核”（《论衡·正说》），只热衷于功名利禄，而毫不在意学问之进阶。

王充试图恢复孔子与儒家的“真面目”，又开始大力批判“天人感应”。所谓“虚妄”，“虚”即在事实判断的意义上，批评“天人感应”的不真；“妄”即在价值判断的意义上，指斥“天人感应”的不对。王充认为“天道自然”，天地运行都是自然的，天是物质的实体，并不带有主观意志。

人不能以行感天，天亦不随行而应人。（《论衡·明雩》）

天不能故生人，则其生万物，亦不能故也。天地合气，物偶自生矣。（《论衡·物势》）

所以，天既不能展示祥瑞，也不能展示灾异，天不会故意对人的行为做出善、恶的评判，当天的某种征象与人的某种行为发生了联系时，这种联系的本质是偶然的。所谓的“天人感应”，是那些俗儒们为了推行自己的政治主张，欺骗君王和百姓，故意编造出来的。

王充还批判了神仙鬼魅之说，认为人就是人，是不可能变成神仙的。

有血脉之类，无有不生，生无不死。以其生，故知其死也。……死者，生之效；生者，死之验也。（《论衡·道虚》）

夫禀气渥则其体强，体强则其命长；气薄则其体弱，体弱则命短。命短则多病，寿短。（《论衡·气寿》）

人都有生老病死，生死大限与人的体质有关，如果天生禀受的气丰厚，寿命就会长，禀受的气薄弱，寿命就会短。人在后天，可以靠治病吃药延长寿命，但不能长生不死。人死如灯灭，形体腐朽了，精神上也不会变为鬼。

人，物也；物，亦物也。物死不为鬼，人死何故独能为鬼？……人之所以生者精气也，死而精气灭。能为精气者血脉也，人死血脉竭，竭而精气灭，灭而形体朽，朽而成灰土，何用为鬼？（《论衡·论死》）

（明）文征明《湖舍耕织》
此图描绘了丰收时农忙的景象。

有些人说自己见到了鬼，那是“思念存想之所致也”（《论衡·订鬼》），是人的主观幻觉。从这个角度看，王充打破了汉儒赋予儒学的“怪力乱神”之说，剥掉了谶纬的神秘外衣，而能就事论事，就儒学论儒学，成为东汉儒学中的一股清流。

党锢之祸

党锢之祸是秦始皇焚书坑儒之后，儒林的又一次浩劫。事情的起因并不复杂，尽管汉代重经学，儒生地位不低，但实质上，君王要的只不过是儒学如何为政权服务，真要按照儒家讲的政道来做，君王之位恐怕早就不保。虽然有时也要求臣下直谏，甚至下诏征求极谏之士，但大多是表面文章，根本容不得臣下犯颜廷争。王充大骂当时的俗儒趋炎附势，就是因为儒生为保住自己的乌纱帽，把儒学精神改得乱七八糟。

但具使命感的儒生总是有的，“其为学也，则从师受经，或游学京师，受业于太学之博士。其为人也，则以孝友礼法见称于宗族乡里。……其行自合儒家道德标准，即仁孝廉让等是。”（陈寅恪《金明馆丛稿初编》）从东汉中期开始的宦官专权、卖官鬻爵，使朝廷一片乌烟瘴气，儒生们实在是忍无可忍了。

让我们来回顾一下这段历史：

汉和帝9岁继位，其养母汉章帝皇后窦太后临朝听政，并重用自家亲戚，尤其是其兄长窦宪在大破匈奴、重开西域都护府之后，“内干机密，出宣诰命”（《后汉书·窦融列传》），基本把持了所有的朝政大权。汉和帝为与之抗衡，依靠宦官郑众等，迫令窦宪兄弟自杀。郑众因此得以封侯，开启了宦官封侯的先例。

汉殇帝刚满百天继位，1岁时夭折，完全由汉和帝的邓皇后临朝听政。

汉安帝由邓皇后及其兄长邓骘扶立登基，在邓皇后去世后，汉安帝亲政时愈加倚重宦官，以之与外戚抗衡。

汉顺帝时，准许宦官可以养子并袭爵。

汉冲帝1岁称帝，2岁早夭，朝政为汉顺帝梁皇后的兄长梁冀把持；汉质帝8岁继位，对梁冀的专横表示不满，骂他是“跋扈将军”，然后就被毒死了。

汉桓帝登基仍无实权，直到梁皇后死，汉桓帝才依靠宦官力量诛杀了梁冀，并剪除其党羽。汉桓帝为表示谢意，居然在一天内封单超等五位宦官为侯，世称“五侯”。“自是，权归宦官”，汉桓帝依旧还是个傀儡，朝政又开始被宦官架空了。

宦官当权绝不比外戚专权好一点点。外戚多出自世家大族，一定的文化修养也还是有的。可宦官小人之伎俩更盛，弄出了大量的党羽走狗，上下错杂，内外布列，完全把朝廷当成自己家，把皇帝当成木偶来摆弄。

在这样的局势下，本就要学而优则仕的儒生们，一则进阶之路被宦官买卖官职堵死，二则即使已是士大夫，也实在看不惯这般黑暗腐朽，多次上书指斥弊端，并不惧怕因此会带来的性命之忧。最激烈的一次是李膺杀了宦官张让的弟弟，使得两方彼此水火不容的对抗，正式拉开了帷幕。

《后汉书》中有多处记载：

先是京师游士汝南范滂等非讦朝政，自公卿以下皆折节下之。太学生争慕其风，以为文学将兴，处士复用。（《后汉书·申屠蟠传》）

逮桓灵之间，主荒政缪，国命委于阉寺，士子羞与为伍，故匹夫抗愤，处士横议，遂乃激扬名声，相互题拂，品核公卿，裁量执政。（《后汉书·党锢列传》）

与宦官的对抗很快就演变成了一次次的群体事件。第一次在汉桓帝延熹九年（166）。

天子震怒，班下郡国，逮捕党人，布告天下，使同忿疾，遂收执膺等。所连及陈寔之徒二百余人，或有逃遁不获，皆悬金购募。（《后汉书·党锢列传》）

汉桓帝下令逮捕李膺等人，宦官们大肆制造冤狱，严刑拷打，导致供词共牵连了陈 等200余人，有逃跑没有捉到的，也都悬赏捕捉。第二年，汉桓帝迫于舆论压力，将李膺遣送回乡，但“禁锢终身”。

第二次在汉灵帝建宁二年（169）。

灵帝诏刊章捕俭等。大长秋曹节因此讽有司奏捕前党故司空虞放、太仆杜密、长乐少府李膺、司隶校尉朱宇、颍川太守巴肃、沛相荀翌、河内太守魏朗、山阳太守翟超、任城相刘儒、太尉掾范滂等百余人，皆死狱中。余或先殁不及，或亡命获免。自此诸为怨隙者，因相陷害，睚眦之忿，滥入党中。又州郡承旨，或有未尝交关，亦离祸毒。其死徙废禁者，六七百人。（《后汉书·党锢列传》）

汉灵帝逮捕了张俭等100多人，他们几乎全都死在了牢狱之中，仅有少部分人逃亡得以免难。这场灾祸经宦官们推波助澜，成了泄私愤的盛大活动。各个有私怨矛盾的人，趁机相互陷害，连被人瞪了一眼这样的小怨恨，也全打人私党案中，甚至还有些根本没有关联的人，也遭到了灭顶之灾。那些被处死、流放、罢官禁锢的人，足足有六七百人之多。

第三次发生在汉灵帝熹平元年（172）。

宦官讽司隶校尉段颎捕系太学诸生千余人。（《后汉书·孝灵帝纪》）

上千的太学生的罪名均是莫须有的、冤枉的。

第四次发生在汉灵帝熹平五年（176）。

永昌太守曹鸾上书大讼党人，言甚方切。帝省奏大怒，即诏司隶、益州槛车收鸾，送槐里狱掠杀之。于是又诏州郡更考党人门生故吏父子兄弟，其在位者，免官禁锢，爰及五属。（《后汉书·党锢列传》）

直言上书并求情的曹鸾，竟被拷打致死，被牵连的不仅是党人，还有他们的亲属。短短十几年间，因党锢之祸而受到迫害的已有数千人，“海内涂炭，二十余年，诸所蔓衍，皆天下善士”（《后汉书·党锢列传》），株连之广，远远超过秦始皇坑儒。

这种社会动荡的影响是非常巨大的。一是经学已然是官学，可作为官学学生的太学生，却大多卷入了党锢之祸，这使得当时的经学发展几乎陷人停滞状态；二是即使党锢已过，有些儒生也拒绝朝廷征召，只愿从事纯学术研究，如张央归

（清）张若澄《风雨策杖图》（局部）
此图描绘了一位在风雨中策杖而行的士人。

田闭门不出，与弟子千人讲诵儒经，著《尚书记难》30万言；三是其他诸子思想抬头，正如梁启超所论，“天下之人，见权势之不可恃也如彼，道德学问之更不可恃也如此，人心彷徨，罔知所适。故一遁而入于虚无荒诞之域，刍狗万物，良非偶然。”（梁启超《老学时代》）儒生们心有余悸，开始在老庄思想中寻找新的精神家园，魏晋援玄入儒的思想，由此开始发展。

郑玄会通今古文

所谓“今文”“古文”，最初指两种字体：“今文”是汉代通行的隶书，“古文”是秦始皇“书同文”之前所使用的小篆。一般说来，传授儒家经典的学者，所持文本最初是用隶书写的就是今文经学家，最初是用小篆写的就是古文经学家。具体说来，秦始皇焚书，除《周易》等卜筮之书得以保存完好，其他各经皆为秦火所销毁。汉欲振兴儒家，从何处去求？只有借助一些儒生的记忆，靠着他们师徒之间的口耳相传，依此系统传授下来的典籍，经过整理，以汉代通行的隶书记录下来，就是“今文”经。同时，又有一些古本的儒经被发现，统称“古文”经。

今文经学、古文经学本来只因记录文字的不同而分殊，但发展到后来，却成为两个相互对立的学术派别。他们各立师法，标榜门户，在史料诠释、解读经文和方法上产生了许多分歧。今文经学家认为，“六经”都是由孔子所作的；古文经学家认为，“六经”只是古代的史料，孔子只是对其进行了整理。今文经学家以孔子为政治家，尊孔子为有帝王之德而无帝王之位的“素王”。所以，今文经学家偏爱经文中的微言大义，注重从中寻求和阐发治国安邦的大道理；古文经学家却以周公为“先圣”，孔子是“述而不作”的“先师”、历史学家，是古代文化的保存者。

今文经学、古文经学的不同，也体现在“六经”的排列顺序上。今文经学家认为，“六经”是孔子教授弟子的教材，本就有难易不同的差异。《诗经》《尚书》《礼》《乐》都是初级课程，所以排在前面；《周易》《春秋》是孔子政治、哲学和社会学思想之所在，是高级课程，所以排在后面。而古文经学家则依据“六经”文献出现的早晚顺序来排列：伏羲画八卦，所以《周易》排在第一；《尚书》首篇为《尧典》，排在第二；《诗经》中最早为《商颂》，排在第三；《礼》《乐》

为周公所作，故此分列第四、第五；《春秋》是鲁国的历史，由孔子所作，所以排在最后。

今文经学、古文经学的官学地位不断上上下下，到东汉中期已有融通之势。直到郑玄出现，熔百家之长于一炉，著一家之说立门户，兼采今文经文和谶纬之学，才结束了今文经学和古文经学在两汉长达几百年的论争，成为汉代经学的集大成者。

郑玄自幼聪慧，“好学书数”，八九岁即“能下算乘除”。十三岁“诵五经，好天文、占候、风角隐术”（《郑玄别传》）。郑玄读书刻苦，时有闲暇，就到郡国学校去学习，当时的太山太守见之，“知其异器，即召署郡职，遂遣就学”（《后汉书·党锢列传》），并资助了他学习生活的费用。之后，郑玄赶赴洛阳的太学受业。他先师从京兆人第五元先，始通《公羊春秋》《三统历》《九章算术》等今文经，又跟从东郡人张恭祖学习《周官》《礼记》《左氏春秋》《韩诗》《古文尚书》等古文经。但郑玄仍觉自己所学不足，在汉桓帝延熹二年（159）西入关中，继续拜师求学。

郑玄投到马融门下。有一次，马融召集诸生考论图纬，这其中涉及一些天文历算问题，非常繁杂。师徒们穷思竭虑仍解不出，大为沮丧。这时有人推举郑玄，言其“善算”，马融一听，随即招来郑玄一起讨论，郑玄当下提笔，一气呵成，其解天衣无缝，十分准确。众人皆骇服。马融又出示自己不能作答的七道试题，郑玄马上解完五道。马融大喜过望，对众弟子说：“吾与汝，皆弗如也。”唤郑玄到身边，亲自传授。郑玄趁机将积攒三年的疑难问题一一请教。随后不久，郑玄郑重地向马融告别，准备返回故乡。马融恋恋不舍，喟然叹曰：“郑生今去，吾道东矣。”马融主张今文经、古文经全面进行融合与吸收，已开始冲破了两者的壁垒。青出于蓝而胜于蓝，郑玄终成一位博通六经、兼取百家的经学大师，与马融的教育是分不开的。

郑玄返回山东，闭门不出，隐修经业，躲过了党锢之祸。这十余年是郑玄学术的大成时期，他的许多著作皆完成于此时。后人有论“郑学盛而汉学衰”：

今学守今学门户，古学守古学门户。今学以古学为变乱师法，古学以今学为党同妒真。……郑君博学多识，今古文道通为一，见当时两家相攻击，意欲参合其学，自成一家之言，虽以古学为宗，亦兼采今学以附益其义。学者苦其时家法繁杂，见郑君闳通博大，无所不包，众论翕然归之，不复舍此趋彼。于是郑《易注》行而施、孟、梁丘、京之《易》不行矣；郑《书注》行而欧阳、大小夏侯之《书》不行矣；郑《诗笺》行而鲁、齐、韩之《诗》不行矣；郑《礼注》行而大小戴之《礼》不行矣；郑《论语注》行而齐、鲁《论语》不行矣。重以鼎足分争，经籍道息。汉学衰废，不能尽咎郑君；而郑采今古文，不复分别，使两汉家法亡不可考，则亦不能无失。故经学至郑君一变。（皮锡瑞《经学历史》）

在易学方面，郑玄早年通今文经学的《京氏易》，后来又通古文经学的《费氏易》，其为《周易》所作的注，兼采两家之长，对其进行综合研究。

在《尚书》学方面，郑玄贯通了《今文尚书》与《古文尚书》，不偏执任何一家之言，使得《古文尚书》于此“遂显与世”，为儒者所宗。

在诗学方面，郑玄先学今文《韩诗》，后与马融学《毛诗》。他首次提出了《毛诗》有大、小毛公之分，认为河间献王所得的是小毛公之《诗》，而大毛公所作的，乃为《诂训传》。郑玄此新说有何依据，不得而知。此外，郑玄还独创了“笺”的名称，为《诗经》作注。

在春秋学方面，因郑玄没有注疏传世，我们已经不能窥其全貌。但郑玄曾论及，“《左氏》善于礼，《公羊》善于谶，《穀梁》善于经”，从他与何休的争辩中可以推断，郑玄的重点应该是落在“善于礼”的古文经《左传》上的。

在礼学方面，郑玄注《周礼》，来源于马融；注《仪礼》，是校读“古经”的结果；注《礼记》，则是独创的新说。在郑玄之前，《周礼》《仪礼》《礼记》分别相传，郑玄“通为《三礼》”，才有了所谓的“三礼”之学。

郑玄还曾为纬书作注，如《尚书中候》《易纬·乾象历》，又著有《天文七政论》《六艺论》《驳许慎五经异义》等，共计百万余言。

综观郑玄一生，其未在仕途上显达，而专精学术，站在通学的立场上，对各家学说取长补短，融合为一，整而齐之。郑玄既不迷信前人，以人蔽己；也不刚愎自用，以己蔽人，而能做到不盲从、不苟合，冲破经学认识的局限，挣脱今古文师法的羁绊，完成今古文的融会贯通，纳汉代经学于一途，使儒学有了一片前景亮丽的新天地。

王肃与《孔子家语》

汉魏之际，郑学是一代显学，郑君徒党遍天下，士人学者多从之。郑学对消解今文经、古文经的门户之见有着无可替代的作用。但郑学也不是尽善尽美的。郑玄不是思想家，其经学多训诂，缺乏哲学思辨，始终逃脱不出传统经学的窠臼。从某种意义上说，郑玄将经学统一的同时，也标志着汉代经学走向了衰亡与终结。郑玄虽然简化了经学的学术体系，但其中也掺杂着很多谶纬的内容，且有过多的训诂之辞，表现得十分烦琐。此后，如果继续以“传经”“注经”的形式来推进经学发展，已是相当困难。

《三国志·魏书·高柔传》中记载了高柔的上疏：“昔汉末凌迟，礼崩乐坏，雄战虎争，以战阵为务，遂使得儒林之群，幽隐而不显。”因战火连绵，汉魏之际的儒学一度消沉，从中央到地方的官方经学传授系统基本瘫痪，经学只能在世家大族中以家学的形式传授。直到曹魏政权建立，官方经学逐渐恢复，儒学的情况才得以好转。这时最为瞩目的，当数几乎是处处与郑玄作对的王肃以及以其为代表的王学。

王肃幼承父教，家学渊源深厚。王肃在很小的时候就广博地学习各种儒家经典，研究汉代的经学注疏，很快就精通了贾逵、马融等人的学说。据《三国志·王肃传》记载：

肃善贾、马之学，而不好郑氏，采会同异，为《尚书》《诗》《论语》《三礼》《左氏》解，及撰定父朗所作《易传》，皆列于学官，其所论驳朝廷典制、郊祀、宗庙、丧纪、轻重，凡百余篇。时乐安孙叔然，受学郑玄之门，人称东州大儒。征为秘书监，不就。肃集《圣证论》以讥短玄，叔然驳而释之，及作《周易》《春秋例》《毛诗》《礼记》《春秋三传》《国语》《尔雅》诸注，又注书十余篇。

王肃经过多年的学习和钻研，形成了自己的治学风格。其为《尚书》《诗经》《论语》《三礼》等儒家典籍作注解，并撰定父亲的遗著《周易传》。王肃不仅遍注群经，还伪造了《孔子家语》为自己的学说立论。据《隋书·经籍志》记载，王肃的著作共计20余种，在数量上丝毫不输给郑玄。

王肃师承过荆州学派大师宋衷。荆州学派是两汉儒学向魏晋儒学过渡的重要环节，他们崇尚古学，但又不拘泥于此，意在求新。《三国志·刘表传》裴注引《英雄记》："州界群寇既尽，表乃开立学官，博求儒士，使綦毋闿、宋忠等撰《五经章句》，谓之《后定》。"荆州学派的领袖是荆州牧刘表，其雄踞长江中下游，是相对独立的地方政权。刘表着意改变郑学烦琐、支离的弊端，提倡简约清晰、阐明义理的新学风。荆州诸儒改定《五经章句》的经学新作《五经后定》，正是这种经学新倾向的代表作，可惜后来散佚了。宋忠即宋衷，其注解过扬雄的《法言》《太玄》，也开启了魏晋"儒玄双修"的端绪。

与郑玄不慕名利不同的是，王肃非常热衷于政治。其父王朗去世后，王肃承袭官爵，历任散骑常侍、领秘书监、崇文馆祭酒等职，在职时，多以儒学观念为据匡谏时政。正始年间，王肃更是卷入政治旋涡，无法自拔。当时大将军曹爽专权与司马氏争夺朝政。王肃的女儿嫁给了司马昭，所以，王肃是坚决站在司马氏这一方的。后来，司马懿设计杀害曹爽，赢得了这场争斗的胜利。王肃成了功臣，晋升为太常，总领五经博士。王肃借此机会把自己一系列的儒家经典注疏及他父亲王朗所著的《易传》，都列入学官。王学的学术地位一跃而起，独占鳌头。

王肃在注疏义理时，处处与郑玄作对，郑玄采用古文说，他就采用今文说驳之；郑玄采用今文说，他就采用古文说驳之。以注释训诂《诗经》为例：郑玄若从"三家诗"，王肃则从《毛传》，或自出己说。反之，郑玄若从《毛传》，王肃则又据"三家诗"以驳；在阐释诗义时，郑玄若从经学角度言《诗》，王肃则从文学角度以诗言《诗》，而当郑玄从文学角度以诗言《诗》，王肃则从《毛传》教化之意。当然，学术意见的相左可以相互辩难攻伐，王肃也纠正了郑玄的不少荒诞之说，弥补了郑学的疏漏，但若没有一以贯之的理论指导，统统反其道而行，又不能提出合理的见解，这样的反驳就会走向极端。

皮锡瑞在《经学历史》中说"王学出而郑学衰"，主要也不是因为王学对郑学在学术上的超越，而是凭借政权，将王学地位无限抬高。甘露元年（256），高贵乡公曹髦幸临太学，问难博士经义。这件事在《三国志·三少帝纪》中有详细记载，曹髦先讨论《周易》，在他的穷究之下，博士淳于俊“不能答”。然后，曹髦接着问《尚书》，问郑玄和王肃的说法，谁的正确？博士庾峻答：“先儒的说法，各有其侧重之点。我们做臣子的不好说哪个正确，哪个不正确。不过按《洪范》的说法，应该以王肃的说法为优。”曹髦又追问了新问题，庾峻则以王肃“奉尊师法”为理由直接挡了回去，对皇帝毫不客气。从中可以看出，王学已占据了太学的学术阵地。

王肃为驳倒郑学，还不惜假借孔子名义，曲意篡改《孔子家语》。《孔子家语》在《汉书·艺文志》中列《论语》之后，共27卷。其性质与《论语》近似，记载了孔子及孔门弟子的言行。今本《孔子家语》共44篇，如《王言解》《贤君》《辩政》《哀公问政》集中记载了孔子的政治见解，《观周》《辩乐》集中记载了孔子论乐，《问礼》《论礼》集中记载了孔子论礼，《致思》《弟子行》集中记载了孔子的教育思想。

今本《孔子家语》有王肃注，王肃认为，《孔子家语》与自己的学术观点“有若重规叠矩”，便为之作注。但王肃在其中新增了许多内容，其增饰的目的，无非是为其学说辩护，或别有用心地大唱反调，让郑玄出丑。但王肃所注《孔子家语》并非伪书，1973年，河北定县八角廊汉墓出土了与《孔子家语》内容相似的竹简，1977年，安徽阜阳汉墓又出土了与《孔子家语》有关的简牍，《孔子家语》是汉魏孔氏家学的产物，在儒学史上有一定的价值，我们应客观视之。

名教与自然

玄学是儒、道思想相融合的产物。魏晋士人为求自保的生活态度，使得他们在个体精神需求上，更倾向老子和庄子。士人们从老庄学说中寻找到了可以逃避混乱现实社会的依据，如无名之道和有名之器、名教自然、言意之变、有无体用等，他们就这些问题展开全方位的论辩，以自然、社会、人的性情、人的思维为对象，在方法上既摆脱了今文经的穿凿附会，也跳出了古文经拘泥于名物考证的弊端，更取代了两汉以来日益神化的天人感应之学。当这些问题上升到抽象思辨高度，进入到哲学的本体论、认识论和方法论中，便获得了新的学术生命力。

玄学是在对《论语》《周易》《老子》《庄子》等经典的注疏中，通过假经典立新意，以阐释求创新的方式建立起来的。其方法是援儒入道，儒道兼综，对儒道的核心理论体系进行会通。最具代表性的是何晏的《论语集解》和王弼的《周易注》。

何晏、王弼的主导思想，都是以无为本。《晋书·王衍传》曾有概括：

> 魏正始中，何晏、王弼等祖述《老》《庄》，立论以为：天地万物皆以无为本。无也者，开物成务，无往不存者也。阴阳恃以化生，万物恃以成形，贤者恃以成德，不肖恃以免身。故无之为用，无爵而贵矣。

何晏以“有之”为有，乃本于无，“无”是“有”的根本。王弼则以“以无为本”为宇宙观，以“静为躁君”为动静观，以“得意忘言”为认识论，把两汉以来的“王道之三纲，可求之于天”的神学政治论，精练为“名教本于自然”的玄学本体论。

何晏的《论语集解》“集诸家之善”，力排汉儒的烦琐学风，以简明为长，注重阐释义理。何晏把道家的虚静无为之道，说成是圣人的最高德行。如解释“志于道，据于德，依于仁，游于义”，以“道”为不可企及，“德”“仁”方及于现实人事，只有使心保持虚静，方能领悟。这就是把孔子的政治伦理之道解释为道家的虚无本体之道。何晏把孔子、老子看作是等同的，认为圣人都可以体道、体无，任其自然，援道入儒，以道为本，不过是把孔子老子化了而已。

王弼在《周易注》中，不用象数，一变汉人的支离烦琐，而以老子思想解《易》，开一代新风。和郑玄一样，王弼注《易》也以费氏《易》为底本，但王弼从哲学层面出发，从言与意的思辨理性上释《易》，首先肯定卦辞、卦象对于卦意的作用，达意要通过象，明象要通过言，而“得意而忘言”“得意而忘象”，一切主旨都在于“意”。

何晏、王弼对儒学在理论上的改造，使儒学不必拘束于具体的政治教化的讨论，而能抽象为名教、自然。刘熙《释名·释言语》：“名，明也。名实使分明也。”“教，效也。下所法效也。”“名教”相和，即“使名实分明而为下所法效”，强调名实，即仁义礼法等儒家伦理规范。而“圣人贵名教，老庄明自然”，“自然”反对的，正是伦理道德对人的限制与约束。

阮籍、嵇康提出“越名教而任自然”，他们先是对“名教”提出猛烈的抨击：

六经以抑引为主，人性以从欲为欢。抑引则违其愿，从欲则得自然。然则自然之得，不由抑引之六经；全性之本，不须犯情之礼律。因知仁义务于理伪，非养真之要术；廉让生于争夺，非自然之所出也。（嵇康《难自然好学论》）

嵇康认为，“六经”的抑引功能是违背人性的。人性应是顺自然的“欲”和“愿”。嵇康对儒家的名教进行了辛辣的抨击，认为社会祸乱的根源在于名利，而名利又源自名教。真正的君子应该是：

夫称君子者，心无措乎是非，而行不违乎道者也。夫气静神虚者，心不存矜尚；体亮心达者，情不系于所欲。矜尚不存乎心，故能越名教而任自然；情不系于所欲，故能审贵贱而通物情。物情通顺，故大道无违；越名顺心，故是非无措也。（嵇康《释私论》）

“心无措乎是非”是超脱物质世界的逍遥至境，实现“无措”的办法是去除

（明）仇英《竹林七贤图》（局部）
此图描绘了竹林七贤聚会的场景。

“矜尚”和“所欲”，而“矜尚”和“所欲”的产生，正是由于“六经”讲求的仁义“抑引”自然人性。君子心不存乎矜尚，就能做到超越名教的束缚而一任人性；情不系于欲念，就能明贵贱之分而与万物一体。

阮籍也一样。他在《大人先生传》里说：“汝君子之礼法，诚天下残贼乱危死亡之术耳！而乃目以为美行不易之道，不亦过乎！”礼法即名教。阮籍指斥名教是“残贼乱危死亡之术”，世俗君子却把它奉为美行不易之道。那么，真正的君子是怎样的呢？

君子者何也？佐圣扶命，翼教明法，观时而行，有道而臣人者也。因正德以理其义，察危废以守其身。故经纶以正盈，果行以遂义，饮食以须时，辩义以作事，皆所以章先王之建国，辅圣人之神志也。见险虑难，思患豫防，别物居方，慎初敬始，皆人臣之行，非大君之道也。（阮籍《通易论》）

值得思考的是，阮籍的君子理想仍带有浓厚的儒化色彩。实际上，阮籍、嵇康之“越名教而任自然”，所要越出的是司马氏的虚伪化名教；所要任从的是自然真淳的状态。他们是借老庄之自然理想来寄托他们在现实中失落的君子理想。因此，反“名教”并不是反儒学，而是对儒学在否定中的肯定。正如鲁迅说的那样，他们“实在是相信礼教到固执之极的”。由此我们看，避世隐居、特立独行、难与俗人相处的嵇康，在死之前托孤于和光同尘的山涛，又留有《家诫》叮嘱后辈谦恭礼让，做正统的儒家士大夫而不必睨世纵放，也就不足为奇了。

南学与北学

历史上有南朝、北朝的对峙，在当时，儒学也有南学、北学的不同。关于南朝儒学发展的概况，见《南史·儒林传序》记载：

逮江左草创，日不暇给，以迄宋、齐，国学时或开置……盖取文具而已。是时乡里莫或开馆，公卿罕通经术……大道之郁也久矣乎。至梁武创业，深愍其弊，天监四年，乃诏开五馆，建立国学，总以五经教授，置五经博士各一人……馆有数百生，给其饩廪，其射策通明经者，即除为吏，于是怀经负笈者云会矣……武帝亲屈舆驾，释奠于先师先圣……济济焉，洋洋焉，大道之行也如是。及陈武创业，时经丧乱，衣冠殄瘁……天嘉以后，稍置学官，虽博延生徒，成业盖寡。

南朝宋、齐、梁、陈，儒学最盛时在梁朝。刘宋时有大儒雷次宗，既好儒，又好佛。宋齐时有礼学家王俭、刘献。由刘宋入齐，卒于梁的大儒有伏曼容，兼通《毛诗》《论语》及《周易》、老庄玄学；严植之，精通《孝经》《论语》；崔灵恩，精通“三传”“三礼”；何佟之独学“三礼”。还有齐梁之际的周弘正，“尤善儒、道”。梁陈之时的张讥，既是玄学高手，亦是经学大家。

北方少数民族入主中原，战乱频频，但各朝皆重儒学，以“三皇五帝治化之典，可以补王者神智”（《魏书·李先传》）。他们尊孔、崇礼、立太学、置“五经”博士，儒学遂盛行于北方。大儒有刘献之，撰《三礼大义》《三传略例》《注毛诗序义》；徐遵明，撰《春秋义章》；李炫，为国子博士，撰《三礼义疏》《三传异同》《周易义例》；樊深，“经学通赡，每解书，尝多引汉、魏以来诸家义而说

（唐）孙位《高逸图》（局部）
此图刻画出了魏晋士大夫“高逸风度”的共性，又刻画出了他们的个性。

之”（《周书·樊深传》）；沈重“阴阳图纬，道经释典，靡不毕综”（《周书·沈重传》）。由此看来，北朝儒学并非不可观之。

《北史·儒林列传》中有一段话指出，南学、北学的第一个不同点是经注的不同。

大抵南北所为章句，好尚互有不同。江左，《周易》则王辅嗣，《尚书》则孔安国，《左传》则杜元凯。河洛，《左传》则服子慎，《尚书》《周易》则郑康成。《诗》则并主于毛公，《礼》则同遵于郑氏。南人约简，得其英华；北学深芜，穷其枝叶。考其终始，要其会归，其立身成名，殊方同致矣。

江左，指南朝。南朝经学除《诗经》、“三礼”用郑注外，《周易》用王弼注，《尚书》用伪孔安国传，《左传》用杜预注。王弼《周易注》是“不守家法，师心自用”；《尚书》伪孔安国传兼采各家之义；杜预注《左传》少“汉师怪迂之谈”，还有《论语》多用何晏集解，以阐发义理为要。

河洛，指北朝。在北朝经学中，《周易》《尚书》《诗经》、“三礼”、《论语》《孝经》都用郑注，只有《左传》用服虔注，服注也是多本郑学之义。《世说新语·文学篇》中记载了一次针对南学、北学的讨论，指出南学、北学的第二个不同点，是治经方法的不同。

褚季野语孙安国云：“北人学问，渊综广博。”孙答曰：“南人学问，

清通简要。”支道林闻之，曰：“圣贤固所忘言。自中人以还，北人看书，如显处视月；南人学问，如牖中窥日。”

刘师培在《南北学派不同论·南北文学不同论》中指出：“北方经术，乃守东汉经师之家法者也。南方经术，乃沿魏晋经师之新义者也。盖北方大儒，抱残守缺，不尚空言，耻谈新理。江左自永嘉构乱，古学消亡，故说经之徒，喜言新理。”《隋书·儒林传》概括南学的特点是：“南学简约，得其英华。”指其承袭魏晋玄学的风尚，讲经兼采众说，既有取于郑学，也取于王学，不墨守一家一派，能够随意发挥。《隋书·儒林传》概括北学的特点是：“北学深芜，穷其枝叶。”指其学风保守，在章句训诂上下功夫，博赡严谨。余嘉锡在《世说新语笺疏》中解释道：“北人博而不精，南人精而不博。”认为南学也有缺点，其容易任意发挥，欠缺翔实；北学则抱残守缺，烦琐拘泥，呆板而无创新。

南学、北学的第三个不同点，是传习方式的不同。南学不重家法、师法，大儒们既没有不同学术流派的藩篱，也没有严格的师传系统。南学的学术观点多是众人清谈、辩论出来的，交流时不拘一格，思想更不限一说，故而多有创新。北学则不然，北学既有太学、家学的授课，如卢氏一门，卢景裕、卢思道、卢辩等名儒众出，更有儒生聚众教授、私学讲诵，如徐遵明，据《北齐书·儒林列传》记载：“凡是经学诸生，多出自魏末大儒徐遵明门下。”故而北学儒生之势，在北朝后期，反而超过了南学。

颜之推与《颜氏家训》

《颜氏家训·序致》有论：

三代而上，教详于国；三代而下，教详于家。……王路陵夷，礼教残缺，悖德覆行者，接踵于世，于是为之亲者，恐恐然虑教敕之亡素，其后人或纳于邪也，始叮咛饬诫，而家训所由作也。

三代之后，家学兴起，其原因一是官学不兴，二是儒家教化观的提倡，以修身、齐家、治国、平天下，世家大族传有家戒、家训，多为人处世之道，以垂训后代子孙，如刘向《戒子歆书》，马援《戒兄子严、敦书》，郑玄《诫子益恩书》，诸葛亮《诫子书》等。

以北齐颜之推的《颜氏家训》为"古之家训，以此为祖"（陈振孙《直斋书录解题》），"篇篇药石，言言龟鉴，凡为人子弟者，可家置一册，奉为明训"（王钺《读书丛残》）。颜之推深思熟虑，以家训为书，全书7卷，共《序致》《教子》《兄弟》《后娶》《治家》《风操》《慕贤》《勉学》《仗章》《名实》《涉务》《省事》《止足》《诫兵》《养生》《归心》《书证》《音辞》《杂艺》《终制》20篇，涉及内容极广，包括教育、伦理、社会、历史、文学、文字、民俗等。

《颜氏家训·序致》开篇即言：

夫圣贤之书，教人诚孝，慎言检迹，立身扬名，亦已备矣。……吾今所以复为此者，非敢轨物范世也，业以整齐门内，提撕子孙。

……吾家风教，素为整密。

……故留此二十篇，以为汝曹后车耳。

古代圣贤们的书是教人行忠孝的，说到要言语谨慎、行为庄重自持、立身扬名等道理。颜之推回忆过往，颜氏门风素来谨严，但颜之推9岁丧父，其兄性格温和，严厉不足，故而使其养成了一些不好的习惯，待到年龄渐长便改不掉了。颜之推希望后世子孙不要再犯这样的错误，写《颜氏家训》的目的，就是整顿门风，警醒后辈。

颜之推先论家庭教育：

一是要从幼小做起。《教子》："当及婴稚，识人颜色，知人喜怒，便加教诲，使为则为，使止则止。"当孩子知道辨认大人的脸色，明白大人的喜怒时，就开始加以教诲；《勉学》："人生小幼，精神专利，长成已后，思虑散逸。固须早教，勿失机也。"人在幼小的时候，精神专注敏锐，长大成人后，思想容易分散，因此要及早教育，不可坐失良机。

二是要一视同仁，不可偏爱。如姜氏爱公叔段，以致共叔段"多行不义必自毙"。《教子》中有："有偏宠者，虽欲以厚之，更所以祸之。"

三是要以身作则，境教为先。《治家》："父不慈则子不孝，兄不友则弟不恭，夫不义则妇不顺矣。"父亲如果不慈爱，子女就不会孝顺；哥哥如果不友爱，弟弟就不会恭敬；丈夫如果不仁义，妻子就不会和顺。所以，父亲、兄长、丈夫要率先垂范，言传身教，带头树立良好家风和道德形象，否则上梁不正，下梁必歪。

四是要勤俭持家，以农为本。孔子言："奢则不孙，俭则固。与其不孙也，宁固。"（《论语·述而》）奢侈则僭越不逊，节俭则简陋不及。与其僭越不逊，宁肯简陋不及。好的家庭是"稼穑而食，桑麻以衣。蔬菜之畜，园场之所产；鸡豚之善鸭，栏圈之所生。爰及栋宇器械，樵苏脂烛，莫非种植之物也。（《颜氏家训·治家》）像孟子的"五亩之宅"一样，颜之推描绘了一个田园与庭院相结合的耕稼树艺、饲养六畜的农业经济蓝图。

颜之推又论以学为本。"夫学者犹种树也，春玩其华，秋登其实；讲论文章，春华也，修身利行，秋实也。"（《颜氏家训·勉学》）颜之推打了个比方，学习就像种树，春天可以观赏花朵，秋天可以收获果实。谈论文章，加深体会，如同春花；修身养性，为人谋利益，如同秋实。而当时社会上的恶习就是：

士大夫耻涉农商，差务工伎，射则不能穿札，笔则才记姓名，饱食醉酒，忽忽无事，以此销日，以此终年。或因家世余绪，得一阶半级，便自为足，全忘修学；及有吉凶大事，议论得失，蒙然张口，如坐云雾；公私宴集，谈古赋诗，塞默低头，欠伸而已。有识旁观，代其入地。（《颜氏家

训·勉学》)

许多士人耻于从事农业商业，又缺乏手工技艺方面的本事，让他射箭连一层铠甲也射不穿，让他动笔仅能写出自己的名字，整天酒足饭饱，无所事事，以此消磨时光，以此了结一生。还有的人因祖上的荫庇，得到一官半职，便自我满足，完全忘记了学习的事，碰上有吉凶大事，议论起得失来，就张口结舌，茫然无所知，如堕云雾中一般。在各种公私宴会的场合，别人谈古论今，赋诗明志，他却像塞住了嘴一般，低着头不吭声，只有打呵欠的份。有见识的旁观者都替他害臊，恨不能钻到地下去。

所以说，学习的根本目的是什么？

所以学者，欲其多知明达耳。

读书学问，本欲开心明目，利于行耳。（《颜氏家训·勉学》）

读书能打开心智，扩展视野，进而指导为人处世。读书是万世不易之道，“若能常保数百卷书，千载终不为小人也”（《颜氏家训·勉学》）。若保有百卷书籍，就是再过千年，也始终不会沦为小人的。可惜的是，“古之学者为人，行道以利世也，今之学者为己，修身以求进也”（《颜氏家训·勉学》）。古人学习是为了履行儒家救世之道，利于世事，今人学习是为了修身求晋升之阶。很显然，颜之推是推崇古之为学的。

颜之推又论修身为本。其在《名实》中讲，人要有名有实，“立名者，修身慎行”，但最高的境界是“忘名者，体道合德”；在《涉务》中讲，要学以致用，“士君子之处世，贵能有益于物耳”，君子立身处世，贵在能对旁人有益处；《省事》讲做事要合度；《止足》又讲“少欲知足”等。最后，颜之推在《终制》中告诫子孙，“汝曹宜以传业扬名为务”，应以传承家业、播扬名声为己任，又回到了其作《颜氏家训》之本意。

从“五经定本”到《五经正义》

《贞观政要·崇儒学》有载：

贞观四年，太宗以经籍去圣久远，文字讹谬，诏前中书侍郎颜师古与秘书省考定《五经》。及功毕，复诏尚书左仆射房玄龄集诸儒重加详议。时诸儒传习师说，舛谬已久，皆共非之，异端蜂起，而师古辄引晋、宋已来古本，随方晓答，援据详明，皆出其意表，诸儒莫不叹服。太宗称善者久之……颁其所定书于天下，令学者习焉盍。太宗又以文学多门，章句繁杂，诏师古与国子祭酒孔颖达等诸儒，撰定《五经疏义》，凡一百八十卷，名曰《五经正义》，付国学施行。

“五经”文字自汉武帝以来，从未系统校定，因师法、家法各异，今文、古文不同，在文字上产生了很多讹误。汉宣帝石渠阁大会、汉章帝白虎观会议，都是试图在思想上解决分歧，却未注意到文字问题。唐太宗让颜师古做的，是对此前的“五经”文字进行一次大清理。

颜师古选校《周易》《尚书》《毛诗》《礼记》《左传》为“五经定本”，呈献给唐太宗。贞观七年（633），唐太宗“颁其所定书于天下，令学者习焉”（《贞观政要·崇儒学》），“五经定本”遂成为中央官学至地方州县各级学校的标准教科书。由此，颜师古完成了“五经”文字的统一。当“五经”文字固定下来，不再产生因文句不同而解释各异的弊病，对“五经”的传授和研究，就有了一致的依据。

在颜师古“五经定本”后，唐太宗又命孔颖达、颜师古为首，一同编撰《五经正义》，“颖达与颜师古、司马才章、王恭、王琰受诏撰《五经》义训凡百余篇，号

《义赞》，诏改为《正义》云”（《新唐书·儒学传》）。唐太宗将该书命名为《五经正义》。同编修者尚有多人，如“《周易》则马嘉运、赵乾叶，《尚书》则王德韶、李子云，《毛诗》则王德韶、齐威，《春秋》则谷那律、杨士勋，《礼记》则朱子奢、李善信、贾公彦、柳士宜、范义郡、张权”（皮锡瑞《经学历史》）。皆是当时儒学的一流人才。贞观十六年（642），《五经正义》书成奏上。但因孔颖达总揽全书，分别为各《正义》作序，其功最高，故署名独标孔颖达。《五经正义》共180卷，具体为《周易正义》14卷，《尚书正义》20卷，《毛诗正义》40卷，《礼记正义》70卷，《春秋左传正义》36卷。

孔颖达在编撰《五经正义》时，摒弃偏见，广采博览，于众学中择优而定一尊。具体做法是：在众多经注中，选择一家优秀的注释作为标准注本，然后对经文注文详加疏通阐释。《正义》的体例是：首先列出经文、注文，接着串讲经文大意，然后再解释注文。《五经正义》为了说明注文，往往旁征博引古籍，引用大量史料来诠释，又详于文字训诂。这样讲疏，层次清楚，释义分明，繁而有要，齐全周详，就像老师上课的讲义一样。

《周易正义》，孔颖达选用了王弼的《周易注》作为官定注本。但对各家义疏“去其华而取其实”，撷取汉代象数易学中的积极成分，坚持“取象”“取义”相结合的原则，试图将两汉象数易学与魏晋义理易学统一起来。进一步说，就是有选择地采纳汉代易学的“取象”观，灵活多样地解释易卦的形成、卦名的由来及卦爻辞义，用以修正、改造、补充王弼的“取义”说。

《尚书正义》，以东晋梅赜所献的孔安国伪《尚书传》及伪《古文尚书》58篇为注本。孔颖达认为，古文经学虽流行较晚，但其“其辞富而备，其义弘而雅，故复而不厌，久而愈亮”《尚书正义序》，于是，这本伪书就这样成了官方经典。直至今日，伪《古文尚书》仍保存在通行本《十三经注疏》中。

《毛诗正义》，以《毛诗》为底本，采用郑玄的笺加以疏解。后世论《毛诗正义》，“能融贯百言，包罗古义，终唐之世，人无异词”（《四库全书总目提要》）。

《礼记正义》，孔颖达采郑注，以皇侃的义疏为主要底本。在《礼记正义序》中，孔颖达解释道，《仪礼》重点在于“仪”，不在于“礼”；《周礼》主要内容是设官分职，也是“仪”的问题。只有《礼记》讲的是理论，只有很好地解决了理论问题，才能更好地去履行“仪”。从这个意义说，《礼记》为本，《仪礼》《周礼》都为末。

《春秋左传正义》，《春秋》是史官记事的史书，然在记事之中，有礼法存焉，即通过叙事寓褒贬，通过褒贬来宣礼法，这是《春秋》的思想。孔颖达为什么在《春秋》三传中，唯独选中《左传》？孔颖达认为，自汉以来，颇有兼取《公羊》《穀梁》以解释《春秋》者，但相互抵触较多，只有杜预取《左传》解释《春秋》，将《春秋》经文按纪年配合在《左传》前面，使经、传前后浑然一致。就这样，《左传》取得了解释《春秋》的正宗地位。

因《五经正义》注疏出自多人，前后难免有互相抵牾之处，据《新唐书·儒林传》记载：

虽包贯异家，为详博，然其中不能无谬冗。博士马嘉运驳正其失，至相讥诋。有诏更令裁定，功未就。永徽二年，诏中书门下与国子三馆博士、弘文馆学士考正之，于是尚书左仆射于志宁、右仆射张行成，侍中高季辅就加增损，书始布下。

终贞观之世，《五经正义》一直在修订。在修订的过程中，孔颖达、唐太宗相继去世了。直至唐高宗永徽四年（653）才告结束，颁布《五经正义》于天下，“每年明经依此考试。自唐至宋，明经取士，皆尊此本。夫汉帝称制临决，尚未定为全书；博士分门授徒，亦非止一家数；以经学论，未有统一若此之大且久者”（皮锡瑞《经学历史》），《五经正义》遂成为钦定的科举考试参考书。

皮锡瑞在《经学历史》中，还有论：

自《经义》定本颁之国胄，用以取士，天下奉为圭臬。唐至宋初数百年，士子皆谨守官书，莫敢异议矣。故论经学，为统一最久时代。

此后沿至宋代，明经科取士，试题与经义皆以此为标准。可以说，“自《五经定本》出，而后经籍无异文；《五经正义》出，而后经义无异说”（马宗霍《中国经学史》），经文必须依据《定本》，义疏必须依据《正义》，以往各派的异文异说一律废止。经学至此达成统一，对后世影响甚巨。

韩愈的“道统”论

韩愈以儒学立身。其《上宰相书》中自称，“所读皆圣人之书，扬、墨、释、老之学无所入于其心。其所著皆约六经之旨而成文，抑邪与正，辨时俗之所惑”。又在《答李翊书》中说，“始者非三代、两汉之书不敢观，非圣人之志不敢存”。韩愈以经书为本，以孔孟为榜样，对墨家、道教、佛教皆持贬斥态度。韩愈在中年思想成熟时，连续写下《原道》《原性》《原毁》《原人》《原鬼》五篇文章，皆是有感于儒学衰微所作。

《原道》一文最为要紧，标志着儒家道统论的正式提出。

周道衰，孔子没，火于秦，黄老于汉，佛于晋、魏、梁、隋之间。其言道德仁义者，不入于杨，则入于墨；不入于老，则入于佛。入于彼，必出于此。入者主之，出者奴之；入者附之，出者污之。噫！后之人其欲闻仁义道德之说，孰从而听之？老者曰：“孔子，吾师之弟子也。”佛者曰：“孔子，吾师之弟子也。”为孔子者，习闻其说，乐其诞而自小也，亦曰吾师亦尝师之云尔。不惟举之于口，而又笔之于其书。噫！后之人虽欲闻仁义道德之说，其孰从而求之？

……

曰：“斯道也，何道也？”

曰：“斯吾所谓道也，非向所谓老与佛之道也。尧以是传之舜，舜以是传之禹，禹以是传之汤，汤以是传之文、武、周公，文、武、周公传之孔子，孔子传之孟轲，轲之死，不得其传焉。荀与扬也，择焉而不精，语焉而不详。由周公而上，上而为君，故其事行。由周公而下，下而为臣，故其说长。然则如之何而可也？

韩愈提出的“道统”论有三个基点：

其一，韩愈提出“道统”以反佛。韩愈回顾历史，认为秦汉以来，异端迭起，秦始皇焚烧《诗》《书》，黄老学说盛行，佛教盛行于晋、魏、梁、隋。儒学被埋没，道统隐而不继，甚至连孔子，都被说成是释迦牟尼或老子的弟子。而佛教“子焉而不父其父，臣焉而不君其君，民焉而不事其事”，空疏虚妄，背离伦理，应该废止。

元和十四年(819)，唐宪宗把法门寺所藏的一块佛骨迎入宫中供奉，又令各寺庙轮流供奉。对此韩愈表示强烈反对。其马上进谏，指出这是“伤风败俗，传笑四方”的丑事，要求“以此骨付之有司，投诸水火，永绝根本，断天下之疑，绝后代之惑”，在韩愈看来，“佛本夷狄之人，与中国言语不通，衣服殊制，口不言先王之法言，身不服先王之法服，不知君臣父子之情”(《论佛骨表》)，佛教是夷狄的法术，夷狄与中国言语不通，衣服样式不同，嘴里不讲先王留下的合乎礼法的道理，身上不穿先王规定的合乎礼法的衣服，更不懂得君臣仁义、父子之情。所以，应该把佛骨彻底毁掉，以断绝天下人的疑虑，杜绝后代人的迷惑。

其二，“道”即为仁、义之道。

博爱之谓仁，行而宜之之谓义，由是而之焉之谓道，足乎己无待于外之谓德。仁与义为定名，道与德为虚位。故道有君子小人，而德有凶有吉。

……凡吾所谓道德云者，合仁与义言之也，天下之公言也。

……以之为人，则爱而公；以之为心，则和而平；以之为天下国家，无所处而不当。(《原道》)

在韩愈看来，儒、佛、道三者都讲“道”“德”，但只有儒家讲的是有意义的。儒家的“道”“德”是仁、义之说，而佛、道正好相反。佛教是“必弃而君臣，去而父子，禁而相生养之道，以求其所谓清净寂灭者”，道教的“老子之所谓道德云者，去仁与义言之也”，都是抛开了仁、义说的。

儒家讲仁、义的书有《诗经》《尚书》《周易》《春秋》，体现仁、义的是礼仪、音乐、刑法、政令，仁义教予的伦理是君臣、父子、师友、宾主、兄弟、夫妇。韩愈又以“博爱”释“仁”，这是对孟子“亲亲而仁民，仁民而爱物”的发挥；以“行而宜之”释“义”，强调做事不逾矩，仁、义并行，使自己能具备完美的修养，对其他的人和事，都能用公心。

（五代·南唐）周文矩《明皇会棋图》（局部）
此图描绘了优人向唐玄宗进谏的情形。

其三，“道统”即圣人相传。

古之时，人之害多矣。有圣人者立，然后教之以相生相养之道。……如古之无圣人，人之类灭久矣。何也？无羽毛鳞介以居寒热也，无爪牙以争食也。（《原道》）

圣人之道的传授系统是尧、舜、禹、汤、文、武、周公、孔、孟，自孟子以后，圣人之道失传。圣人行教化之道，“有圣人者立，然后教之以相生养之道”，“为之礼以次其先后，为之乐以宣其抑郁，为之政以率其怠倦，为之刑以锄其强梗”。制定礼仪，以分别尊卑秩序；制作音乐，以宣泄内心情感；制定政令，以督促那些懒散的人；制定刑罚，以铲除那些强暴之徒。这些都是圣人的功劳。

其四，韩愈对荀子、扬雄有所贬低，原因是两人“择焉而不精，语焉而不详”，未能完全担当传道的重任。按照孟子总结的“千年一圣，五百一贤，圣贤未出，其中有命世者”的规律，韩愈俨然以孟子的继承者自居，自言：

释老之害过于杨墨。韩愈之贤不及孟子。孟子不能救之于未亡之前，而韩愈乃欲全之于已坏之后。呜呼，其亦不量其力且见其身之危莫之救以死也。虽然，使其道由愈而粗传，虽灭死万万无恨。（《与孟尚书书》）

孟子不能在先王之道完全灭亡以前进行补救，而韩愈却想在儒家经典被毁之后恢复原貌，虽是自不量力，但也要竭尽所能，“寻坠绪之茫茫，独旁搜而远绍，障百川而东之，回狂澜于既倒”（《进学解》）。

柳宗元、刘禹锡的“天”论

韩愈、柳宗元相识，源于两家是世交。韩愈的长兄韩会是柳宗元父亲柳镇的朋友，因而，柳宗元时以长辈称韩愈。事实上，韩愈只长柳宗元五岁，两人算是同龄人。从贞元二年（786）到贞元十一年（795），韩愈曾在长安十年，而柳宗元除短期随其父出行外，大部分时间也一直在长安。两人交往甚多，常有诗文来往，个人之间的友谊相当深厚。但两人在儒学思想上，却有着分歧。如韩愈有鬼神之论，柳宗元却驳斥天命之说。

柳宗元曾写《天说》，上半部分引述韩愈关于天的说法，下半部分以自己的观点辩说。

韩愈谓柳子曰：“若知天之说乎？吾为子言天之说。……今夫人举不能知天，故为是呼且怨也。吾意天闻其呼且怨，则有功者受赏必大矣，其祸焉受罚亦大矣。子以吾言为何如？”

韩愈的这些话，据说是在贬为阳山令时，向柳宗元私下说的牢骚话。韩愈说出了自己对“天道”不公的不满，也流露出对“天意”的怀疑。但他的基本观念还是肯定“天”是有意志、能行赏罚的。

柳宗元却不这么看，柳宗元认为，这是韩愈心中愚昧之言：“子诚有激而为是耶？则信辩且美矣。”接着说出自己的观点：

柳子曰：“……彼上而玄者，世谓之天；下而黄者，世谓之地；浑然而中处者，世谓之元气；寒而暑者，世谓之阴阳。是虽大，无异果蓏、痈痔、草木也。假而有能去其攻穴者，是物也，其能有报乎？蕃而息之者，其能有怒乎？

天地，大果蓏也；元气，大痈痔也；阴阳，大草木也。其乌能赏功而罚祸乎？功者自功，祸者自祸，欲望其赏罚者大谬；呼而怨，欲望其哀且仁者，愈大谬矣。子而信子之仁义以游其内，生而死尔，乌置存亡得丧于果蓏、痈痔、草木耶？”（《天说》）

其一，柳宗元主张自然、物质的天，反对意志、主宰的天。天地、元气、阴阳，与瓜果、疮疖、草木一样，都是物质的，它们的变化都是自然现象。《天说》的姊妹篇《天对》中有：

皇熙亹 ，胡栋胡宇！宏离不属，焉恃夫八柱！……

平施旁运，恶有谷汜！……

燬炎莫俪，渊迫而魄，遐违乃专，何以死育！

元阴多缺，爰感厥兔，不形之形，惟神是类。

天本来广大无边，运作不息，哪里要靠什么八柱来支撑？太阳在天上往复运行，太阳的光焰强烈无比，月亮靠近它时，就见到背面暗淡无光；月亮远离它时，就见到正面光亮，哪里有什么死后复生？月亮上有许多缺损，那阴影使人感觉像是兔子，其实那不是真正的兔子，而只是和兔子的神态相似。柳宗元否定了许多创世神话，认为一切有关的传说都是荒诞的臆测，根本不值一提。

其二，万物生成，依靠元气。见《天说》所论：

鸿灵幽纷，曷可言焉！曶黑晰眇，往来屯屯，庞昧革化，惟元气存，而何为焉！

日月昼夜，交替运行，永不停息，宇宙从蒙昧混沌的状态变化发展产生万物，是因为有元气在的缘故。哪里是由谁造成的呢？

其三，天人各行，互不干预。《荀子·天论》说“天行有常，不为尧存，不为桀亡”，天行自有规律，不会因人而存亡，与人间的贫病灾祸也没有必然联系，那是人自己造成的。柳宗元继承了荀子的思想，认为“功者自功，祸者自祸”，有功劳的人自然会有功劳，有灾祸的人自然会有灾祸。

柳宗元的密友刘禹锡，又续作《天论》三篇。

余之友河东解人柳子厚作《天说》，以折韩退之之言，文信美矣，盖有激而云，非所以尽天人之际。故余作《天论》，以极其辩云。

刘禹锡认为，柳宗元的《天说》大概是激于愤慨而作，还未能详尽地论述天人关系。所以其作《天论》，是为了更透彻地辩明这个问题。

第一，天为有形之大，人为万物之长。它们都是物质存在的一种状态，是由统一的“气”构成的。刘禹锡还认为，大凡入于形器的东西，都有所能和有所不能。天有它不能到达的地方，人也有其不能实现的地方。所以，天和人是分列并立的。

第二，天、人虽然分列，但可以相互补充。比如，天暖使万物生长，天寒使草木凋谢，水火各有自己的作用，木料坚实但不如金属锋利，年轻的人健壮、年老的人迟钝等，这一切都是天的作用；至于春种秋收，开矿冶金，伐木成材，用仁义来制约强横，制礼来分别尊卑，这些都是人的作用。

第三，刘禹锡提出“天与人交相胜，还相用”的观点。天理，指的是自然界混乱无秩序的状态，这个状态所遵循的原则是弱肉强食；人理，指的是社会等级尊卑秩序及其一系列的伦理道德规范。举例子，在旅途中，强有力者可以先喝到泉水，先占据休息的地方，对这种情况，圣人也没有办法，这就是天胜；在城市或者村庄，住华丽的房子、吃精美的食品的，多是贤者，而强而有力的人是没办法竞争的，这就是人胜。但这并不是一成不变的，在旅途中，如果大家能懂得是非，讲究礼让，也会是人理取胜；在城市乡村，抛弃礼让，混淆是非，也会是天理取胜。

刘禹锡完成《天论》后，送给了柳宗元。柳宗元读后又写了《答刘禹锡〈天论〉书》，认为《天论》乃《天说》的“传疏”，二者在原则上“无异道焉”，实乃一个学派的言论。之后，两人还曾在天人关系等问题上进行过一些辩论。但随着柳宗元47岁病逝于柳州，这场关于“天”的讨论，也就终止了。

儒佛之争

佛教自东汉传入中国，便想与儒学各占其半，平分秋色。许多西域僧人来到中国，他们翻译了大量的佛经，并规定戒规，形成禅法。一时间，佛教僧侣和信徒越来越多。佛教作为一种外来的宗教，在其传入过程中，难免要与本土文化产生剧烈冲突。

特别是从儒家立场看，佛教的传入带来了一些重大的原则性问题。首先，佛教僧侣背离父母，有失孝养之道；其次，出家弃妻子，或终身不娶，断绝子嗣，与“不孝有三，无后为大”观念相违，故称之有“绝种之罪”；再次，佛教有剃发之仪，与“身体发肤，受之父母，不可毁伤”之说也不相容。简而言之，儒家批评佛教的焦点，集中在出家与人伦孝道的关系上，实质上是两种异质文化的根本性冲突。

唐朝初年，皇室对佛教持兼容并包的态度。唐太宗曾对僧侣们说，唐建国以来建造了许多佛寺，说明国家是偏爱佛教的，甚至在贞观元年（627），就将唐高祖的旧宅改为寺庙，常令设斋行香。尤其在唐玄奘自西域取经回来后，唐太宗更是积极支持佛家的译经工作，给了佛教许多特权。

武则天曾在感业寺中当过女尼，接受了佛经中“以女身当王国土”的注解，认为自己就是该做皇帝的那个女身，并由此优待佛教。即位之初，武则天便宣布“佛”居于第一位，后来又规定在朝廷集会时，佛教弟子在前，儒、道两家在后。这种集会时的前后次序，未必完全等同于国家政治的实际状态，但它至少给了佛教一种表面上的满足感，儒佛之争，仿佛是佛教取得了暂时胜利。

佛教形成了相对独立的寺院经济，并享有免征徭役的特权。不但僧众不列入国家户籍之内，就连寺庙中的没有出家的杂役人员也不算国家的正式户，称“白徒”，是可以免征各种税役的。因此，当时穷困无靠的贫民纷纷出家甚至宁可给寺院充当奴役以逃避各种苛捐杂税。但这直接导致了国家劳动人口的大量减少，极大影响了财政收入，对国家政权来说，这无疑是一个巨大的损失。更甚的是，皇帝笃信佛教，大肆兴建寺庙、佛塔，虚耗国力；同时，僧侣界又竞相奢淫，这些都引起了非议。

儒佛之间的矛盾，在安史之乱后彻底爆发。拥有重兵的藩镇割据一方，明目张胆地和朝廷对抗。长达数年的战争过后，大唐王朝失去了以往大一统的气象，再也没能恢复往日的蓬勃朝气。之后几代皇帝，也不去振兴朝纲，他们迷信方术、服药、崇道，享受歌舞升平，沉湎酒色之间，政务都废弛了。老百姓生活在水深火热中，灾害、瘟疫、战乱，贪官污吏的巧取豪夺，都让他们不堪重负。

面对这样的现实，有良心的官吏、学者、文人不能不有所作为。因痛感社会崩溃、朝廷腐败、人心陷溺、道德沦丧的危机，他们积极地去寻找救世良方。这救世的良方就是恢复传统的儒学，用上古三代的淳厚的民风来重整纲纪，安定社会。

当战乱平定，国子监祭酒萧昕上言：

崇儒尚学，以正风教，乃王化之本也。（《旧唐书·礼仪志》）

强调儒学教育是国家政治的根本，只有从太学培养出来的人才才能成为国家栋梁。唐代宗听从了建议，下诏曰：

理道同归，师氏为上，化人成俗，必务于学。……朕志求理体，尤重儒术，先王大教，敢不底行。顷以戎狄多难，急于经略，太学空设，诸生盖寡。……今宇县攸宁，文武兼备，方投戈而讲艺，俾释菜而行礼。四科咸进，六艺复兴。……军将子弟欲习业者，自今已后，并令补国子生。（《旧唐书·礼仪志》）

大历年间，恢复了正规的太学，宰相以下的朝廷官员、军队将领的弟子都可以成为太学生。后来又恢复了春秋两季拜祭国学的礼仪。

礼部侍郎杨绾建议改革考试制度，其上疏：

（明）丁云鹏《三教图》
从唐朝始，儒、释、道走向了融合。

进士科起于隋大业中，是时犹试策。高宗朝，刘思立加进士杂文，明经填帖，故为进士者皆诵当代之文，而不通经史，明经者但记帖括。又投牒自举，非古先哲王侧席待贤之道。请依古察孝廉，其乡闾孝友信义廉耻而通经者，县荐之州，州试其所通之学，送于省。自县至省，皆勿自投牒，其到状、保辨、识牒皆停。而所习经，取大义，听通诸家之学。（《新唐书·选举志》）

强调国家选拔官吏一定要选那些习诵儒学、德行好的人。但现在的弊病在于，士人们只诵读当代的诗作和文集，又结党朋比，博取虚名。杨绾建议取消“道举”，只设孝廉一科，以经义为考试内容，这样来改变士人的风气，在野的修德进业，在朝的知道廉耻，社会才会逐渐安定。在当时，杨绾的建议得到了大多数人的认可，但由于积习难改，未能马上废除旧科目，而是道举、孝廉两者并行。

唐德宗继位后，宰相陆贽继续倡导儒学教育的改革。其基本精神就是要儒者不以诗文华丽为能，而以通晓儒经为最高，通晓儒经不以记诵经书文字为能，而以通晓经义为最高。只有这样，由通晓经义进达孔孟之道才能做君子之儒。这本是儒家的固有思想，但在当时的政治生活中却有着特别迫切的现实意义。也正是在陆贽担任科举考试的主考官时，录取了韩愈、李绛等著名的儒者。之后，复兴儒学的浪潮终于达到了高峰。

恰恰在此时，佛教也遭遇了横祸。唐武宗“恶僧尼耗蠹天下，欲去之”，在会昌年间，先令僧尼中的犯罪者和违戒者还俗并没收其全部财产。僧尼不论有牒无牒，皆要还俗；一切寺庙全部禁毁；所有废寺的铜像、钟磬皆铸为农具，甚至还将拆佛寺所得的木料用来修缮太庙。据记载，唐武宗灭佛的结果是：

废毁大、中寺院四千六百多所，小的庙宇四万多处；

还俗僧尼、回乡为民的，二十六万零五百人；

没收肥沃良田若干万顷；

解放寺奴，十五万人。

这样一下子，佛教就失去了繁荣的客观条件。之后，不立文字的禅宗开始破除佛教的仪轨戒律，主动吸收儒学的伦理道德，开始促使佛教的儒学化。至此，儒佛之争暂时画上了句号。

隋唐士族

自汉代时就开始发展的士族多是文化贵族，依靠累世的家族势力，世世为官宦，代代修明经。他们以“经明行修”而进身通显，与儒家的经学、礼教和家法结下了不解之缘。到了隋唐，士族门第众多，《新唐书·宰相世系表》中说：

唐为国久，传世多，而诸臣亦各修其家法，务以门族相高。其材子贤孙不殒其世德，或父子相继居相位，或累数世而屡显，或终唐之世不绝。

士族重视对子女的家教，恪守儒家的伦理，习读儒经，传承儒学。

隋及唐初，最繁盛、延续时间较长的士族有高阳许氏、琅琊颜氏。高阳许氏在汉代，就出了任九卿的许毗；西晋时有许猛，“礼乐儒雅，当时最优”；南朝时有许懋，以研究《毛诗》成名，撰有《风雅比兴义》，还设坛讲学，后任国子博士，“旦领师说，晚而复讲”，经常听他讲学的有数百人。

隋唐之后，许氏士族出了名儒许善心。据《隋书·许善心传》记载：“于时秘藏图籍，尚多淆乱。善心仿阮孝绪《七录》，更制《七林》，各为总序，冠于篇首。又于部录之下，明作者之意，区分其类例焉。又追奏李文博、陆从典等学者十许人，正定经史错谬。”许善心曾任隋文帝秘书丞，负责整理国家藏书。他仿效古制，创制《七林》，以此法将图书分类。他还亲自撰写了总叙，放在每部书的篇首，又在部录之下对书的作者撰写意图做了评介。在整理的过程中，许善心发现不少图书有内容或文字上的谬误，之后，他便又联合一些学者对图书进行校勘，这为《隋书·经籍志》的编订奠定了良好的基础。其子许敬宗，曾任唐太宗时的宰相。

琅琊颜氏更是声名显赫。颜氏为颜回之后，曹魏黄初年间，颜氏迁居于琅琊临沂；西晋末年，族人随晋元帝渡江，居建邺。此后历东晋及南朝，至颜之推时，因战乱而迁北方。

颜氏世代传承儒学，以仁义为处世原则。颜之推的长兄颜之仪，践行孔子的“杀身成仁”，孟子的“舍生取义”。杨坚在夺取北周政权时，曾想方设法欲使之顺从，但颜之仪拒而弗从，厉声斥责，杀身之祸临头却毫无惧色。事后，杨坚也不得不称赞他：“见危授命，临大节而不可夺，古人所难，何以加卿。”（《北史·文苑列传》）

颜师古是颜之推的孙子，史称其“少传家业，博览群书，尤精诂训，善属文”（《旧唐书·颜师古传》），他博通经史，尤精训诂之学，曾奉命校定“五经”，唐太宗“悉诏诸儒议，于是各执所习，共非诘师古。师古辄引晋、宋旧文，随方晓答，谊据该明，出其悟表。人人叹服”（《新唐书·儒林传》），颜师古在问对时，能旁征博引，随言晓答，可见其学问精湛。颜师古之弟颜勤礼、颜相时也精儒学，擅训诂，三兄弟同为弘文崇贤博士，小弟颜育德亦参加校定经史的工作，“家擅学林，人游书史”，一时传为佳话。

此外，唐太宗曾开文学馆，荟萃了著名的十八学士作为他的智囊团。他们是：杜如晦、房玄龄、于志宁、苏世长、褚亮、姚思廉、陆德明、孔颖达、薛收、李元道、李守素、虞世南、蔡允兴、颜相时、许敬宗、薛元敬、盖文达、苏勖。

在这18人中，除孔颖达、盖文达公祖仕宦不显出身寒门，其余15人都来自名门士族。中唐之后，“唐之世家，自以郑氏、河东裴氏、京兆韦氏、赵郡李氏、兰陵萧氏、博陵崔氏六族为最，而郑、李人物尤著”（李慈铭《越缦堂读书记》）。

裴氏频频与皇室联姻，如裴寂之女为赵王元景之妃，裴居道之女为太子李弘之妃，而裴氏尚公主为驸马者，更是有9人之多。裴氏族人文化修养很高，有8人以门荫入仕，而通过明经、进士科举入仕的有28人。

韦氏更甚。有唐以来，韦氏2人为皇后，一是中宗韦皇后，二是懿宗宣懿皇后；有3人为皇妃，即太宗韦贵妃、肃宗韦妃和德宗韦贤妃；还有尚公主为驸马者8人。韦氏中亦有以学问著称的人。史称：

议者云自唐已来，氏族之盛，无逾于韦氏。其孝友词学，承庆、嗣立为最；明于音律，则万里为最；达于礼仪，则叔夏为最；史才博识，以述为最。（《旧唐书·韦述传》）

韦叔夏以精通礼仪知名，曾任太常博士。高宗去世，因旧仪废缺，他与中书舍人贾太隐、太常博士裴守真等草创撰定。后又撰定《仪注》，群儒推服，武则天器重他，特下诏命他专修吉凶礼仪，留有《五礼要记》30卷，流行于世。

博陵崔氏，在唐代出了15位宰相。其家族尚文崇儒，注重家教和门风。贞观年间，校书郎王玄度注解《尚书》《毛诗》，诋毁郑玄旧义，崔仁师"以玄度穿凿不经，乃条其不合大义，驳奏请罢之"（《旧唐书·崔仁师传》），最后，唐太宗依从崔仁师的建议，使玄度的注解废而不行。

还有出自崔氏旁支的，在清河的崔义玄精通章句之学，"五经"大意有疑惑不解或音韵不明者，其兼采众家都能为之解答。唐高宗曾请他参加讨论《五经》正义，与诸博士等评定是非。

赵郡李氏家族也保留着崇尚儒经、礼教的余风。唐初，赵州的李知本颇涉猎经史，事亲至孝，与弟知隐相处维睦，以至"子孙百余口，财物童仆，纤毫无间。隋末，盗贼过其闾而不入，因相诫曰：无犯义门"。连盗贼都知道其族人风范，可见其门风如此。

半部《论语》治天下

南宋罗大经撰有《鹤林玉露》，记载了这样一则故事：

赵普再相，人言普山东人，所读者止《论语》，盖亦少陵之说也。太宗尝以此论问普，普略不隐，对曰："臣平生所知，诚不出此。昔以其半辅太祖定天下，今欲以其半辅陛下致太平。"普之相业，固未能无愧于《论语》，而其言则天下之至言也。朱文公曰："某少时读《论语》便知爱，自后求一书似此者，卒无有。"

赵普虽不是武将，却读书不多，曾有人对宋太宗说："赵普不学无术，平生所学只有一部《论语》，其才能并不适合当宰相。"宋太宗却不以为然："我知道赵普读书不多，但如果说他只读过一部《论语》，我是不信的。"一次，宋太宗和赵普聊天，宋太宗随口问道："有人对我说，你只读过一部《论语》，是这样吗？"赵普也不隐瞒，说："我一生所知道的，确实没有超过《论语》的范围。之前，臣以半部《论语》辅佐太祖安定天下，现在，臣用半部《论语》辅佐您天下太平。"据《宋史·赵普传》记载，赵普去世后，家人打开书箱，里面确实只有一部《论语》。

宋太宗与赵普之事是否为真，已不可考，但我们能从这则故事中寻找到论语学的一些痕迹。《论语》编定后，汉代有《古论语》《齐论语》《鲁论语》《张侯论》等多种版本的区别，文字章句皆有差异，篇章数目各有出入。今传本《论语》20篇，共487章，但因古时无标点，各家的分章断句略有不同，或将两章合为一章，或将一章分为两章，各篇章数略有出入。东汉时，《论语》就成了"七经"之一，研究者有包咸的《论语章句》、郑玄的《论语训诂》等。后来又出了何晏集汉

（明）刘俊《雪夜访普图》（局部）
此图描绘出了宋太祖赵匡胤雪夜微服访赵普的故事。

魏《论语》研究之大成的《论语集解》。但因《论语》为语录体，没有明显的思想体系，故与其他儒经相比，其官方研究并不盛，民间则多以《论语》为开蒙之书。

《论语》中有许多为人处世之法，不仅在孩童时要学之，更要用一生践行之。

君子坦荡荡，小人长戚戚。（《论语·述而》）

君子乐天知命，俯仰无愧，光明磊落，不忧不惧，心胸宽广坦荡；小人心有私欲，驰竞于荣利，耿耿于得失，患得患失，忙于算计，又每每庸人自扰，疑心他人算计自己，故常陷于忧惧之中，心绪不宁。人生不如意之事十之八九，我们总要面对很多功名利禄、情感纷争的烦恼。一颗坦荡的心灵经过重重的考验，仍能宠辱不惊，这是处世练达洒脱和睿智的显现，更是一种心如止水的心灵涅槃。

人而无信，不知其可也。大车无輗，小车无軏，其何以行之哉？（《论语·为政》）

信用是待人做事的根本之道，就好像是牛车上的 ，马车上的 一样，没有了这两样，车子是不能走的。人与之相同，如果没有信用，也无法在社会上立足。

多闻阙疑，慎言其余，则寡尤；多见阙殆，慎行其余，则寡悔。言寡尤，行寡悔，禄在其中矣。（《论语·为政》）

要多听，有怀疑的地方则保留，讲话要谨慎，不要讲过分的话，就会很少有过错。多去看，对疑难的问题多采取保留的态度，不要有过分的行动，这样处世的时候就很少会后悔。这样子去谋生，随便干哪一行都可以，得到禄位的道理就在其中。

对于谨言慎行这一点，孔子自己也是身体力行，他曾说“予欲无言”，意思是，我不想说话了。弟子们十分不理解，如果您不说话，那么您怎么传述，我们怎么能理解您的意思呢？孔子是这样回答的，天从来不说话，四季照样运行，百物照样生长。当然，谨言慎行并非是为了避免失误，什么也不做，而强调的是把握分寸，不要鲁莽行事。

无欲速，无见小利。欲速则不达，见小利则大事不成。（《论语·子路》）

这里的“速”，指的并不是速度，而是做事的节奏。人生在世，如同船在水中顺水行进，其速悠悠，不必急于求成。我们做任何事情都应有自己的节奏，既不能太慢，也不能太快。速度太慢，容易半途而废；速度太快，容易急功近利。在坚持中，顺其自然地实现目标，只有如此，方能成功。

知之者不如好之者，好之者不如乐之者。（《论语·雍也》）

学习的时候要端正态度，辨明为谁而学，与其空想，不如投身浩瀚学海，只有静下心来，专注于知识的获取，才能真正有所成就。追求学问首先在于爱学、乐学，这才是关键。追求学问是一个艰难的过程，要敢于知难而进，所谓能力不够的人，是走在中途就停止下来，以能力不够画地自限，实际上是没有坚持到底的缘故。

子以四教：文，行，忠，信。（《论语·述而》）

要用四种东西作为自己的学习纲要，即文化知识，品德修养，忠诚笃厚，坚守信约。只有如此，我们才具有处世立业的资本，君子不器，只有用我们的执着与坚韧，不断用知识和技能来充实自身，努力使自己博学多识，具有多方面的才干，才能产生有涵养、仁义、诚信的优秀人格。

《论语》中还有许多治国为政之道，故而士人大夫多推崇之。

为政以德，譬如北辰居其所，而众星共之。（《论语·为政》）

德治的效果就像作为天旋转之枢纽的北极星那样，别的星辰都围绕着它转动。这就需要君王以仁德治己身，先行正己再选用有德行之人来管理国家。

政者，正也。子帅以正，孰敢不正？（《论语·颜渊》）

政就是正者管理不正者，而使之能正。下之效上，如影之随形，响之应声。上位者正了，下焉者谁敢不正？反之，上梁不正，下梁必歪；下梁歪了，就全部塌了。

道千乘之国，敬事而信，节用而爱人，使民以时。（《论语·学而》）

使用民力要依据时节，不要妨碍农事，要注意时节、季节，如此才会民和，年丰而民足国富。

由此看来，《论语》虽短小简易，但可阐释的理论内容极多。在两宋，论语学迅速发展，此前关于《论语》的研究著作仅有十几部，两宋却有200部之多，几乎是之前的20倍。尤其是在朱熹将《论语》定为“四书”一后，其成为科举考试的基本用书，更令儒生们不敢忽视。

范仲淹创义庄

我们对范仲淹的印象，多是《岳阳楼记》的“先天下之忧而忧，后天下之乐而乐”，他还曾在《上执政书》中表示“不以一心之戚，而忘天下之忧”，在《谢转礼部侍郎表》中直言“进则尽忧国忧民之诚，退则处乐天乐道之分”。他既心怀天下，又能安贫乐道。范仲淹素有大节，“与富贵、贫贱、毁誉、欢戚，不一动其心，而慨然有志于天下”（欧阳修《神道碑铭》），“必也读天下书，穷天下事，以为天下之用”（刘仲元《范文正公书堂记》）。由此可见其有以天下为己任的朗朗气概。不过，范仲淹的仕途颇为坎坷，虽然促成了庆历新政的推行，因为阻力太大，新政仅推行了一年零三个月就被废弃，他也被贬官外放。

范仲淹一生乐善好施，在时人中口碑极高。如他在泰州修筑海堰，防止海水倒灌农田；在苏州疏通河道、治理水患；又在青州为人民争取免税和减赋，为人民要求恤灾和纾困。《宋史·范仲淹传》评价他“为政尚忠厚，所至有恩”，所到之处，皆有惠民的德政。欧阳修《神道碑铭》称他“乐善泛爱”“临财好施”，做善事，不囤财为私利。钱公辅还写了《义田记》，记载其创义庄、立义田之事。

范文正公，苏人也，平生好施与，择其亲而贫、疏而贤者，咸施之。

方贵显时，置负郭常稔之田千亩，号曰义田，以养济群族之人。日有食，岁有衣，嫁娶凶葬，皆有赡。择族之长而贤者主其计，而时共出纳焉。日食人一升，岁衣人一缣，嫁女者五十千，再嫁者三十千，娶妇者三十千，再娶者十五千，葬者如再嫁之数，葬幼者十千。族之聚者九十口，岁入给稻八百斛。以其所入，给其所聚，沛然有余而无穷。屏而家居俟代者与焉；仕而居官者罢其给。此其大较也。

初，公之未贵显也，尝有志于是矣，而力未逮者二十年。既而为西帅，及参大政，于是始有禄赐之入，而终其志。公既殁，后世子孙修其业，承其志，如公之存也。公虽位充禄厚，而贫终其身。殁之日，身无以为敛，子无以为丧，唯以施贫活族之义，遗其子而已。

……

公之忠义满朝廷，事业满边隅，功名满天下，后必有史官书之者，予可无录也。独高其义，因以遗于世云。

范仲淹本就是苏州人，皇祐二年（1049），在其61岁时，在自己的家乡创立了义庄义田。其创立的目的，如其自言：

吴中宗族甚众，于吾固有亲疏，然以吾祖宗视之，则均是子孙，固无亲疏也。苟祖宗之意无亲疏，则饥寒者吾安得不恤也。自祖宗来积德百余年，而始发于吾，得至大官，若享富贵而不恤宗族，异日何以见祖宗于地下？今何颜以人家庙乎？故恩例俸赐，常均族人，并置义田宅云。（黄宗羲《宋元学案·高平学案》）

范仲淹幼时贫苦，还曾因母亲改嫁而改姓。在两岁时，他的父亲病逝。四岁时，他随母亲谢氏改嫁到山东邹平，依继父朱文翰之姓取名朱说。后离家自立，到商丘苦读五年，过着十分拮据的生活。直到三十而立才改回本姓。范仲淹不愿意自己的族人因孤贫无着有同样的悲惨遭遇，既然自己有了经济能力，就有义务“以济养群族”，“俸禄之余，宜以奉宗族”，以创立义田、义庄、义学。

范仲淹创义庄的规模不小，“义庄不得典买族人田土”，只能从族外购买田地。按照其次子范纯仁的奏文：

臣父仲淹，先任资政殿学士，于苏州吴、长两邑置田十余顷。其所得租米，自远祖而下诸房宗族，计其口数供给衣食及婚嫁丧葬之用，谓之义庄。（范纯仁《建立义庄规矩》）

范仲淹为了帮助穷困的族人，置办田地，通过租佃的方式经营，以其所得作为族中公产，并派有专人管理。而且，范仲淹制定了严格的分配原则，按照《文正公初规矩》，与《义田记》的记载略有出入。

（明）仇英《西园雅集图》（局部）
此图描绘了古代士人游戏翰墨的雅趣。

男女五岁以上者，每日逐房按照人口给米一升。

冬日每人给衣布一匹，十岁以下、五岁以上半匹。

每房可以给奴婢一人以米，但不给衣。

族人娶媳，初次给钱二十贯，再娶不给。

族人嫁女，初次给钱三十贯，再嫁给钱二十贯。

族中有丧葬，尊长先预支十贯，至办葬事时再给十五贯。次长预支五贯，葬事再给十贯。

遭遇各类灾荒，或处境窘迫时，可从义田收入中支出米粮钱财，予以救助。

一旦入仕，不再发给钱粮。

后来，为了鼓励族人向学又加了一条：

族中子弟参加科考，可以领取补贴十贯。

范氏义庄中还设有义学，子弟免费入学，此举的目的是提高族人的文化水平，希望范氏能成为书香门第，以治学传家。

范仲淹去世后，其子继续经营义庄，完善规约。实质上，范氏族人每日给米一升，每年给布一匹，只能维持基本的生活所需。大部分族人也不单纯依赖于此，而多有其他生活来源。义庄所发给的米、布之类，等同于宗族福利。但义庄在赡贫、助学、励官等方面都切实地取得了成效，在基本生活得到保障后，范氏族人还从事多个行当，范氏义庄设立后，“范氏无穷人”，故而能长盛不衰。

太极之学

周敦颐祖上“族众而业儒”，他的父亲是进士出身，周敦颐自幼习课，博览群书，又出入佛老，妙悟禅机。但他却惜墨如金，著述无多，仅有《太极图说》249字，《通书》2832字，其他诗文、书简、题记等3143字，总记不过6000余字而已。

周敦颐曾画有《太极图》，源于华山道士陈抟的易学系统。道家本有《太极先天秘图》，是历代道士修炼仙道的经验之总结，表达了道教对宇宙生成及其结构的基本看法。陈抟根据自己的实践经验，进一步细化为：从玄牝之门开始，通过炼精化气、炼气化神，以至化虚朝元、复归无极的修仙程序，撰写成文，名为《太极图》。道家看重的是切实的修炼程序，儒家所需求的是内容精湛、具有概括力和包容性的宇宙图式，以此为出发点，周敦颐将《太极图》进行改造，又作《太极图说》，以符合儒学的理论需要。

《太极图说》代表了周敦颐最精到的思想。其中提出的哲学范畴，如太极、动静、性命、善恶等，都成为后来宋明理学讨论的要点。

无极而太极。……太极动而生阳，动极而静，静而生阴，静极复动。一动一静，互为其根。分阴分阳，两仪立焉。……阳变阴合，而生、水、火、木、金、土。五气顺布，四时行焉。五行一阴阳也，阴阳一太极也，太极本无极也。

……无极之真，二五之精，妙合而凝。乾道成男，坤道成女。二气交感，化生万物。万物生生而变化无穷焉。

……唯人也，得其秀而最灵。形既生矣，神发知矣。五性感动而善恶分，万事出矣。……圣人定之以中正仁义而主静，立人极焉。故圣人“与天地合其

德，日月合其明，四时合其序，鬼神合其吉凶”。……君子修之吉，小人悖之凶。……故曰：“立天之道，曰阴与阳。立地之道，曰柔与刚。立人之道，曰仁与义。“又曰：”原始反终，故知死生之说。”……大哉易也，斯其至矣！

《太极图》共两段，前言天道，认为宇宙的最高层次是无极，其次是太极、阴阳、五行和万物。无极之真表现为太极元气，它不疾而速，不行而至，动而无动，静而无静，是以神应之性妙润万物的灵机。天地初始，混沌一片，后分阴阳。太极动而生阳，动到了极点就静下来，静而生阴，这就是宇宙。

后言人道，认为圣人仿太极而建立人极，天道是由阴阳二气构成的，因此人世间也要仿照阴阳、动静的运动。太极以阴阳变化为德，而人极以纯粹至善为德。人的终极是向善的，人的本性也是善的，现实中很多人由善变恶的原因，是因为欲望太多，人只有通过主静、无欲，守住善道、纯粹之道、从外面加强自身的修养，把易恶而复善作为道德追求，才能达到德的境界。

那么，何为“太极”？其理论支点有哪些？

“极”是顶点、尽头、极限，“太”是高、大，“极”加上“太”，表达了无以复加的极限、极点的观念。

第一个理论支点是河图、洛书。古人认为，《太极图》是在河图、洛书《天地自然河图》《天地自然之图》的基础上得来的，有的阴阳鱼顺时针转，有的阴阳鱼逆时针转，是因为理解不同。

第二个理论支点是《周易》的“一阴一阳谓之道”，即《周易·系辞上》：

《易》有太极，是生两仪，两仪生四象，四象生八卦，八卦定吉凶，吉凶生大业。是故法象莫大乎天地，变通莫大乎四时，悬象著明莫大乎日月。

万物皆为气，气分阴阳。宇宙万物皆由气构成，因而，宇宙万物皆分阴阳。阴阳相互包含，即阴中有阳，阳中有阴。阴、阳也分主次。阴中有阳时，阴为主；阳中有阴时，阳为主。两者又可以相互转化，处于不断的运动状态中。朱熹也说：“所谓动而阳、静而阴之本体也。然非有以离乎阴阳也，即阴阳而指其本体。不杂乎阴阳而为言耳。”《太极图说解》认为太极的本质，就是阴阳。

第三个理论支点是金、木、水、火、土之五行。见《尚书·洪范》：

五行：一曰水，二曰火，三曰木，四曰金，五曰土。水曰润下，火曰炎上，木曰曲直，金曰従革，土爰稼穑。润下作咸，炎上作苦，曲直作酸，従革作辛，稼穑作甘。

太极之学讲的是"阳变阴合而生水、火、木、金、土"。阳气的发动和阴气的顺应相配合，使宇宙万物得以具体化生为水、火、木、金、土五种性质的事物，及五种事物和五种性质之间相生、相克的关系。通过五行或五气的生克运动，就气候来说，会产生春、夏、秋、冬四季，四季循环不已。

第四个理论支点是《老子》中的"有生于无"。

天下万物生于有，有生于无。

作为"无"的"道"生出作为自然的"有"。太极之学还讲"有无相生"，不论宇宙出现天地万物之前或之后，"有无相生"的规律始终在起作用，万物之间的关系也是有、无统一的关系。

可以说，周敦颐的太极之学，"能挽回唐代、五代道士之谬说，而返诸周秦之道家，更援道家成说以释《中庸》《易传》诸词，不可不认为近代学术之一大转机，宋学启蒙思潮中之先导也"（陈钟凡《两宋思想述评》）。乃由道教而返于道家，形成了道家化之儒学，开启了宋明理学儒、道结合的先风。

邵 雍 与 张 载

邵雍是易学大家，后人多以其为预言家，原因是他著有《梅花易数》，乃是结合易学中的象学进行占卜的一部预测书。

辰年十二月十七日申时，康节先生偶观梅，见二雀争枝坠地。先生曰：“不动不占，不因事不占。今二雀争枝坠地，怪也。”

因占之……断之曰：观此卦，明晚当有女子折花，园丁不知而逐之，女子失惊坠地，遂伤其股。

这是《梅花易数》中一则典型的占测事例。在辰年十二月十七日的申时，邵雍去观赏梅花，看见两只麻雀为了争占树的枝头，相继跌落在地上。其言，“不行动不占测，没有什么事情不占测。现在两只麻雀为了争立树枝而落地，这很奇怪呀！应该有什么事情要发生了吧！”因此，邵雍以当时为基本信息，起卦占断，得出的结论是，第二天晚上会有一个年轻的女子来这里折花，有园丁撵她，女子惊慌失措，摔倒在地，伤了大腿。按照记载，这个预测应验了。后来，《梅花易数》被传得神乎其神。

其实从学理上看，邵雍是整合了自汉以来的《周易》象数义理，并试图建构起新的模式。其深入研究了阴阳、五行、八卦、六十四卦、天干地支、河图洛书等，提出了新的易象观、易数观、易理观。

邵雍的易象观，重视卦象中的卦德。如乾卦三连，其象为上、中、下三阳爻，是阳中之阳、强中之强之意象，故表示天体运行，春夏秋冬四时更替不止，任何力量都难以改变其规律性，故刚强而健全。

邵雍的易数观，重视数理的推演运算，“数起于万物的本质，天下之数根源于理”，还推算出了《一元消长图》。

邵雍的易理观，重视生生不息的变易，故此推出了数种占卜方法，如天时占、人事占、家宅占、屋舍占、婚姻占、生产占、饮食占、求谋占、求名占、求财占、交易占、出行占、行人占、谒见占、失物占、疾病占、官讼占、坟墓占等。

正是这些奇怪的占卜法，使得邵雍之学看起来非常神秘。更何况，邵雍不到40岁就隐居洛阳，终身不再出仕，故后世错把他当作算命卜卦的祖师爷，也不完全算贬低他。神宗熙宁十年（1077），邵雍去世，同年故去的还有生前名声亦不显赫的张载。

张载比邵雍小9岁，但两人未必相识。张载的著作较多，其主张“学贵致用”，对封建、宗法、军事、井田等问题，都进行过一番认真的探索，并且重视自然科学知识，注意到了当时天文、地理、历算、生物等知识，留有《正蒙》《西铭》《语录》《横渠易说》《经学理窟》等。

张载发展了周敦颐的太极阴阳论，并延伸至伦理纲常的层面，也就是从天道观过渡到了人学。

太虚无形，气之本体，其聚其散，变化之客形尔。

太虚不能无气，气不能不聚而为万物，万物不能不散而为太虚。循是出入，是皆不得已而然也。

知虚空即气，则有无、隐显、神化、性命通一无二，顾聚散、出入、形不形，能推本所从来，则深于易者也。（《正蒙·太和》）

张载认为“太虚即气”，太虚是气的最原始状态，是无形可见的，它的外延无限大，内涵却无限小，从而构成气至虚的本性。太虚之气处于一种幽冥的状态，但不是空寂，而是在整个宇宙空间飘忽不定。当太虚之气从散的状态转化为聚的状态时，就产生了天地万物，天地万物的千差万别也是由于气的不同凝聚状态而造成的。而且，太虚之气是“一物两体”，阴阳和合，两个对立面的交流感应，如此循环不已，就是宇宙演变的总规律。事物都是站在两端的基础上，才能成为事物，没有同异，就没有区别；没有屈伸，就没有发展；没有终始，就没有转化；没有有无，就没有存亡。这样才能构成多样性的世界。

以天象的变化举例来说：

浮而上者阳之清，降而下者阴之浊，其感遇、通、聚、散、结，为风雨，为雪霜，万品之流形，山川之融结，糟粕煨烬，无非教也。（《正蒙·太和》）

天空的阴气凝聚阻碍了阳气的流通，就相互激荡成为雨，下降到地面；阳气吸收了阴气，就形成云朵升向天空。所以，各种分布在天空中的云就是被风驱使流动，收敛聚集在一起没有消散的阴气。这些云，有时候聚集在很高远的天空，有时候则离地比较近，有时候聚集稀薄，有时候聚集厚实。由此，就形成了雷霆风雨雪霜等各种不同的现象。

此外，张载还以动植物举例：

动物本诸天，以呼吸为聚散之渐；植物本诸地，以阴阳升降为聚散之渐。物之初生，气日至而滋息；物生既盈，气日反而游散。至之谓神，以其伸也；反之为鬼，以其归也。（《正蒙·动物》）

动物本来受气于天，以呼吸与否，表现了生命从生长到死亡的渐变过程；植物本来受气于地，它的生命表现为随着春、夏、秋、冬四季的变化，而从繁荣逐渐转向枯萎的过程。如此，张载把广大无限的日月星辰、瞬息变化的云雨风雪，茫茫苍苍的大地、千姿百态的花草树木、种类繁多的虫鱼鸟兽都归为气聚的产物。

另一方面是“天地之性”的人学观。

人之刚柔、缓急、有才与不才，气之偏也。天本参和不偏，养其气，反之本而不偏，则尽性而天矣。性未成则善恶混，故亹亹而继善者斯为善矣。恶尽去则善因以成，故舍曰善而曰“成之者性也”。（《正蒙·诚明》）

张载从“太虚即气”的角度出发，对人的本性进行解释。人和世界上的一切事物一样，都是由太虚之气凝结而成的。但由于气扩散开来的状态万殊不一，所以每个人秉受的气不同，或得之清，或得之浊，或得之宽，或得之窄，或表现为有才能，或表现为无才能。张载把这种“性”叫“气质之性”，这是低层次的，并不完美，而完美无缺的“性”是“天地之性”，是高层次的，也就是人性本善的根源。

（明）陆治《半窗浓绿出生处》（局部）
此图描绘了古代士人的理想生活状态。

那么，什么是善呢？善就是仁义。人不能成为圣贤，不能从“气质之性”上升到“天地之性”，就是因为人没有“知礼成性”，没有“克己”，没有以刚毅坚强的道德力量，去遏制那些不合乎仁义之道的欲望。所以说，人需要“礼”的外在约束，再通过道德的锤炼，穷理尽性，把两者结合起来，才能变化气质，从而让自己的心性与天地合二为一，达到“天地之性”，培养出以躬行礼教为追求的完美人格。

二程与洛学

程颢字伯淳，后人称其为明道先生，俗称大程；程颐字正叔，后人称其为伊川先生，俗称小程。

二程出身于官宦世家，其高祖曾任宋真宗的老师，祖父曾为吏部尚书，二程的父亲更是做了几十年的官。程颢年少时代就博览群书，涉猎儒、道、佛三家之言。他曾受学于周敦颐，嘉祐二年（1057），程颢时年25岁就考取了进士，开始了官宦生涯，他做官颇有政绩，在朝廷中也很有名气。熙宁二年（1069），程颢回到了京城任职，但却因为反对王安石变法，八九个月就无法再待下去，只好回到洛阳赋闲。之后虽几次出入政界，也受到过司马光的赏识，却没什么大的举动。

程颐年少程颢一岁，他从小受到的教育及经历大致与程颢相似。但他对科举之业兴趣索然，对当官为宦也没什么兴趣。他多次说过，如果一个人一味地去追求官场的得失，就会出现这样一种情况：该做的不能去做，不该做的，却要勉为其难地去做，不能很好地发挥自己的才能，施展自己的抱负。与之相反，程颐对读书做学问倒是兴趣盎然，他30岁左右就聚众讲学，创立学派。不少学者慕名前来问学，投其门下。其后，他更是与其兄通力合作，提出了较为完整的性命道德之学。由于他们长期居住且讲学在洛阳，故二程之学又称为“洛学”。二程之学与后来的朱熹之学，合称为“程朱理学”，成为理学中的正统学派。

二程是嫡亲兄弟，尽管他们在一些细微观点上有所不同，但在重大问题上意见是高度一致的，故后人在论述时并不加以区分，而统称之。归结起来，二程都认为：

第一，理高于气，为一切之本。二程继承了张载“气化万物”的思想，认为一切见诸形体的事物开始都是由气化生的。

万物之始，皆气化既形，然后以形相禅，有形化，形化长，则气化渐消。（《二程遗书》）

各种事物的第一个由气化生后，就再也用不着气化，而是以形相禅，进入形化的状态。

二程是这样推论的：

陨石无种，种于气。麟亦无种，亦气化。厥初生民亦如是。至如海滨露出沙滩，便有百虫禽兽草木无种而生，此犹是人所见。若海中岛屿稍大，人不及者，安知其无种之人不生于其间？若已有人类，则必无气化之人。（《二程遗书》）

原来世界上并没有陨石，也没有麒麟，忽然世界上有了陨石，也有了麒麟，究其原因就在于气化生成了第一块陨石、第一只麒麟，这样陨石和麒麟就从“无种”变成“有种”，尔后第二块陨石、第二只麒麟以至于无穷的陨石、麒麟得以以形相禅，生生不息。以此类推，其他事物也同样始于气化，如大海之边的沙滩刚一长出来就有了海虫，如果不是气化，那么，它们是从哪里来的呢？在浩瀚的大海中，岛屿从海底中冒出来，如果不是气化，那它是怎么生成的呢？所以说，气是构成具体事物不可缺少的原始材料。

但是，气却不是世界最后的本源，二程在气之上安放了理，认为世界上的一切事物都是从理这里出去的，理是天地万物的最高准则，总管着自然和社会中的一切。

天下物皆可以理照，有物必有则，一物须有一理。（《二程遗书》）

“理”高度抽象，听不到、看不见、摸不着，感官也无法与之接触，但是，人心是可以与理相互感通的。人只有严格按照它来行动，才能取得成功。举个例子，我们通常都是用牛来干笨重劳累的农活，而骑着马赶路，这是因为牛的力气大，马行走迅速，发挥两者的特长；如果反过来，那就完全不得要领了。

第二，天人一本，仁包万物。在确定了“理”为世界本源的基础上，二程又提出了“天人本无二”的观点。这里说的“天”，是客观世界的统称；“人”，指的是主观自我。二程认为，客观和主观本来就没有区别，完全是一回事。而人能认识到这个道理，能和世间万事融汇，最关键的在于“仁”。

学者须先识仁。仁者浑然与物同体，义、礼、知、信皆仁也。识得此理，以诚敬存之而已，不须防检，不须穷索。（《二程遗书》）

在二程看来，“仁”是伦理道德的总称，是人的天性固有的，并不是从外面灌输进来的。因而，人不必舍己去客观世界寻找，只要“以诚敬存”，固守自己就可以了。如果守住了“仁”，那么就能和天地万物、伦理纲常浑然一体而毫无间隔，也就自然不会感觉有什么东西存在于“我”之外了，主观、客观的界限也就泯灭了，就不必再担心自己的行为有悖于万物之理，不必再处处检点自己的行为。因为自己已达到了最完善的境界，哪还有什么失误可言呢?

第三，格物穷理。人认识事物的主要任务就是明理，所以，二程提出了以格物穷理为主线的认识论。何为“格物”？就是与物合二为一，浑然一体，这与“仁者浑然与物一体”是一致的。何为“穷理”？就是要把握客观事物之理，进而认识天理。

格物穷理，非是要尽穷天下之物，但于一事上穷尽，其他可以类推。至如言孝，其所以为孝者如何，穷理如一事上穷不得，且别穷一事，或先其易者，或先其难者，各随人深浅，如千蹊万径，皆可适国，但得一道入得便可。所以能穷者，只为万物皆是一理，至如一物一事，虽小，皆有是理。（《二程遗书》）

那么，怎样才能格物穷理呢？二程认为，事就是物，物就是事，事与物是一样的，摆在人面前的也无非就是事或物，而且无论哪一件事、哪一个物，其中都有理的存在，所以说，格物穷理不是要把天下所有的事物都一一穷尽，而是只要在任何一事一物上穷理就行了，因为所有的理都是相通的，故而掌握了一个，就能通悟天下。究竟先从何事何物上穷理，要根据每个人的具体情况而定。天资好的可以“先其难者”天资差的；可以“先其易者”，而且什么方法都可以。条条大路通罗马，路的尽头都是一样的，并不限定要走哪条道。

但是，二程的这个观点是有明显缺陷的。因为如果知道了一件事物的理，就能穷尽天下，那么，也就不需要终身的学习、实践，来使自己成长，符合社会需求了。不过，二程的这些思想确实为南宋诸子，尤其是朱熹对“理一分殊”“格物致知”的讨论，起到了很好的启蒙作用。

（明）文伯仁《骊山吊古图》
行至骊山，怀古伤今。

三苏与蜀学

两宋理学多以地域区分，如张载是关中人，曾在此地广招弟子，传授其学，故以其为代表的学派称为关学；二程是洛阳人，故以其为代表的学派称为洛学；朱熹是江西人，故以其为代表的学派称为闽学。

而“蜀学”特殊一些，一是“蜀学”之名所出甚早，东晋常璩《华阳国志》中就有记载，“乃立学，选吏人子弟就学；遣隽士张叔等十八人东诣博士受七经，还以教授。学徒鳞萃，蜀学比于齐鲁。巴、汉亦立文学。”汉景帝末年，文翁为改变蜀地的蛮夷之风，一方面派遣士子到京师学习儒学，一方面还在蜀地中心的成都建立了郡学。这时候的“蜀学”并不指儒家的某一学派，而是指在蜀地的儒学传播以及由此带来的尚文好学之风。

二是在北宋中期之后，“蜀学”的形成，其实是从政治党争中的“蜀党”分化出来的，其代表人物是苏轼、苏辙两兄弟。尤其是与王安石的新学、二程的洛学的政治理念之争，“王安石以新说行，学者尚同，如圣门一贯之说僭也。先正文忠公苏轼首辟其说，是为元祐学人谓之蜀学云。”（李石《苏文忠集御叙跋》）可以说，当时的学派之争正是党派之争的反映。

严格意义上讲，三苏是苏氏蜀学。苏家是四川人，但苏轼、苏辙在嘉祐二年（1057）进士及第后，并未回到蜀地治学，而是四处游历，足迹遍布全国。但三苏的文章名震京师，耸动天下，以至家有其书，人以为师，故声名远播。

苏氏蜀学主要在理论创新。“他们会合着老庄佛学和战国策士乃及贾谊、陆贽，长于就事论事而卒无所指归；长于和会融通而卒无所宗主。……非纵横、非清谈、非禅学而亦纵横、亦清谈、亦禅学。实在不可以一格绳，而自成为一格。”（钱穆《宋明理学概述》）其继承旧有的蜀学传统，又杂有佛、老乃至纵横家的学说，是为杂学。

（明）仇英《东坡寒夜赋诗图》（局部）
此画描绘了苏东坡在王晋卿家，寒夜与侍儿春英赋诗吟咏，以琵琶和韵的情景。

全祖望《宋元学案》中单列“苏氏蜀学”，详细论之：

苏洵，字明允，眉州眉山人。年二十七始发愤为学，岁余举进士，又举茂才异等，皆不中。悉焚常所为文，闭户益读书，遂通六经、百家之说，下笔顷刻数千言。嘉祐时，与其二子轼、辙皆至京师，欧阳兖公得其所著书二十二篇，大爱其文辞，以为贾谊、刘向不过也。书既出，公卿大夫争传之，一时学者竞效苏氏为文章。以其父子俱知名，号为老苏。召试不就，除试校书郎。……先生晚而好《易》曰：“《易》之道深矣！汩而不明者，诸儒以附会之说乱之。去之，则圣人之旨见矣。”作《易传》未成。著有《谥法》、文集若干卷。

……

苏轼，字子瞻，老泉长子。……先生与弟辙，夙承家学，自谓：“作文如行云流水，初无定质，但行于所当行，止于所不可不止。”虽嬉笑怒骂之辞，皆可书而诵之。其体浑涵光芒，雄视百代，有文章以来，盖亦解矣。老泉作《易传》未成，命述其志。先生成《易传》，复作《论语说》。后居海南，作《书传》。又有《东坡集》四十卷、《后集》二十卷、《奏议》十五卷、《内制》十卷、《外制》三卷、《和陶》诗四卷。

……

苏辙，字子由，文忠弟也。……先生性沈静简洁，为文汪洋澹泊，似其为人，而秀杰之气终不可掩。王偁称其“心闲神王，学道有得”。又曰：“年益加而道益邃，道益邃而世事愈淡。”盖其名与兄东坡相上下。所著《诗传》《春秋传》《古史》《老子解》《栾城文集》并行于世。

苏氏蜀学的第一个特点是重《易》。蜀地本就有“易学在蜀”的传统，在周敦颐前作《太极图》的陈抟就是四川人，在蜀地的其他易学学者也是著作迭出。三苏合力撰写了《东坡易传》，又称《苏氏易解》，发挥了《周易》中“刚柔相

推”“爱恶相攻”“速近相取”“情伪相感”之义，又“多切人事”，强调内圣外王的自然之理与人事之功的结合。

苏氏蜀学的第二个特点是重佛、老。苏轼说：

道家者流本出于黄帝老子，其道以清静无为为宗，以虚明应物为用，以慈俭不争为行，合于《周易》“不思不虑”，《论语》“仁者静寿”之说。（苏轼《上清储祥宫碑》）

苏轼用道家理论与《周易》《论语》等儒经互相发明，论证二者之间的一致。他甚至指出“余以为庄子盖助孔子者。……庄子之言皆实予而文不予，阳挤而阴助之”（苏轼《滕县公堂记》），将庄子视为名义上批判孔子，而暗中维护孔子者。

苏辙认为，佛、老之道都可与儒家之道并行而不悖。他说：

老佛之道，非一人之私说也，自有天地而有是道矣。……道并行而不悖，泯然不见其际而天下化，不亦周孔之遗意也哉！（苏辙《历代论》）

苏氏蜀学主张儒、释、道合一，将老庄的道德之说与儒家的仁义之说结合：“合二者之论而得其说”。这种思想倾向在宋明理学中有很大的回应与影响。

苏氏蜀学的第三个特点是有纵横家的色彩。王安石说苏洵“有战国纵横之学”（王安石《英宗实录》），朱熹也说苏洵“早拾苏、张之余绪”，“自史中《战国策》得之，故皆自小处起议论”（《朱子语类》）。苏洵崇尚权变，认为“仲尼之说，纯乎经者也；吾之说，参乎权而归乎经者也”（苏洵《史论》）。他从纵横之学的角度论述了“六经”的形成，认为“六经”体现了圣人的权变思想。在苏洵看来，只有学习纵横之学，运用权变之术，才能取得成功。

朱熹与闽学

朱熹自小聪明颖悟，兴趣广泛，佛学、道家、文学、兵书，无所不读，思悟玄理未透，便不肯入睡，经常连续数夜穷究学问。朱熹19岁就中了进士，考官给了他很高评价，断言他非为常人，将来必出将入相，措置大事。在大家劝他多用力博取功名时，朱熹却以《孟子·滕文公上》中的“尧舜何人也？有为者亦若是”为座右铭，决心做圣人，可见其远大志向之所在。

朱熹30岁时，拜二程的再传弟子李侗为师，这是其思想上的转折点。此前，朱熹徘徊于儒家、佛教之间，无法决断。他在李侗门下10年，深受李侗思想的影响，参悟到要将经书所学见之于行事，不要只注重纯粹的思辨问题。出师后，朱熹曾上书大讲理论，希望能对国家大事的决策带来帮助。但是，宋孝宗对他的话丝毫不感兴趣，也没有授予他官职，朱熹只好返回故里，著书立业。在这之后的十几年间，是朱熹一生中著述的高峰，也是其思想的成熟期。

在40岁后，朱熹有了出来从政的一段时间。他首先被任命为南康令，虽然这不是朱熹的本意，但是他的友人劝他至少担当一任，他想了想也有道理，就出任了。朱熹在南康立庙祀，尊奉周敦颐，又建立白鹿洞书院，招收学生，推行系统的儒家教育。后来他转任浙江茶盐转运使，干了两年有余，又迁江西提刑。当时有人诋毁二程学派，存心对他不利，因此，他的仕途中断了。直至68岁，朱熹才再度出任潭州湖南安抚使。适逢朝中有人支持，朱熹得以被召见入朝。朱熹又借机向皇帝大讲理学之道，劝说皇帝读书穷理，居敬持志，做“存天理，灭人欲”的修养功夫。但是，让君王用理学思想禁锢人民、巩固统治还可以，怎么能让他们放弃钟鸣鼎食的富贵生活？朱熹的长篇大论早就惹恼了皇帝，朱熹在朝仅仅44天就被赶了出来。

朱熹一生历事四朝，仕途只有9年。但他为官清正，行为端庄，发扬了二程引君当道、尊王贱霸的儒学精神，希望能通过他的理学思想来限制君王无限膨胀的贪欲，以此逐渐走向王道统治。不幸的是，朱熹的学说在当时并没有得到认可，反而被视为“以匹夫窃人主之柄”的罪魁祸首，禁止了近30年。更为不幸的是，后来的君王又把他的牌位抬进孔庙加以供奉，并把他的学说僵化为麻醉人民的教条。程朱理学最为强调的本是独立思考和理论创造，而君王却用他们的学说来禁锢人们的头脑。所以，被后世所僵化的程朱理学，与朱熹本人的哲学思想绝不是一回事。

归结说来，朱熹的思想主要体现在以下六方面：

第一，由无极而至太极。朱熹主要通过解释周敦颐的《太极图》来阐发。

不言无极，则太极同于一物，而不足为万化之根，不言太极，则无极沦于空寂，而不能为万化之根本。（《答陆子美》）

朱熹把无极并入太极之中，它虽然看不见、摸不着，却是天地万物的造化之本。这实际上就是用“无”来形容“有”，把本体规定为既有即无、非有非无的东西，也就是有与无的辩证统一。

第二，理气同体。朱熹的理论创造，不在于把本体规定为“有”与“无”的统一体，而在于他用二程发明的“理”的学说来解释太极。

总天地万物之理，便是太极。（《朱子语类》）
太极之义，正谓理之极致耳。（《答程可久》）

在太极运行的过程中，气是充盈在天地之间的，“理”就在这些气中。“理”不离不杂，是先有天理的存在，才生成了万物。气是物质，理是精神；理是内核，气是载体。正是这些有“理”的本体，蕴藏着全宇宙的信息，这个信息通过造化的遗传作用，成为万物的自性，天之为天，地之为地，人之为人，物之为物，皆因“理”的造化之妙。总之，哪里有事物，哪里就有天理的运行。也正是因为有不生不灭、流行不已的天理，才有宇宙万象的神妙功用和物质世界的永恒运动。

第三，理一分殊。理是体现在气中的，而气又形成了天地万物，物物各得之为性，理之流行无所不在，也就是说“万个是一个，一个是万个”。朱熹在这里借用了佛教的说法，举了两个例子。

人物之生，天赋之以此理，未尝不同，但人物之禀受各有异耳。如一江水，你将勺去取，只得一勺；将碗去取，只得一碗；至于一桶一缸，各自随器量不同，故理亦随以异。

本只是一太极，而万物各有禀受，又自各全具一太极尔。如月在天，只一而已，及散在江湖，则随处而见，不可谓月已分也。（《朱子语类》）

第一个例子是，随物取量。有一江水，用勺子去取，就只能得到一勺；用碗去取，就能得到一碗；至于一桶一缸，各自随着器量不同也有差异。但是水中的理是一样的，因为是气凝滞而成为水，我们取得的水也都是在这一江里，所以无论多少水，其中都有理的存在。

第二个例子是，月映万川。理就好像是月亮，月亮一出来，所有的山川都映照在月光之中，在江河湖海中也就出现了很多的月亮，但这些月亮都是天上的那个月亮照出来的影子，尽管月影千变万化，但其本体也只是一个天上的月亮的理罢了。

第三，性分天命之性和气质之性。天命谓之性，性既是理。人从天理中所禀赋的一般本性是“天命之性”，人根源于天理，是至善的，但为什么还有善恶之别呢？那是因为后天的“气质之性”不同，禀气清者为贤为善，禀气浊者为愚为恶，故善恶不齐。

第四，人心分道心和人心。道心与天理对应，是理在心性上最全面的表现。道心出自性命之正，禀受仁义礼智之心，发而为恻隐、羞恶、是非、辞让，是善心的表达。人心则出于形气之私，主要表现为感官欲望、饥食渴饮之类。比如说，小孩子刚生下来的时候没有受到污染，即是理的直接表现，随着他的成长，外界的污尘逐渐地蒙昧了他的内心，这样道心就逐渐衰弱，而私欲逐渐增多，便形成了人心。

第五，居敬穷理。人可以通过心的修炼，让性合于天道，让修养合于天理。朱熹从“敬”的观念入手，提出人要收敛自己的内心，用道心来统摄万物。要用心守住天理，通过整齐、严肃、居敬的态度加强修养，消灭自我的私欲，回归到合于天理的善性。朱熹以物我同构、物我一理来说明，认为可以通过后天的修养和学习来探求和明了天地运行的大道理，可以通过穷究物理来开启心智，而穷究物理反过来又可以提高德行，两者相互促进，互为因果。

根据上述的理论建构，朱熹最后得出了“存天理，灭人欲”的说法。

天理存则人欲亡，人欲胜则天理灭。（《朱子语类》）

“存天理”，是人间要完全按照完美的天理来运行，而且，要把这个东西存在人的内心之中；“灭人欲”，指人欲是由人心所生出来的种种欲望，只有灭掉这些后天的私欲，才能实现人格的完美和道德的完美。

《大学》与士人培养

《大学》旨在说明“大学之道”。“大学”的“学”指“学问”，“大学之道”就是一个逐步提升精神境界的过程。对于这个过程，《大学》明确提出了两条最基本的道德修养原则，即“三纲领”说和“八条目”，也就是“明明德”“亲民”“止于至善”三纲，“格物”“致知”“诚意”“正心”“修身”“齐家”“治国”“平天下”八条目。

《大学》开篇提出了“大学之道，在明明德，在亲民，在止于至善”。朱熹把这三者称为“大学之纲领也”，可见其重要之处。

大学之道首先在“明明德”。“明”是明白和理解的意思，“德”是德行，“明德”是光明的德行，“明明德”强调的是要明白和彰显人自身固有的光明德行。那么，人为什么要“明明德”呢？因为人性是善的，任何人生下来，本身都具有善良的美德，但是，这些善良的美德，却经常因为身处芜杂的人世而被遮掩了。一个人要想完善自我品行，成就一番事业，就必须彰明自我的先天美德。于是，我们需要将各种遮蔽物去除。在此基础上还要修养仁、义、礼、智、信，明晓天下之道，再由自己所修之德推及天下之人。

其次在“亲民”。“民”是民众，“亲”是亲爱，是一种仁爱之心。所谓“亲民”，就是亲爱于民。

最后在“止于至善”。“止”是停止，是停于某处。对于士人君子来说，不是停止于一个一般的地方，而是停止于一个特别的地方，那就是要止于至善。至善是人在其存在中所能达到的最高和最远的地方。《大学》又将其具体化为：“为人君，止于仁；为人臣，止于敬；为人子，止于孝；为人父，止于慈；与国人交，止于信。”这是儒家关于人在现实世界中作为不同角色所应遵守的伦理道德规范。“止于至善”是《大学》的根本宗旨，也是对士人教育的最高的目的。

如果说“三纲领”是士人教育的目的，那么“八条目”则是实现士人教育的具体内容，也是达到教育目标的途径和方法。它涉及怎样进行教育、以什么来教育两大问题。

第一，格物、致知。

所谓致知在格物者，言欲致吾之知，在其物而穷其理也。盖人心之灵莫不有知，而天下之物莫不有理，惟于理有未穷，故其知又不尽也，是以《大学》始教，必使学者即凡于天下之物，莫不因其已知之理而益穷之，以求至乎其极。至于用力之久，而一旦豁然贯通焉，则众物之表里精粗无不到，而吾心之全体大用无不明矣。此谓物格，此谓知之至也。

指通过对事物的接触，更彻底地了解事物，以获取渊博的知识。站在儒家的视角，格物、致知的重心在于通过探究人伦事物的道理，以达到明辨善恶、知晓是非的目的。

第二，诚意、正心。

所谓诚其意者，毋自欺也。如恶恶臭，如好好色，此之谓自谦。故君子必慎其独也。小人闲居为不善，无所不至，见君子而后厌然，掩其不善，而著其善。人之视己，如见其肺肝然，则何益矣。此谓诚于中，形于外，故君子必慎其独也。

如果说，在格物致知时，心灵是指向外在的话，那么，在诚意的时候，它则回到了自身。“意”是心意，“诚”是真实。诚意意味着心意要诚实，要真实地显现自身，不要遮盖和欺骗自己。对于一个人的心意而言，是就是是，非就是非，不要是变成非，非变成是，不仅不要欺骗他人，更不能连自己也欺骗。一个人只有做到意念诚实，才能正心，保持其自身，不要被外物所支配。内心端正，能够有助于道德主体去除各种不良心绪的影响，不被世俗所蒙蔽，保持心灵的安静与纯洁，进而有助于在立身处世的过程中，获取理性的认知。

第三，修身。

所谓修身在正其心者，身有所忿懥，则不得其正，有所恐惧，则不得其正，有所好乐，则不得其正，有所忧患，则不得其正。心不在焉，视而不见，听而不闻，食而不知其味。此谓修身在正其心。

修身是联系格物、致知、诚意、正心和齐家、治国、平天下之间的关节点。它是对格物、致知、诚意、正心的总体概括，也是对齐家、治国、平天下内核的高度凝练。从根本上来说，修身就是不断提高自己的道德修养，去掉人自身的立场和视角，从事物自身出发，实事求是，爱其所爱，恨其所恨。

第四，齐家。

所谓齐其家在修其身者，人之其所亲爱而辟焉，之其所贱恶而辟焉，之其所畏敬而辟焉，之其所哀矜而辟焉，之其所敖惰而辟焉。故好而知其恶，恶而知其美者，天下鲜矣。

如果说，修身的中心还限定于个体自身的话，那么，齐家则考虑的是个体和他人的关系，并且，首先是与家庭其他成员的关系。齐家不是意味着让家庭或家族整齐如一，而是让其中的成员在一个结构中各在其所，恪守相互之间的既定关系。在家庭内部，子女要做到孝顺父母，兄弟姐妹之间要互相尊重，父母要慈爱自己的子女。只有协调好家庭关系，才能维护家庭的团结。

第五，治国、平天下。

所谓治国必先齐其家者，其家不可教而能教人者，无之。故君子不出家而成教于国。孝者，所以事君也；悌者，所以事长也；慈者，所以使众也。……一家仁，一国兴仁；一家让，一国兴让；一人贪戾，一国作乱：其机如此。此谓一言偾事，一人定国。……

所谓平天下在治其国者，上老老而民兴孝，上长长而民兴悌，上恤孤而民不倍，是以君子有絜矩之道也。

治国如同齐家，当齐家原则得到普遍贯彻的时候，治国的目的也就实现了。而治理天下所涉及的范围就更为广泛了，一切民族国家构成了“天下”，平天下也不过是将治理自己国家的原则，变成天下的普世原则，而已，平天下是让天下太平，让天下公平，也就是让天下大道流行，实现大同。

（宋）张择端《清明上河图》（局部）
此图描绘了古代人的日常生活。

《中庸》与人生哲思

“中庸”一词最早见于《论语》，由孔子提出“中庸之为德也，其至矣夫”！“中庸”不是一般的“德”，而是“至”德，孔子是将“中庸”作为人生的一种道德准则提出来的，也是孔子“仁”思想的一个重要组成部分。

子思为什么会以“中庸”为名，“中庸”的意义究竟是什么？郑玄曾说：“名曰《中庸》者，以其记中和之为用也。庸，用也。”“中”是中和、中正的意思，“庸”是常、用的意思，“中庸”就是以不偏不倚、无过无不及的态度为人处世。

子思作《中庸》一书，其主旨就在于修养人性，人们自觉地进行自我监督、自我教育、自我完善，努力培养自己的人格；并勉励每一个人，至诚无息，自强不止，达到至善、至仁、至诚、至道、至德、至圣，与天地共博厚、共高明、共悠久的至高境界。

那么，什么才是中庸之道呢？它主要包括两方面的内容：

中也者，天下之大本也。和也者，天下之达道也。
致中和，天地位焉，万物育焉。

一是尚“中”，即推崇中正不偏的道理。

中庸以中为用，即“执其两端，用其中”，要把握事物对立的两端，不是站在任何一端行事，而是权衡以用其中。这是认识事物、处理问题的一种正确方法，不偏不倚，恰如其分，凡事都不能做过了头，过头了就不会有好效果，偏激就会越轨，就会发生碰撞，谁走极端谁就会犯错误，正所谓过犹不及，而不及又会半途而废，一事无成，超过了度的“过”和未达到度的“不及”同样是错误的。

二是尚“和”，即强调事物的和谐统一。

“和而不同”是中庸所追求的理想境界。“和”就是要保持矛盾双方的和谐，使有差别的矛盾双方，相互协调地共处于一个统一体内，这个“和”实际上也是中庸，它以承认差异和矛盾的存在为前提，强调包容矛盾双方。“同”则指取消矛盾双方的差异，使之成为单一的、无差别的事物。“和而不同”的意蕴是，只有互相差别甚至矛盾对立的各种因素、各种事物之间相互依存、相互补充、相互推动，保持统一和谐的状态，才能达到完美理想的境界。要实现此目标，要注意并把握矛盾双方和谐统一的度，不要压制事物的任何一方，而是在其中寻找共同点，从而使双方都获得发展。

这些思想表现在生活中的任何一个角落，它无时无刻不在日常人伦的当下生活和家庭的安宁快乐之中显现。我们对一切事物的处理，与一切人的交往，都需要它。

但是，中庸之道说起来容易，做起来却难，因为聪明的人过于明白，以为不足行，笨拙的人又根本不懂，不知道怎样去行；有才智的人做过分了，而没有才智的人却又做不到。这就像人没有不饮不食的，但是很少有人能知道它的滋味。那么如何做，才能符合中庸之道的要求呢？

首先，要做到慎独自修。

道也者，不可须臾离也；可离，非道也。是故君子戒慎乎其所不睹，恐惧乎其所不闻。

莫见乎隐，莫显乎微。故君子慎其独也。

这就要求在自我修养的过程中，坚持自我教育、自我监督、自我约束。每一个人都要严格地、自觉地进行自我修养，尤其在一个人独处的时候，更应该谨慎地进行自我反省、自我约束、自我监督。在别人听不到的地方，讲话也十分谨慎，不说违背道德的话；在别人看不见自己行为的地方，也时时提醒自己，不做违背道德的事。

其次，要修炼至诚至性的性格，这是实施中庸之道的最重要的原则。

唯天下至诚为能尽其性。能尽其性，则能尽人之性。能尽人之性，则能尽物之性。能尽物之性，则可以赞天地之化育。可以赞天地之化育，则可以与天

（宋）张择端《清明上河图》（局部）
此图描绘了古代人的日常生活。

地参矣。

其次致曲。曲能有诚，诚则形，形则著，著则明，明则动，动则变，变则化。唯天下至诚为能化。

唯天下至诚，为能经纶天下之大经，立天下之大本，知天地之化育。

只有坚持至诚至性的原则，才能充分发挥自己善良的天性，才能感化他人，发挥他人的善良天性，借此发挥了万物的善良天性，辅助天地化育万物，达到至仁至善的理想境界。而且，每一个人应在现在所处的地位去做他应该做的事，而不应去做本分以外的事。处在富贵的地位，就做富贵地位所应该做的事；处在贫贱的地位，就做贫贱地位所应该做的事；处在患难的地位，就做患难地位所应该做的事。只要守道安分，无论处在什么地位都是自得的。只有这样，才是一种人生的从容、人生的勇敢，在此基础上，我们就能好学近乎智，力行近乎仁，知耻近乎勇，避害近乎哲，才是领会到了人生之道的真谛。

再次，要宽容，有容人之心、容事之度。

生活在这个社会中，要将心比心，互相谅解，互相宽容，要用自己的心去爱他人，用责备他人的心来责备自己，凡是别人加之于自己身上而自己不愿意做的，也就不要强加在别人身上。能做到尽己之心，推己及人，这就离为人处世的最高规范不远了。

最后，要重视知行合一。

这是一条重要的行事原则，不仅要"博学之，慎问之，慎思之，明辨之"，还要加上"笃行之"，前面的学、问、思、辨都是知识，而只有笃行，才可以把自己的知识转变为实践。人生的大道理虽然有很多，但对于任何一个人都是没有区别的，只要我们安之行之，就能到达人生的最高境界。

陆九渊：宇宙便是吾心

南宋思想界独领风骚的主要人物有两位：一是朱熹，一是陆九渊。朱熹年龄稍长，成名较早，而在朱熹理学规模初具，享誉江南时，陆九渊也创立了他独具特色的心学体系。自此，朱熹的理学、陆九渊的心学，如并峙双峰，各擅胜场。

《陆九渊集》中有这样一段记载：

先生自三四岁时，思天地何所穷际不得，至于不食。宣教公呵之，遂姑置，而胸中之疑终在。后十余岁，因读古书至宇宙二字，解者曰："四方上下曰宇，往古来今曰宙。"忽大省曰："元来无穷。人与天地万物，皆在无穷之中者也。"乃援笔书曰："宇宙内事乃己分内事，己分内事乃宇宙内事。"

4岁的时候，有一天，他突然问他的父亲，天地为什么会无穷呢？他的父亲大为惊奇，笑而不答。这个问题萦绕在他的心头，以至于废寝忘食，深思苦想，希望能得到答案。后来，陆九渊读古书，上有"宇宙"二字，又看到注解："四方上下曰宇，往古今来为宙。"陆九渊如习禅者得到禅门棒喝一般，恍然大悟。10年来，他苦苦思索的天地为什么会无穷的问题的答案，实际上就蕴含在这12个字中。原来无穷就是这个样子呀，人与天地万物皆在无穷之中！人与天地万物密不可分，宇宙的事，乃是自己分内的事，自己分内的事，乃是宇宙的事情。这就构成了陆九渊心学学理的基础，"宇宙便是吾心，吾心即是宇宙"——我的心便是宇宙，宇宙便是我的心。

徐仲诚请教，使思《孟子》"万物皆备于我矣，反身而诚，乐莫大焉"一章。仲诚处槐堂一月，一日问之云："仲诚思得《孟子》如何？"仲诚答曰："如镜中观花。"答云："见得仲诚也是如此。"顾左右曰："仲诚真善自述者。"因说与云："此事不在他求，只在仲诚身上。"既又微笑而言曰："已是分明说了也。"（《象山语录》）

徐仲诚之谓"镜子"，即陆九渊之所谓"心"，只有透过镜子，反观此心，才能看到花，"由萌蘖之生而至于枝叶扶疏，由源泉混混而至于放乎四海，岂二物哉？"（《与邵叔谊》）"心"同"万物"是一个东西，岂能为二？

陆九渊还倡言"心即理"，纳万理于一心。

此理在宇宙间，固不以人之明不明、行不行而加损。

心，一心也；理，一理也；至当归一，精义无二，此心此理，实不容有二。

天之所以与我者，即此心也。人皆有是心，心皆具是理，心即理也。（《象山语录》）

"理"原本就是在"心"中的，是"心"涵括了一切的理。

陆九渊所谓的"心"，首先受到了孟子"知性知天"的启发，亦是对佛教"本心""真心"之说的吸收与利用。孟子有"万物皆备于我"的主体认识论观点，认为人和宇宙同源同构，只要穷尽了自我的心性本源，也就穷尽了宇宙万物的本源。佛教以本心或真心为宇宙本体，万事万物都是心的作用。

陆九渊还将本体之心和认识之心统一起来，强调本体之心虚而无形，但无所不在，至灵至妙，其用无穷。本体之心的流行和发明，形成了后天依附于人体的认识之心，认识之心反身而诚，自穷其端，那么，本体之心就可以显露出来。所以说，本体之心和认识之心乃是一体之两端，一而二，二而一，是密不可分的。

既然心如此重要，所以要"发明本心"，就是"求放心"。本心是什么？在陆九渊看来，本心就是人具有的天赋良知，圣人以是者为是，以非者为非，只是此心，吾人不昧良知，不混淆是非、颠倒黑白，也以是者为是，以非者为非，就可以了。

人性本善，其不善者迁于物也。知物之为害，而能自反，则知善者乃吾性之固有。

人心至灵，惟受蔽者失其灵耳。

愚不肖者之弊在于物欲，贤者智者之蔽在于意见，高下污洁虽有不同，其为蔽理溺心而不得其正，则一也。（《象山语录》）

要用力将内心或者外在的一些弊病剥落。我们的本心本来是清明至善的圣心，只是因为被物欲蒙蔽了，这才有不好的事情出现。对于那些真心想学圣人的士人来说，陆九渊强调，要剥落经文教条的束缚，为他们确立自做主宰的主体意识。

人心有病，须是剥落。剥落得一番，即一番清明；后随起来又剥落，又清明，须是剥落得净尽方是。（《象山语录》）

首先要彻底解除身上的各种精神枷锁，轻松愉快地凭自己良知做事，这样，才能充分发挥主体的自我能动性，“收拾精神，自做主宰”，才能对王道之实施及天下归仁的儒家理想，做出应有的贡献。

陆九渊还提出：

六经当注我，我何注六经。（《象山语录》）

“六经”虽然是圣人对“我心”运用的各种境界所做的叙述，是圣人之心的陈迹，但后世的儒生却疏忽了这点，反而将重点放在了读经、注经之上，早已丧失了本质。既然我们为学的目的是要实现至善的境界，这就不是读书就能实现的，因为心术不正，圣人之志不立，只是为了满足私欲去读书，要功名又要得官，得官后又要换官，自少至老，无非都是以经书为博取利禄之工具罢了。但陆九渊并不是反对读书，他以发挥心学慧脉为己任，直欲摆脱“六经”传注和科举利禄的束缚，只先正其心，行那大丈夫所当行之事，则自有圣人的“六经”为我作注，我何得劳神去注“六经”！

鹅湖之会　心与理之争

淳熙二年（1175），吕祖谦访问朱熹于寒泉精舍，后在回到浙江金华之际约陆九渊兄弟至江西信州上饶的鹅湖寺，以期进行学术讨论来解决朱熹之理学和陆九渊之心学的分歧，史称“鹅湖之会”。

当时参加的还有临川太守赵景明、其兄弟赵景昭，以及刘子澄、朱彦道、朱济道等学者。一时间群贤毕至，少长咸集，鹅湖寺旁那几株错落有致的翠竹，夕阳西照下几个儒生的谈天论道，这片翻开古卷随手可抚的景致，却具有了不同寻常的意义，因鹅湖之会开始的朱陆之争，构成了中国思想史上的一大公案，也对后世儒家的发展流变产生了深远的影响。

这一年，朱熹已经46岁，经过近20年的深思熟虑，正是弘扬义理至炉火纯青的时日。而此时的陆九渊也三十有七，他本来就术业有成，在几年讲学之后更是意气风发，颇有跃跃欲试之意。鹅湖之会前后三天，论辩的气氛颇为激烈。朱熹后来曾谈及，说他开始只倾听对方所述，后来不禁将自己的观点热烈表达出来。陆九渊也有对他在鹅湖之会中溢于言表的激烈之态的追溯。可见此会对他们两人的震动都是极大的。但从论辩结局看，却没有遂合最初想消解两者分歧的意愿，反而使两派的分歧更加明显。

即使是这样的结局，凭借着留下来的几首诗歌和几句对话，也使鹅湖之会具有非凡的意义。因为这几首诗并非一般的文人唱和，笔墨游戏，而是关涉理学与心学的一些重要义理，深刻地反映出了朱熹和陆九渊哲学的差别。

根据陆九渊的回忆，当他和他的五哥陆九龄接到邀请信打算去江西之前，就认识到这肯定是一次相会论道、存同去异的学术讨论。兄弟俩在家里，就以为学之道展开了一次讨论。陆九龄认同陆九渊的说法，并赋有诗作。

在鹅湖之会的首日，吕祖谦先是问候陆九龄别来可好，为学有何新的进展，陆九龄就以前日之诗作答，诗云：

孩提知爱长知钦，古圣相传只此心。
大抵有基方筑室，未闻无址忽成岑。
留情传注翻蓁塞，着意精微转陆沉。
珍重友朋相切琢，须知至乐在于今。

这首诗的大意是：从孩提时候起，我们就知道爱、知道敬，古代圣贤一脉相传的，其实就是这个心。只有以本心为基础，才能建筑起论道的大厦，否则就是空中楼阁。求本心的办法，不是在纷繁的经文传注中，那样只能被堵塞心路；也不是咬文嚼字，精微辨析，那样恐怕要陷入迂腐之中。朋友们须孜孜不倦琢磨圣人之道，在于求得本心而达到至乐的境界。

陆九龄刚把诗念到一半，朱熹便在一旁插话说，看来，陆九龄早已上了陆九渊的船了。于是，就和他展开了论辩。在此时，陆九龄道出了他唱和其兄的诗：

墟墓兴哀宗庙钦，斯人千古不磨心。
涓流滴到沧溟水，拳石崇成泰华岑。
易简工夫终久大，支离事业竟浮沉。
欲知自下升高处，真伪先须辨只今。

人见到废墟坟墓就兴起悲哀之感，见到宗庙就兴起敬畏之心，这些都是人所共有的千古不灭之心，涓涓细流终成沧溟之水，拳拳之石垒成泰山之巍。直达本心的为学之道，才是永恒的大事业，支离破碎之学，只能沉浮不定。要知道，从低到高处升达的真正通道，真真假假，只在于眼下那个立志明心的瞬间。

这两首诗倾向非常鲜明，皆以阐述本心之学为宗旨。陆九渊认为，在古代经典著作中探求所谓的微言大义并不可取，而是要确立本心，在灵魂深处，照出那个先验的道德本心。如果按照朱熹的说法，读书破万卷，格物致知，对外面的事事物都颇有见识，但是，一个人却不知道自己一生的目的是什么，不知道为什么而生，不知道自己的内在良知，什么都按照书本的知识去行为处事，那么，有什么要领可言呢？陆九渊淋漓尽致地表达了他的心学观点，但听在朱熹的耳里却颇为不快。

朱熹在鹅湖之会上多少是有一些尴尬的。第一天的相会，他就受到了陆家兄弟的责难，其后两天的争辩，朱熹也没有占到上风。后来的朱熹门人很少提及这事，陆九渊门人却津津乐道，大致也是出于这个原因。

直至三年后，当陆九渊再次造访，朱熹作了一首诗来追和当年的鹅湖之诗，诗云：

德业流风夙所钦，别离三载更关心，
偶携藜杖出寒谷，又枉篮舆度远岑。
旧学商量加邃密，新知培养转深沉。
只愁说到无言处，不信人间有古今。

意思是：你们陆氏兄弟的德义风流一直为我所钦佩，相别三年后，我更加关心你们的道德文章，潜居于此，偶尔扶着藜杖出入寒谷，有劳您乘坐着竹轿远度群山来此赐教。过去的学问，经过切磋论究变得更加深邃，新的知识，经过培养提炼也愈发深沉，最令人担心的，便是在默默的悟道明心中沉沦失性，不知道人间还有什么古今。

朱熹这首诗开篇的意味十分好，呈现出他气度恢宏的胸襟。在三四句的感慨之后，五六句说及他自己研讨旧学，培养新知，几年里为学有了精进。但最后的两句，还是对陆九渊的心学进行了批评，认为如果一味求诸本心，明心见性，不着力于格物致知，体察天地之理，难免空疏简易。

在朱熹看来，心性固然是重要的，但宇宙的根本大法乃是天理，人只有在进学求知上多努力，唤醒良知，穷达天下所有之理，行过天下所有之事后，才可以谈辨别真伪，成贤成圣。人必须保持敬畏庄严的仪容风范，真正的本心才能存达；人必须勤加涵养性情，真正的道理才能呈现。

总结说来，朱熹和陆九渊的分歧在于他们的逻辑不同。朱熹认为“性即理”，陆九渊认为“心即理”；朱熹认为，“理”是万物的本源，性是天理的派生物，需要通过读书来穷究物理，陆九渊认为，性是“心”的派生物，道即吾心，吾心即道，因而发明本心。所以，理学的长处在于“道问学”，建立一套外在的穷究物理的方法论；心学的长处在于“尊德行”，便于引导人心，以实现仁、义、礼、智的外化。

陈亮与叶适

陈亮和叶适是南宋末年事功学派的代表，其与朱熹的理学、陆九渊的心学皆反向而行。理学与心学多重视理论建构，事功学派重视实践推行。两方争论的焦点在于到底是大谈道德性命，还是倡导实事实学。理学讲万事万物的“道”在“理”中，心学讲“理”在“心”中。在事功学派看来，这些都是虚妄的无稽之谈，万事万物的“道”，就在万事万物中，人只要在这些具体事物中就可以体认道的存在，而不能离开事物，空讲“理”或“心”。

夫道之在天下，何物非道，千途万辙，因事作则。（陈亮《六经发题·书经》）

夫欲折中天下之义理，必尽考详天下事物而后不谬。（叶适《题姚令威西溪集》）

事功学派主张“道”在具体的事物中，要形而下地具体体悟，而非形而上地抽象认知。要认识事物，就必须详考事物，不能凭自己的主观臆断来论证事物，而要依据事物的真实面貌来体验事物。

世之学者玩心于无形之表，以为卓然而有见。事物虽众，此其得之浅者，不过如枯木死灰而止耳。得之深者，纵横妙用，肆而不约，安知所谓文理密察之道！泛乎中流，无所底止，犹自谓其有德，岂不可哀也哉！（陈亮《勉强行道大有功》）

如果只注意发明本心、操存本心的个人心性，企图排除外界事物对心性的干扰，那么，人就是如“枯木死灰”的无用之物。理学所谓的格物穷理、穷理尽性，看起来好似是大用，实际是无用。陈亮和叶适都觉得，道德性命学说不靠谱：

二十年之间，道德性命之说一兴，迭相唱和，不知其所从来。后生小子，读书未成句读，执笔未免手颤者，已能拾其遗说，高自誉道，非议前辈，以为不足学矣。世之为高者，得其机而乘之，以圣人之道为尽在我，以天下之事无所不能，能麾其后生以自为高而本无有者，使惟己之向，而后欲尽天下之说一取而教之，颀然以人师自命，……吾深惑夫治世之安有此事乎，而终极其流之未易禁也。

自道德性命之说一兴，而寻常烂熟无所能解之人，自托于其间，以端悫静深为体，以徐行缓语为用，务为不可穷测以盖其所无。一艺一能皆以为不足自通于圣人之道也，于是天下之士始丧其所有而不知适从矣。为士者耻言文章行义而曰尽心知性；居官者耻言政事书判而曰学道爱人。相蒙相欺以尽废天下之实，则亦终于百事不理而已。（陈亮《送王仲德序》）

士人们不屑于实务而热衷于空谈，不讲真才实学，简直是误人子弟，给了不想学习的人一个绝妙的高谈阔论的理由，更造就了一批只知谈性命，而不关心国家危亡的麻木不仁之人。这样的教育，实在是糟到不能再糟了。

与之相反，事功学派十分重视教育的作用，强调通过系统的教育，使人成为有德有用的人才，在事业上有成就，成事功。

人生只是要做个人。……学者，所以学为人也，而岂必其儒哉！……亮之不肖，于今世儒者无能为役，其不足论甚矣，然亦自要做个人。（陈亮《与朱元晦秘书书》）

教育的根本目的是教人“做人”，而不是教人“做儒”。那么，要做什么样的人？要做德才兼备、兼资文武，博学而多能的人。这样的人一旦入仕，便是国之栋梁，既抱着匡时济世的抱负，又能在政治上有所建树。这是对孔子“学而优则仕”的发展，以通世变、明道义、有实学为教育之根本。

（北宋）高克明《文会图》（局部）
此图描绘了古人以琴棋书画雅集的场景。

其一日而至者，不足以厌服天下也；忠信孝悌，必修于家，必闻于乡，材智贤能，必见于士，必推于友。（叶适《士学》）

而且，教育还要教人不要务虚名，小有所得，便沾沾自喜，要能“秉义明道，以此律己，以此化人”；更要教人要在实事中见实效，并持久地接受考验，终身精进不已。

事功学派非常重视学校的基础教育。在学校，可以学习“六艺”之文，史籍志乘和百家之篇，范围极其广泛，又可以知道治学方法，是不尚空谈了悟，着重于对经典文献的发掘、积累、考订、整理的学派。陈亮和叶适都发表过有关“六经皆史”的议论，如：

夏商远矣，书籍所记，存其大略，而其详不可得而言矣。详而可言莫如周，言周人之最详者莫如《诗》。（叶适《进卷·总义》）

盖《周礼》六卿之书，言周公之为周，其于建国、设官、井田、兵法、兴利、防患、器械、工巧之术咸在。（叶适《进卷·总义》）

打破了理学以“六经”为圣人之言的看法，而将“六经”视为历史文献，从中可以知古鉴今，明晓事物之理，最后经世致用。叶适曾作《进卷》，涉及纪纲、治势、国本、民事，法度、则计、军旅、经制、官法、士学、赋税、役法等，注重考订各代名物制度，目的是为了研究兴亡成败的经验和教训，以便作为时世治道的参考和借鉴。

书院与科举

书院始于唐，而盛于宋，其讲学之风，与科举关系密切。科举制度是唐代之后最重要的选官之途。其主要的一科考“明经”，也就是对儒经的理解与应用。宋代之后，因对报考者身份限制越来越少，给了很多出身寒门的士人更多的机会，当时的社会风气是“为父兄者，以其子与弟不文为咎；为母妻者，以其子与夫不学为辱”（洪迈《容斋随笔》）。其学未必要出自官学，在民间的私学亦可，这样就促进了书院教育的形成。

官方的书院基本用于藏书，据袁枚《随园随笔》记载：“书院之名，起于唐玄宗时，丽正书院、集贤书院皆建于朝省，为修书之地，非士子肄业之所也。”可见，丽正书院、集贤书院带有图书馆性质；民间的书院，则以儒学教育为要，“训族子弟及四方游学之士”，成为许多士人准备科举考试的求学之所。朱熹在论述书院兴盛的原因时，曾说：

予惟前代庠序之教不修，士病无所于学，往往相与择胜地，立精舍，以为群居讲习之所。而为政者乃或就而褒表之，若此山、若岳麓、若白鹿洞之类是也。（朱熹《衡州石鼓书院记》）

吴澄在《鳌溪书院记》中也说：

邑之学有废而不立之时，学者无所就于学。于斯时也，私设黉宫，广集学徒以补学之缺。

面对士人们的求学渴望，有很多大儒利用闲暇时间聚众讲学，后来慢慢发展为固定人员、固定场所，各地方涌现出了许多书院。据统计，北宋新建的书院大约有140所，南宋更是有过之而无不及，达二三百所之多。

其一，书院有固定的讲学场所。宋代的书院主要分布在河南、湖南、湖北、江西、浙江一带，如河南有嵩山书院，湖北有龙泉书院，湖南的岳麓书院、云山书院，江西有白鹿洞书院、白鹭洲书院、安湖书院、鹅湖书院，浙江有五峰书院，江苏有东林书院，安徽有南湖书院，福建有九峰书院，山东有尼山书院，广东有陈氏书院，贵州有龙岗书院、紫阳书院等。

书院多建在山林僻静之处，如白鹿洞书院在庐山五老峰下，岳麓书院在岳麓山下，嵩阳书院在太室山下，石鼓书院在石鼓山回雁峰下。大部分书院建有完备的教学设施，一般由祭祀设施、斋舍、讲堂、藏书楼、生活区域等五部分组成。如岳麓书院有"作讲堂五间，斋序五十二间"，应天府书院"建学舍百五十间"。

其二，书院有丰富的藏书资料，有的是官府赐予，如国子监曾分别赐给白鹿洞书院、岳麓书院、嵩阳书院、雷塘书院以"九经"；有的是地方富绅、学者的捐赠，有的是书院自己所著、校勘、印刷的书籍。而且，书院十分重视藏书的保管、维护和利用，设有专门掌管藏书的人员，给予一定劳务报酬。借书人遗失图书，要寻借同样书籍抄补赔偿；若不能抄补者，则要罚款。

其三，书院开门办学，不限制学生的身份和籍贯，如湖南的笙竹书院虽然主要是招收湘阴县的"肄业之士"，但湖北江夏的冯京和安州的郑獬也负笈游学其中，并分别于皇祐元年（1049）和皇祐五年（1053）先后考中状元。而且，书院允许不同学派相互进行讲学，建立了"讲会"制度，如在淳熙八年（1181），朱熹邀请陆九渊到白鹿洞书院讲学，

其四，书院的任教者一般都是大儒，他们有自己独特的教学方法。如胡瑗在苏州、湖州等地的书院任教时，提出了"苏湖教法"，对办学形式、教学内容、教学方法等进行了全面改革。据《宋元学案·安定学案》记载，其倡导分科教学，"经义则选择其心性疏通，有器局，可任大事者，使之讲明《六经》"。学经义的是通才，要求通晓儒家经典；"治事则一人各治一事，又兼摄一事，如治民以安其生，讲武以御其寇，堰水以利田，算历以明数是也"。学治事的是专才，如学武备、水利、历法等。

其五，书院有固定的学规，对办学宗旨、培养方向、教学内容、教师选聘、学生管理等，都有明确的规定。

书院的课程体系，以四书五经为主干，按照学生年龄和接受能力，在5岁—15岁，应读小学之书，及四书五经、古文、古诗等；在15岁—25岁，应读诸子，知晓本朝事实、本朝典礼、本朝律令、水利农田、地理、兵法等；在25—30岁，多涉猎诸家经济书、诸家天文书、诸家地理书、诸家水利农每书、诸家古文等。

书院还有具体的考核制度，见《明道书院规程》第三条："士之有志于学者，不拘远近，诣山长入状帘，引疑义一篇，文理通明者请入书院，以杜其泛。"学生入院前要进行考试，合格者才许入学，不是什么人都能随便进来的。"每月三课，上旬经疑，中旬史疑，下旬举业。文理优者，传斋书德业簿"。一个月要进行三次考试，每次考试的内容也不一样，通过评选记录在册，并予以保存。

最有影响力的书院章程，是朱熹的《白鹿书院揭示》：

父子有亲。君臣有义。夫妇有别。长幼有序。朋友有信。

右五教之目。尧舜使契为司徒，敬敷五教，即此是也。学者学此而已。而其所以学之之序，亦有五焉，其列如左：

博学之。审问之。慎思之。明辨之。笃行之。

右为学之序。学、问、思、辨四者，所以穷理也。若夫笃行之事，则自修身以至于处事接物，亦各有要，其列如左：

言忠信，行笃敬。惩忿窒欲，迁善改过。

右修身之要。

正其义不谋其利，明其道不计其功。

白鹿洞书院的教学宗旨，是以儒立身，知行合一。一是五教之目，即"父子有亲，君臣有义，夫妇有别，长幼有序，朋友有信"；二是为学之序，即做学问的方法，"博学之，审问之，慎思之，明辨之，笃行之"；三是修身之要，即指道德上的要求，"言忠信，行笃敬，惩忿窒欲，迁善改过"；四是处事接物之要，"正其义不谋其利，明其道不计其功"。这些既是白鹿洞书院的办学方针，也是对学生进行学业和德行进修的准则和规范。之后，很多书院都遵循了朱熹制订的《白鹿书院揭示》的精神，在不同时期、依据不同情况，再补充一些大同小异的条目。

九儒十丐

在元代，儒生可谓是斯文扫地。儒生的社会地位居然排在了农民与乞丐之间，有一官、二吏、三僧、四道、五医、六工、七猎、八民、九儒、十丐的说法：

滑稽之雄，以儒为戏者曰："我大元典制，人有十等，一官二吏，先之者，贵之也；贵之者，谓有益于国也。七匠八娼，九儒十丐，后之者，贱之也；贱之者，谓无益于国也。"嗟乎！卑哉！介乎娼之下、丐之上者，今之儒者也。（谢枋得《送方伯载归三山序》）

又谓元制一官、二吏、三僧、四道、五医、六工、七猎、八民、九儒、十丐，而无七匠、八娼之说。盖元初定天下，其轻重大概如此。是以民间各就所见而次之，原非制为令甲也。（赵翼《陔余丛考》）

造成宋末及元朝儒生地位低下的原因很多，最主要的有三点：

首先，宋末的战争太过残酷，"兵兴三十年，河朔之祸惨矣！盛业大德、名卿巨公之后，遭罹元元，遂绝其世者多矣。仅得存者，亦颠沛之不暇也。"（元好问《冠氏赵侯先茔碑》）战火烧了几十年，很多儒生家破人亡，不仅济天下之志无从谈起，就连好好活下去都成了大问题。据《元史·高智耀传》记载，在元太宗窝阔台汗时，"皇子阔端镇西凉，儒者皆隶役"。数十年后，忽必烈即皇帝位，仍是"时淮、蜀士遭俘虏者，皆没为奴"的状况。原来能做帝王师的儒生，居然沦落成了奴隶。除正史外，野史中有更多记载，如"士夫南冠，为奴者甚众"（胡祗遹《紫山先生大全集》），"大夫、士、衣冠之子孙陷于奴虏者，不知其几千百人"（《山西通志·创修栖云观记》），儒生的处境之苦，难以想象。

很多儒生回想往日之盛，再看看当下：

方宋承平无事时，士有不得志于科举，则收心于学问，放情于吟咏，自是天下乐事，君生没得其时矣。今予亲值乱亡，有先人之菜田在，沦为民伍，遂执里役。晨起开卷未数行，悍吏操棍曳索，隳突灶奥，败思挠怀，呻吟即事，夜分犹未甘匕饭，城舆绛老，曷日免泥涂之辱耶？（舒岳祥《陈仪仲诗序》）

很多儒生为吏、为商，不过谋生而已，“衣冠之后，有不得已在胥吏、在商贾、在农工卒伍者”（魏初《青崖集》），这些或为杂役、或为农工的极端行为，正折射出儒士的生存困难。

其次，元朝行“四等人”制，将民众划分为蒙古人、色目人、汉人和南人四等，并按照等级划分，在用人行政、法律地位、赋役税收及科举名额分配等方面，有各种不平等的规定。

一等是蒙古人，为元朝“国族”，蒙古统治者称之为“自家骨肉”；

二等为色目人，指除蒙古以外的西北各族、西域以至欧洲各族人；

三等为汉人，主要指原金朝境内的汉、契丹、女真等族；

四等为南人，主要指原南宋境内江浙、江西、湖广的人。儒生们多是大谈华夷之辨的汉人，他们完全处于末流，“儒户杂泛差役……与民一体同当”（《元典章》），其社会地位可想而知。

再次，元朝不重视科举。战火过后，在元太宗窝阔台汗九年（1237），才举行了第一次科考，史称“戊戌选试”。

自来精业儒人，二十年间学问方成。古昔张置学校，官为廪给，养育人才。今来名儒凋丧，文风不振。所据民间应有儒士，都收拾见数。若高业儒人，转相教授，攻习儒业，务要教育人材。其中选儒士：若有种田者，输纳地税；买卖者，出纳商税；开张门面营运者，依行例供出差发。除外，其余差发并行蠲免。……仍将论及经义、词赋分为三科，作三日程试，专治一科为一经，或有能兼者，但不失文义者为中选。……开辟举场，精选入仕，续听朝命。（《庙学典礼》）

这次科考的弊端很明显。一是并不针对所有儒生，参加考试者只是原金朝境内的儒生；二是选试内容只是简单的经义、辞赋、论等，只要“不失文义”者，都可中选；三是在录取者中，只有极少数人得以入仕，还都是地方性的小官。

从表面上看，“戊戌选试”只是装装科举的样子；从深层看，“戊戌选试”使得一些沦为奴隶的儒生得以脱离贱籍，据《元史·选举一》记载，“儒人被俘为奴者，亦令就试，其主匿弗遣者死”。其结果，“得士凡四千凡十人，免为奴者四之一”，在录取的4000多人中，竟有四分之一的是奴隶身份。“戊戌选试”的意义在于，通过科举这种方式，救济了流离失所及陷于奴籍的儒士，使他们以“儒户”的身份，取得了优免赋役的特权。

但“戊戌选试”并没有形成制度，一直到70多年后的元仁宗延祐二年（1315），才举行了第二次科举。在这期间，儒生进仕为官的途径基本被封死了，按照《元史纪事本末》的记载：

蒙古用人，以国族勋旧贵族子弟为先，而法不专于科目也。前代官人选士，合而为一。元之官人选士，分而为二。合而为一者，以士为官，而学校尊。分而为二者，官不必士，而微幸出。怯薛以下，吏道多端，工匠舆隶，崇班高品，即曰好儒，名焉而已。

儒生没有身份上的优势，最多只能“吏进”，却往往沉于下僚，老于笔吏。就算是恢复了科举，情况也没有好到哪里去。元朝科举取士的总数，比起两宋少得可怜。从延祐二年（1315）到元朝灭亡，一共16次科举，取士仅有千人左右。

元朝科举考试最后的殿试结果，分左、右两榜发布。蒙古人、色目人50名列右榜，汉人、南人50名列左榜，左、右两榜数量名义上相等，可汉人、南人的总数却不知比蒙古人、色目人超出多少倍，还是非常不公平的。蒙古考生、色目考生的试题难度低，考试也少一场，但授予的官职却比汉人、南人高；蒙古考生、色目考生愿参加汉人、南人同样难度的考试，中选后，更加一等授官。

即使万里挑一，侥幸中了进士，还会莫名其妙的倒霉。至正八年（1348），王伯恂被主考官赞为天下第一奇才，其他考官却说王伯恂是南人，要降其名次，最后发榜，王伯恂竟然落第。当年的状元王宗哲，在乡试、会试、殿试连中三元，这在宋代肯定会飞黄腾达，登上重臣之位，然而，王宗哲最终在元代官场中，却碌碌不见称道，《元史》中连他的传记都没有。

由此看来，儒生几乎无从当官，赖以生存的基本生活技能又不怎么样，因此成为社会上最穷困潦倒、缺衣少食的阶层。“小夫贱隶，亦以儒相嗤诋取笑”（余阙《青阳先生文集》），在一般人眼中，儒生即是最没出息的无用之人，落得个“臭老九”的诨名，实在是悲哀可叹。

（宋）张择端《清明上河图》（局部）
此图描绘了古代人的日常生活。

朱元璋删《孟子》

孟子在后人口碑中，和孔子差得挺远。汉代时，孔子已是圣人，孟子最多算个大儒，还有很多学者持不同的观点非难他。如王充的《论衡》中就有一篇《刺孟》，列举了义利、齐伐燕、鲁平公欲见孟子、五百年必有王者兴等问题，以之斥责孟子。

“亚圣”的称号是宋哲宗封的，元祐三年（1088），宋哲宗颁旨，称孟子“命世亚圣之才”；政和四年（1114），宋徽宗颁诏重修孟庙；咸淳三年（1267），宋度宗以颜渊、曾参、子思、孟轲配享孔子，颜回是兖国复圣公，曾子是郕国宗圣公，子思是沂国述圣公，孟子是邹国亚圣公；还有冉损、冉雍、端木赐、仲由、卜商、冉耕、宰予、冉求、言偃、颛孙师，为十哲。

孟子的牌位在孔庙中待了几百年，又遭遇了一次厄运。

帝尝览《孟子》，至“草芥”“寇仇”语，谓非臣子所宜言，议罢其配享，诏有谏者以大不敬论。唐抗疏入谏曰：“臣为孟轲死，死有余荣。”时廷臣无不为唐危。帝鉴其诚恳，不之罪，孟子配享亦旋复。（《明史·钱唐传》）

也有记载说，本来朱元璋对孟子学说是颇有好感的。一次，他游幸白虎殿时，看到有孟子像，就问大臣说：“孟子何说为要？”大臣对曰：“孟子以仁义为主。”于是，朱元璋十分感慨，认为假使当年有贤明之主能采纳孟子的仁义学说，那早就统一天下了。

但在洪武五年（1372），朱元璋读《孟子》，当读到“君之视臣如手足，则臣视君如腹心；君之视臣如犬马，则臣视君如国人；君之视臣如土芥，则臣视君如寇仇”(《孟子·离娄下》)时，他认为这些话的意思说的是，国君对大臣礼貌，大臣也对国君尊敬；国君视大臣如粪土，则大臣也视国君如仇敌，这“非人臣所宜言”。于是，大发雷霆的朱元璋，下令罢免了孟子配享孔庙的资格。诏命一下，举朝哗然。孔孟之道是立邦之本，大臣们纷纷上奏，表示反对。朱元璋却下令，不允许有人为孟子辩解，如有进谏者，“以大不敬论”。但有不怕死的，刑部侍郎钱唐挺身而出，抗疏上谏说：“臣为孟轲死，死有余荣。”朝中大臣无不为钱唐捏一把汗。

关于这段史事，还有一版更详细的记载：

洪武二年己酉。诏：“孔子，惟国学春秋释奠，天下不必通祀。”唐上疏言：“孔子百王宗师，先儒谓仲尼以万世为土。宜令天下通祀。报本之礼，不可废也。”上从其议。上尝览孟子至土芥寇仇之说，大不然之，谓非臣子所宜言，议欲去其配享。诏有谏者以不敬论，且命金吾射之。唐抗疏入谏，舆榇自随，袒胸受箭，曰：“臣得为孟轲死，死有余荣。”上见其剀切出于至诚，命太医院疗其箭疮，而孟子配飨得不废。一日，召讲《虞书》，陛立而讲，或纠唐草野不知君臣礼，唐正色曰：“以古圣王之言陈于陛下，不跪不为倨。”常谏宫中不宜揭武后图，忤旨，待罪午门外终日。上悟，赐饭，即命撤图。唐之论谏，尊孔卫孟，正色立朝，于是乎有可称矣。（吕毖《明朝小史》）

钱唐为孟子鸣冤，让人抬着事先准备好的棺材，袒着胸，抱着必死的决心，直向奉天殿方向走去。朱元璋果真命金吾卫士引满弓，见到钱唐视死如归的模样，气头上的朱元璋更加恼恨，便让金吾卫士连射了好几箭，打算将他在殿前活活射死。钱唐的左臂、右肩、胸部都中了箭，被射倒在朝堂上，鲜血直流，但仍然挣扎着向皇帝座前爬去。看着钱唐痛苦而坚毅的样子，朱元璋觉得心有不忍，就叫他进来说话。钱唐痛陈孟子之不可废，朱元璋想一想，也是有道理的。此事之后，朱元璋非但没有治钱唐的罪，还命令太医院的太医仔细地为他治疗箭伤。

第二年，冷静下来的朱元璋下了一道谕旨，“孟子辨异端，辟邪说，发明孔子之道，配享如故”(《至圣先师孔子庙祀》)，算是极不情愿地把孟子的牌位又请了回去。但是，朱元璋到底意难平，在洪武二十七年(1394)，他命翰林学士刘三吾等人重新修订《孟子》，将其中“辞气抑扬过甚”，内容“非臣子所宜言”者80余条尽行删去，是为《孟子节文》。

书成之后，朱元璋将其颁行天下，作为科举考试的标准读本，所删去的内容“课试不以命题，科举不以取士”（《应庵随录》）。《孟子节文》的内容，其实只有《孟子》原书的一半，删掉的内容大致有：

民为贵，社稷次之，君为轻。

为民父母，使民盻盻然，将终岁勤勤，不得以养父母，又称贷而益之，使老稚转乎沟壑，恶在其为民父母也？

庖有肥肉，厩有肥马，民有饥色，野有饿莩，此率兽而食人也。

古之人与民偕乐，故能乐也。

民之为道也，有恒产者有恒心，无恒产者无恒心。苟无恒心，放辟邪侈，无不为已。及陷乎罪，然后从而刑之，是罔民也。

是以惟仁者宜在高位。不仁而在高位，是播其恶于众也。

桀纣之失天下也，失其民也；失其民者，失其心也。得天下有道：得其民，斯得天下矣；得其民有道：得其心，斯得民矣；得其心有道：所欲与之聚之，所恶勿施，尔也。

民之归仁也，犹水之就下、兽之走圹也。

这些都是《孟子》中的精华，却因朱元璋的一己之恶被拉黑。这部《孟子节文》通行了17年，直至永乐九年（1411），《孟子》才得以重新恢复全貌。明朝后来的皇帝，可能也觉得朱元璋这事做得实在不怎么样，又把这本《孟子节文》列为禁书，民间不再流传。朱元璋删《孟子》，也就渐渐被淡忘了。

“明之学祖”方孝孺

在黄宗羲的《明儒学案》中，方孝孺位列首位。

方孝孺字希直，台之宁海人。自幼精敏绝伦，八岁而读书，十五而学文，辄为父友所称。二十游京师，学于太史宋濂。濂以为游吾门者多矣，未有若方生者也。

……建文帝召为翰林博士，进侍读学士。帝有疑问，不时宣召，君臣之间，同于师友。金川失守，先生斩衰，哭不绝声。文皇召之不至，使其门人廖镛往，先生曰：“汝读几年书，还不识个是字。”于是系狱。时当世文章共推先生为第一，故姚广孝尝嘱文皇曰：“孝孺必不降，不可杀之，杀之天下读书种子绝矣。”文皇既惭德此举，欲令先生草诏，以塞天下之人心。先生以周公之说穷之。文皇亦降志乞草，先生怒骂不已，磔之聚宝门外。年四十六。坐死者凡八百四十七人。崇祯末，谥文正。

先生直以圣贤自任，一切世俗之事，皆不关怀。朋友以文辞相问者，必告之以道，谓文不足为也。入道之路，莫切于公私义利之辨，念虑之兴，当静以察之。舍此不治，是犹纵盗于家，其余无可为力矣。其言周子之主静，主于仁义、中正，则未有不静，非强制其本心如木石然，而不能应物也，故圣人未尝不动。

……夫成祖天性刻薄，先生为天下属望，不得其草，则怨毒倒行，无所不至，不关先生之甚不甚也。不观先生而外，其受祸如先生者，宁皆已甚之所至乎？此但可委之无妄之运数耳。蔡虚斋曰：“如逊志者，盖千载一人也。天地幸生斯人，而乃不终佑之，使斯人得竟为人世用，天地果有知乎哉？痛言及

（明）佚名《甲申十同年图》（局部）
此图是明朝弘治年间的十位朝廷重臣的群像。

此，使人直有追憾天地之心也。”乃知先正固自有定论也。

方孝孺幼承廷训，崇拜圣贤，后来又拜宋濂为师。其父方克勤死于冤狱“空印案”，其师父宋濂更是惨死于贬谪的途中。不知道是不是时运，方孝孺却得到了性情刻薄的朱元璋的赏识，朱元璋临终之际，“遗令先召孝儒”，但也因此，埋下了方孝孺的悲剧祸根。

登基后的建文帝对方孝孺十分倚重。“国家大政事辄咨之。帝好读书，每有疑即召使讲解。临朝奏事，臣僚面议可否，或命孝孺就扆前批答。时修《太祖实录》及《类要》诸书，孝孺皆为总裁。”（《明史·方孝孺传》）方孝孺成了建文帝的第一智囊，受到了前所未有的尊宠与信赖，加之君臣二人自幼受到的都是仁义道德的儒家教育，这一方面使这对君臣犹如师友，另一方面却铸成了方孝孺日后杀身成仁的悲剧。

方孝孺学术醇正，德行文章皆是一流，当时已名垂天下，“世咸以为程朱复出”。可以说，方孝孺对建文帝的影响都是正面的。

方孝孺主张仁义治国，以法为辅。

古之圣人既行仁义之政矣，以为未足以尽天下之变。于是推仁义而寓之于法，使吾之法行，而仁义亦隐行其中。故望吾之法者，知其可畏而不犯；中乎法者，知法之立无非仁义而不怨。（《深虑论》）

推行仁政为中心的理想政治体制和运行机制。这种政治体制和运作机制之所以是理想的，在于它不仅是用法来保证以仁义治国的政策法令，可以畅通无阻地贯彻执行，在根本上，更是有利于人民，恩泽全国百姓。

方孝孺建议建文帝对洪武政制改弦易辙，改乱世的重典驭下，为治世的厉行仁政。

建文四年之中，值太祖朝纪法修明之后，朝廷又一切以惇大行之，治化几等于三代。一时士大夫崇尚礼义，百姓乐利而重犯法，家给人足，外户不阖，有得遗钞于地，置屋檐而去者。及燕师至日，哭声震天，而诸臣或死或遁，几空朝署。盖自古不幸失国之君，未有得臣民之心若此者矣。（顾起元《客座赘语》）

建文新政以仁义礼治为要，“治天下有道，仁义礼乐之谓也，治天下有法，庆赏刑诛之谓也”（《深虑论》）。当时是颇得人心的。其要点有：

建立乡族制度，教化理民。“以井地养民，以比间、族党之法联民，以学校，三物之典教民。”（《谢氏族谱序》）通过这样的措施，使那些居住在一起、不一定有血缘亲属关系的民众，也能互相帮助，有喜同喜，有忧同忧。

宽刑狱，主张先教后诛，“欲其无贪黩也，必先使之知畏戮辱而重廉耻”（《深虑论》），通过一定形式的教育，使人能知廉耻，有警戒之心。

减赋税，主张恢复井田制，缓解由土地兼并所导致的贫富两极分化，还主张“宁余于民，无藏府库”的富民思想，要天下财货归于民，而不归于国。

削藩镇，反对地方拥兵自重。正是这点惹出了天下的战乱祸事。燕王朱棣本来就看不上他的侄子坐在皇位上，这下找到机会，终于圆了夙愿，使黄袍加身。

之后，明成祖血洗了建文帝的旧臣老吏，不仅酷刑惨无人道，更是株连甚广，连老幼妇孺都不肯放过。当时，有人为方孝孺求情，对明成祖说，不能杀方孝孺，“杀之则天下读书种子绝矣”（谷应泰《明史记事本末·壬午殉难》）。但明成祖丝毫不听劝告，对方孝孺的屠杀，其手段之酷烈，是最令人毛骨悚然的。不仅方孝孺被戮杀，次日，其先人墓全部被掘开，焚尸灭迹。凡方孝孺五服之内的九族，其母族林彦清、妻族郑原吉等姻亲，均遭逮捕，杀了七天才杀完。就连认识他的门生故旧，或藏有方孝孺文集者，都被算为“十族”，通通难逃厄运，与“十族”沾亲带故的诸远亲数百户，皆被抄家发配兴州。此祸惨烈，为历史株连之最。

王阳明：知行合一

据说陆九渊弥留之际，曾经以手指心，说“某有积学在此，惜未有承当者”，就是说，他的思想在他的心中，可惜没有弟子能继承。陆九渊认为，思想才是精华，所以他不立文字，也不著书。但陆九渊没能意识到，虽然文字有时是糟粕，可人死后，后人还能从他的糟粕中体会出精华来；如果糟粕都不存在，精华也极有可能中断。幸好，心学没有遭到这种厄运，在陆九渊死后300多年，心学又被时人所重视。

程朱理学上升为官方哲学后，其自身便基本停止了发展，体系严密的朱熹思想，在很长一段时间里，成为儒家学者难以突破的思想藩篱。他们以重复朱熹思想为能事，陈陈相因，丝毫没有创新，使得元明之际的思想界异常沉闷。在这个阶段，被程朱天理化了的纲常名教，就像一柄高悬在头顶上的达摩克利斯之剑，使人们感受到了沉重的精神压力，时间一长，一些儒家学者对理学本身的僵化，及它带来的精神压迫，渐渐感到不满，又把心学抬了出来，以心学来对抗理学。这是因为，朱熹在将理学发展到巅峰状态时，就曾遭到以陆九渊为代表的心学的批评。从思想根源上说，心学也是当时唯一可用来对抗程朱理学的思想体系。

其中最有代表性的，就是王守仁开创的“阳明心学”。

王守仁，别号阳明，后世多称其号。他最先学习了朱熹的格物致知说，信奉穷格事物的必然之理，就能扩充心中的道义原则。因此，他曾和友人一起看家里后院的竹子，希望能“格”出竹子的道理来，“格”了几天，没想出什么结果，倒是劳思成疾，病倒了。王阳明由此猛醒，客观事物中，哪里有什么作为道义原则的当然之理，他相信了30多年朱熹，其实是上当了。于是，王阳明又改信心学，重新提起陆九渊提出的问题，“心即理”，并对此进行了深刻的阐发。

或问："晦庵先生曰，'人之所以为学者，心与理而已。'此语如何？"先生曰："心即性，性即理"。（《传习录》）

王阳明以心为最高范畴，"心之本体原自不动。心之本体即是性，性即是理，性元不动，理元不动。"心包括一切，心中有性，性中有理。无论天地鬼神，还是禽兽草木，都和我们的心是一样的。

身之主宰便是心，心之所发便是意，意之本体便是知，意之所在便是物。如意在于事亲，即事亲便是一物；意在于事君，即事君便是一物；意在于仁民爱物，即仁民爱物便是一物；意在于视听言动，即视听言动便是一物。所以某说，无心外之理，无心外之物。（《传习录》）

王守仁说的心，并非指五脏中的器官，而指的是作为主体的灵明直觉和认识能力。我们运用心的"灵明"，就能和客观世界构成认识关系，宇宙之间的事，只是主体和客体之间的交往活动而已，心到了，事物才可得以显现，才能获得意义。

先生游南镇，一友指岩中花树问曰：天下无心外之物，如此花树，在深山中自开自落，于我心亦何相关？先生曰：你未看此花时，此花与汝心同于寂；你来看此花时，则此花颜色一时明白起来，便知此花不在你的心外。（《传习录》）

一日，王守仁在游览南镇的时候，有一个朋友指着岩石中的花说，"天下无心外之物，如此花树在深山中自开自落，于我的心有何相关？"王守仁回答："你未看此花时，此花与汝心同归于寂；你来看此花时，则此花的颜色一时明白起来，便知此花不在你的心外。"所以说，宇宙间的一切事物都是我心的客体，我心未对着它时，它是潜在的客体；我心对着它的时候，它就成为现实的客体，与我心构成了当下的认识关系。也就是说，吾心本无体，感应天地万物才为体；天地本无心，只有通过我心，才能实现认识，我心便是天地万物的主宰。没有我的心，谁去看天的高；没有我的心，谁去看地的深；没有我的心，谁又去管鬼神的吉凶灾祥！但两者也是相互的，天地万物离开了我的心，就没有了；我的心离开了天地万物，也就没有我的心了。

在这个基础上，王守仁提出要“致良知”：

我这里功夫，不由人急心认得。良知头脑，是当去朴实用功，自会透彻。到此便是内外两忘，又何心事不合一？（《传习录》）

究竟什么是良知呢？

无善无恶是心之体，有善有恶是意之动，知善知恶是良知，为善去恶是格物。（《传习录》）

在面对世间万物、各类世事时，每个人的内心中，都会对所面对的事物加以善恶的区分，正是因这两者之间的区分，才导致了“良知”的存在。

此心无私欲之蔽，即是天理，不须外面添一分。以此纯乎天理之心，发之事父便是孝，发之事君便是忠，发之交友治民便是信与仁。（《传习录》）

每个人都具有“良知”，而这种“良知”也是天生存在的，是永远也不会从人们身上消失的，它与后天的学习、努力不存在关系。我们只要能“致良知”，就能看得透彻，是非诚伪，合得便是，合不得便非，就像佛家说的“心印”，是试金石。

如何“致良知”呢？要解除心中之蔽，知行合一。

知之真切笃实处即是行，行之明觉精察处即是知。知行功夫，本不可分离。只为后世学者分作两截用功，失却知行本体，故有合一并进之说。真知即所以为行，不行不足以谓之知。

知是行的主意，行是知的功夫；知是行之始，行是知之成。若会得时，只说一个知，已自有行在；只说一个行，已自有知在。（《传习录》）

知，乃是良知的发现，行，是发现此良知。良知是天理，只是个“知”，但是要用“行”，才能真正地“致”。只为世间有一种懵懂的任意去做，全不解思维省察，也只是个冥行妄作，所以必说个知，方才行得是。又有一种人，茫茫荡荡地悬空去思索，全不肯着实躬行，也只是揣摩影响，所以说个行，才能知的真。总之，知

（元）商琦《春山图》（局部）
远景峰峦叠翠，烟笼雾罩；近景丛林杂树，着春染绿。

与行必须是合一并进，绝不可分为二事。

王阳明的思想在当时并没有引起多大轰动。在他死后，因有小人作怪，其学问一度被朝廷宣布为伪学，遭到严禁。但后世人在看到他的著作，理解了他的主张后，给予了极高评价："他在极踌躇的境地，说着极超脱的话；他在极困厄的时候，装着极自在的情态。他只在内心奋斗着，外面却表露他一贯的人格。"（钱穆《王守仁》）其学术足以承前启后，明清两代，难有能望其项背者。

“异端”儒学

明代的泰州学派是王阳明的后学的重要流派，见黄宗羲《明儒学案·泰州学案》：

阳明先生之学，有泰州、龙溪而风行天下，亦因泰州、龙溪而渐失其传。泰州、龙溪时时不满其师说，益启瞿昙之秘而归之师，盖跻阳明而为禅矣。然龙溪之后，力量无过于龙溪者，又得江右为之救正，故不至十分决裂。泰州之后，其人多能以赤手搏龙蛇，传至颜山农、何心隐一派，遂复非名教之所能羁络矣。

在泰州学派里，出了王艮、颜钧、何心隐、李贽这样“大不讳”的儒者，在王阳明“致良知”的基础上，提出了“百姓日用是道”，甚至还提出了“无父无君非弑父弑君”的观点，行为更是狂放不羁，为正统儒学所不容，时人称之为“异端”。

王艮自修成才，30多岁才拜王阳明为师。但他自视甚高，认为自己的学问是孔孟两千年之绝学，是儒学之真传。他著有《乐学歌》，表述诚意正心之功；《勉仁方》，表述格物致知之要；《明哲保身论》，表述修身止至善之则；《大成学歌》，表述孔子贤于尧舜之旨。王艮还受到了禅宗及道教的影响，以“百姓日用是道”，认为自然的顺应良心而动，不假安排思虑，当下即是“道”。

圣人经世，只是家常事。

圣人之道，无异于百姓日用。凡有异者，皆是异端。

故凡民之有德行才艺者，必见于人伦日用之间。（《王心斋先生全集》）

王艮以“百姓日用”为“圣人之道”，就算是愚笨的人，如果能知、能行，也是“道”，因为“百姓日用条理处，即是圣人之条理处”。圣人和愚人之间的界线，在圣人可以“致良知”，而愚人不可以罢了。

这个观点到了李贽手里，又演变成了“穿衣吃饭，即是人伦物理”。

穿衣吃饭，即是人伦物理；除却穿衣吃饭无伦物矣。世间种种皆衣与食类耳，故举衣与饭，而世间种种自然在其中，非衣饭之外，更有所谓种种绝与百姓不相同者也。（《焚书》）

李贽把“穿衣吃饭”说成“道”，“道”是最平常的、毫无神秘性的日常生活，而且，就算是有“道”的圣人，也要穿衣吃饭，这就把“道”从天上拉回到人间，把圣人推下了神坛。这对传统儒家来讲，是石破天惊之语。

李贽的特立独行，从他的人生经历中，也能窥知一二。李贽自幼不喜儒学，但迫于家训，还是得读书入仕。据记载，李贽是个混血儿，其家族有阿拉伯血统，这也是影响了李贽性格的一个重要因素。李贽26岁中了举人，开始了他之后长达20多年的游宦生涯。但他只做过中下级的地方官吏，两袖清风，还经受过倭寇侵掠、灾荒贫困的痛苦，所以，他的生活境况和当时的官宦大家绝不相同。李贽55岁辞官归隐，专心著书讲学，他的孤傲性格与奇怪的行事风格，与其他人格格不入。他曾削发为僧，却又狎妓无度，在许多人眼中，他简直就是个疯子，群起围攻之。后来，李贽到底因“敢倡乱道，惑世诬民”的罪名被下狱，在狱中自杀身亡。

李贽留有大量的著述，多达50余种，代表作有《焚书》《续焚书》《四书评》《藏书》《续藏书》等。李贽观点的核心是“童心说”，“童子者，人之初也；童心者，心之初也”。认为有无童心，是真正的人和虚伪的人的本质区别。

盖方其始也，有闻见从耳目而入，而以为主于其内，而童心失。其长也，有道理从闻见而入，而以为主于其内而童心失。其久也，道理闻见，日以益多，则所知所觉，日以益广，于是焉又知美名之可好也，而务欲以扬之而童心失。（《焚书》）

现在到处讲礼，讲读书做学问，其实是最大的虚伪。就连“六经”、《论语》、《孟子》，也都是“不可语于童心之言”，是“道学之口实，假人之渊薮”。李贽对士大夫所不齿的“市井小人”与“力田作者”给予高度赞扬，说他们实实在在，干啥说啥，做生意者说生意，力田者说力田，这才是真实之言。相反，李贽对一向自以为高贵的士大夫给予无情的揭露，指斥他们道貌岸然，道学家满口仁义道德，实际上是借道学这块敲门砖，“读书而求高第，居官而求尊显”，全是为自己打算。

在李贽看来，人的本性都是自私的，“夫私者人之心也，人必有私而后其心乃见，若无私则无心矣”。只有满足人的私欲，才是真道，可是假道学偏要“存天理，灭人欲”，这简直是画饼之谈。李贽举了个例子：

圣人虽曰“视富贵若浮云”，然得之亦若固有；虽曰“不以其道得之则不处”，然亦曰“富与贵是人之所欲”。今观其相鲁也，仅仅三月，能几何时，而素衣麑裘、黄衣狐裘、缁衣羔裘等，正富贵享也。御寒之裘，不一而足；裼裘之饰，不一而袭；凡载在《乡党》者，此类多矣。谓圣人不欲富贵，未之有也。（《明灯道古录》）

孔子在鲁国做官才三个月，就迅速变得那么阔气起来了，可见圣人亦有私心，比起老百姓来讲，有过之而无不及。这位大圣人一面说“视富贵若浮云”，以标榜清高；另一面又拼命追逐富贵，以“富与贵是人之所欲”来自我解嘲，才做官几十天，竟有了那么多奢侈品。这些东西究竟是从何处来的？是搜刮的民脂民膏，还是接受他人的贿赂？实在是大可怀疑的。这种对孔子的抨击，在李贽前的儒生们闻所未闻。但李贽就是这么直白地说出来了。他认为，孔、孟、荀提出的一切礼乐制度，都是戕害民欲的。只有打破这些教条，“庶人非下，侯王非高”，才能让人人各从所好，各骋所长，在生活中得以自由，在人格上得以平等。

东林党人

风声、雨声、读书声，声声入耳，
家事、国家、天下事，事事关心。

这是顾宪成为东林书院撰写的柱联，说出了历代读书人的爱国心愿。

东林党人源于东林学派，东林学派又起于东林学院。东林书院创建于北宋政和元年（1111），创建者是杨时，杨时曾受学于程颐，他就是“程门立雪”佳话的主角。杨时去世后，东林书院曾荒废过一段时间，直到明代万历三十二年（1604，）经过顾宪成的努力重新修复。东林书院的修复与讲学，标志着东林学派的正式创建与形成。

顾宪成在《请复东林书院公启》中说：

敬启有宋龟山杨先生，受业二程夫子。载道而南，一时学者翕然从之，尊为正宗。考锡乘，先生常讲学是邑十有八年，建有东林书院。岁久旁落为东林庵，而书院废矣。距今五百余年，俯仰顾盼，莫不喟然叹息。某等潜不自量，欲相与共图兴复，念祠堂以崇先哲之懿范，则道脉系焉。书院以广友朋之丽泽，则学脉系焉。所关重大若此，非借崇灵不足以树风声而垂永也。

复兴东林书院的目的，是希望能接续程朱理学，使“九峰二泉之间，行将坐收濂洛关闽之胜”。复建当年，“东林八君子”顾宪成、顾允成、高攀龙、安希范、刘元珍、钱一本、薛敷教、叶茂才便开始聚众讲学。关于讲学宗旨，顾宪成在《东林会约》里写得非常清楚：

一曰知本。知本云何？本者，性也，学以尽性也，尽性必自识性始。

一曰立志。立志云何？志者，心之所之也。莫贵于人，莫灵于心。

一曰尊经。尊经云何？经，常道也。孔子表章六经，程朱表章四书，凡以昭往示来维世教觉人心，为天下留此常道也。

一曰审几。审几云何？几者，动之微，诚伪之所由分也。

在顾宪成看来，讲学有九大好处：

其一，讲学可以道义相切磋，使学人能意诚心正身修，达到圣贤的高度要求；其二，四方的宿学硕儒齐集，无论身份地位年龄，都慕名而来，一心向学；其三，会讲时，“耳目一新，精神自奋，默默相对，万虑俱澄”，可以使精神升华；其四，当会之时，“非仁义不谈，非礼法不动”，个人的一些凡情俗态可渐渐克服消除；其五，可以在万里之外，寻师觅友，同声相应，同气相求；其六，一人的见闻有限，众人的见闻无限，会讲可以使人广见博闻，解答疑惑；其七，一日之中可以“追按其既往”“预筹其将来”，纵论古今，起旧图新；其八，身临先师之地，心受圣贤之教，能以圣贤为榜样，严格要求自己；其九，“会以明学，学以明道”，使人得以立言、立功、立德，为社会树立新的风尚。顾宪成还一针见血地指出了讲学的“九损”，也就是讲学中常犯的毛病：

比昵狎玩，鄙也。党同伐异，僻也。假公行私，贼也。

评议是非，浮也。谈论琐怪，妄也。文过饰非，怙也。

多言人过，悻也。执事争辩，满也。道听途说，莽也。

以此为规章制度，东林讲学一时济济大盛。士人们纷纷前往东林书院受教，有的是个人，有的是师徒同往，还有的甚至是举家赴会。

被后人评价为文章、理学、气节、忠义四者集一身的顾宪成，当然不会只沉浸在读书治学中，其更讲究实在躬行的学问，培养经世致用的人才。东林学派的人员组成，就是在朝、在野的出自东林书院的学者，及民间一大部分恪守正统思想的士绅学者。他们关心国事，忧时忧民，渐渐形成了一个有鲜明政治色彩的社会势力。因为东林学派敢于说实话、说真话，声援者又极多，在朝反对的人颇为忌恨，便将顾宪成、高攀龙为首，及与他们讲学活动有联系的人统统视为异端，称之为“东林党人”，加以打击迫害。

东林党争爆发在明熹宗天启年间。当时，明熹宗的乳母客氏和太监魏忠贤纵容明熹宗玩乐，实质上把持了朝政，东林党人强调“救时实政”，对种种荒谬的行为，实是忍无可忍，从天启元年就开始斗争，他们不断上书弹劾魏忠贤却毫无效果，反而招来了魏忠贤的迫害。到了天启四年，东林党人与阉党之间已经剑拔弩张，都察院左副都御史杨涟将魏忠贤在内外廷的种种倒行逆施、所作所为等，综合概括成24条罪状，集中火力，攻击过去。在此鼓舞下，东林党人对魏忠贤长期的积怨与义愤，犹如大开闸门之水，顿时倾泻而出，他们要清君侧，高喊铲锄“魏忠贤之党”。而魏忠贤依靠手中权力，一面诬陷，一面镇压，开始了大肆屠杀，甚至公布《东林党人榜》，按照名册杀人。

直到明熹宗去世，魏忠贤的嚣张气焰才到了头。当时，举国上下弹劾魏忠贤的奏章如雪片一样多，继位的崇祯帝本就与魏忠贤不合，他迅速地将魏忠贤罢黜，又钦定阉党逆案，才恢复了东林党人“一堂师友，冷风热血，洗涤乾坤”的声誉。

东林党人的斗争还远未结束。崇祯十七年（1644），明朝政权被李自成推翻，阉党余孽阮大铖在南京拥立福王朱由崧监国，他们不仅没有力图收复山河之志，反而把矛头又指向了东林党人。东林党人一边抗击国难，一边还要抵制党争。他们有强烈的社会忧患意识，强调爱国救国，提倡实学实用，在当时具有重要的社会意义，对挽救明末社会颓风和澄清人们的思想，起到了极大的推动作用。

（清）佚名《天下全舆总图》
此图反映了天下诸番向明成
祖永乐皇帝朱棣进贡的场景。

天下全輿總圖
北
北極
今名北亞墨利加
今名南亞墨利加
南極

顾炎武 天下兴亡

大明王朝在农民起义和大清入侵的双重打击下灭亡了，对于士大夫阶层，这是一次天翻地覆的变化，“夷狄之有君，不如诸夏之亡也”，他们痛定思痛，对明王朝何以灭亡的问题进行了深刻的反思。很多人得出这样的结论，理学和心学的虚而不实是造成明王朝政治走向腐败，最后走向死亡的根本原因。在此认识的基础上，儒学内部出现了深刻的变革，那就是，由宋明理学、心学注重心性本体的形而上的追求，逐渐向强调经世致用的方向转化。这股思潮，是为“实学”。

在明末清初这样的转变中，“开国儒宗”顾炎武，无疑是一位重要人物。

崇祯十二年（1639），27岁的顾炎武再一次参加乡试失败，像大多数读书人一样，经过一次次科举失意的打击后，对此不再抱有希望和幻想，退而潜心学问。但当时李自成起义已成气候，辽东时局危急，全国的战火都烧了起来，社会已不容许士大夫再优游浅处、高谈阔论了。顾炎武也和大部分老百姓一样，开始了流亡的经历，他先是到南京，很快又跟随节节溃败的明军到达苏州。在战乱中，他的母亲绝食而死，遗命他勿事异族，顾炎武一生谨记。

顺治年间，苟延残喘的南明小王朝也走向了覆灭。顾炎武看到，反清复明已完全没有了希望，遂变卖家产，北上游历，决心笃志经史，把自己的后半生奉献给著述事业。他越过长城，历经山东、河北、陕西、山西、河南等省，研究各地的历史和地理。每当他出外游历时，总带着四头毛驴，两头驮着路上要看的书，另外两头自己换着骑。顾炎武希望以原始事实印证书上的记载，换句话说，就是以实地亲身视察，看看观察的结果，是不是符合书上的记载。

当他到达古代兵家必争之地时，便会找到退伍的老兵，询问该地地形的详细情形、战阵布置等，然后再去实地看看。如果发现其中有什么不同的地方，他就会仔细地翻看书籍检阅，详细考证，得出的想法再记录下来，日积月累，他的代表作《日知录》，就这样写成了。

晚年的顾炎武，以深湛的学术造诣闻名朝野，清廷几次想请他出山，担任编修《明史》主编，他却誓死不出，郑重声明：“果有此举，不为介推之逃，则为屈原之死。”顾炎武老而无子，几个外甥曾劝他回家养老，他也婉言拒绝，只与养子为伴，后客死他乡。

综观顾炎武一生，始终以“国家治乱之源，生民根本之计”为怀，早年奔走国事，中年图谋匡复，直到晚年，仍以“救民水火”为己任。他的《日知录·正始》中有一段话，专论“天下兴亡，匹夫有责”：

有亡国，有亡天下，亡国与亡天下奚辨？曰：易姓改号谓之亡国，仁义充塞，而至于率兽食人，人将相食，谓之亡天下。魏晋人之清谈，何以亡天下？是孟子所谓扬、墨之言，至于使天下无父无君，而入于禽兽者者。……是故知保天下，然后知保其国。保国者，其君其臣，肉食者谋之；保天下者，匹夫之贱与有责焉耳矣！

亡国、亡天下是两回事。亡国是政权的消亡，而亡天下是文化的断绝，后者远比前者严重得多。在顾炎武的时代，亡天下的危机在于汉族的沦亡，顾炎武为了破除家国兴亡与己无关的观点，唤起大众的铿锵气节，方如此倡导之。

顾炎武还主动抵制理学、心学的空疏清谈之风。

五胡乱华，本于清谈之流祸，人人知之。孰知今日之清谈，有甚于前代者。昔之清谈谈老庄，今之清谈谈孔孟。未得其精而已遗其粗，未究其本而先辞其末。不习六艺之文，不考百王之典，不综当代之务，举夫子论学论政之大端一切不问，而曰一贯，曰无言。以明心见性之空言，代修己治人之实学。股肱惰而万事荒，爪牙亡而四国乱。（《日知录·夫子之言性与天道》）

顾炎武把矛头直接对准理学、心学，他以严厉的态度鞭挞之，认为他们背离了孔子的本旨，不习“六艺”，不考先王之典，不综当代之务，只是凭空去猜想。顾炎武希望以“通经复古”的汉学传统、扎扎实实的考据和训诂，来取代毫无实用的清谈。

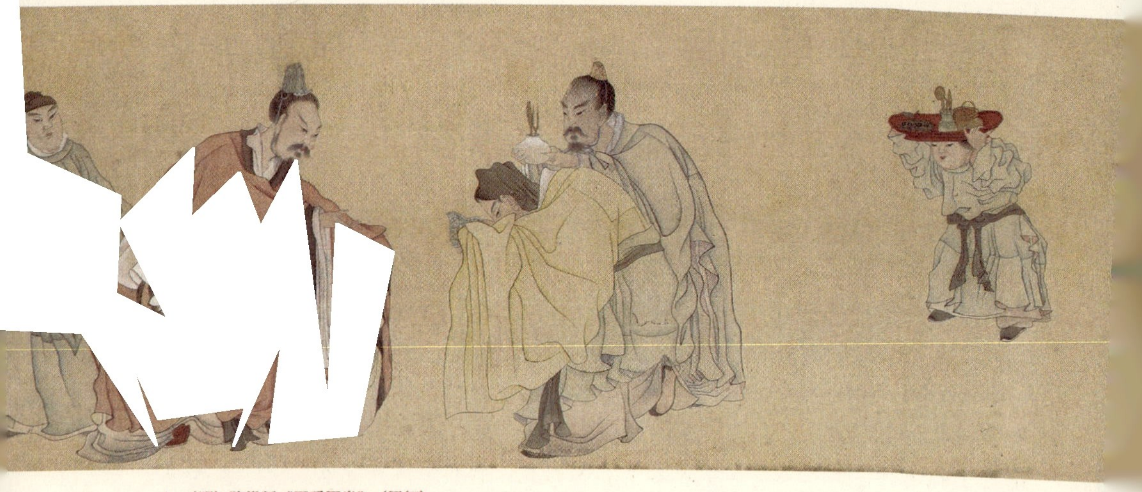

（明）陈洪绶《晋爵图卷》（局部）
此图描绘了数位人物，多人面向左侧，或作揖，或执礼，一起恭贺画卷左端的红袍男子加官晋爵。

顾炎武提出了以经学代替理学、心学的口号，古人不是完全不讲义理，是以经学为本，不通经不能成理，"六经"能"引古筹今，亦吾儒经世之用"，但程朱理学、阳明心学中渗透了道家、佛教的思想，无论在形式上，还是在内容上，都出现了偏离，继之让儒学走向了衰弱。

顾炎武的根本目的在于通经致用，不仅要"博学于文"，更要以广泛的实践知识来为现实服务。后人评价他：

综贯百家，上下千载，详考其得失之故，而断之于心，笔之于书，朝章、国典、民风、土俗，元元本本，无不洞悉。……凡经义史学……一一疏通其源流，考正其谬误。……学博而识精，理到而辞达。（《日知录·原序》）

在学术上，顾炎武广涉经学、史学、地理学、文字学、金石学和诗文各方面，著述宏富，成就卓越，对整个清代儒学产生了极大的影响。

顾炎武还提出了"行己有耻"的口号。如果说，"博学于文"反对的是空谈义理的学风，那么，"行己有耻"则是有感于晚明士大夫寡廉鲜耻、趋炎附势的行径所发。

愚所谓圣人之道者如之何？曰“博学于文”；曰“行己有耻”。自一身以至于天下国家，皆学之事也；自子臣弟友以至出入、往来、辞受、取与之间，皆有耻之事也。（《与友人论学书》）

只有将治学的博学致用与做人的知耻践行相互结合，才能成就“圣人之道”。

黄宗羲 民贵君轻

后人曾概括黄宗羲的思想渊源：

公以濂、洛之统，综会诸家。横渠之礼教，康节之数学，东莱之文献，艮斋、止斋之经制，水心之文章，莫不旁推交通，连珠合璧，自来儒林所未有也。（易宗夔《新世说》）

黄宗羲博采众家之学，首先是家学的熏陶。黄宗羲的祖父黄日中就是儒家名士，“《五经》《左氏内外传》《国策》《庄》《骚》，随举一句，应口诵其全文，与人言亦必原本经传”（《梨洲先生世谱》）。对大多数典籍，黄日中都达到了熟练背诵、出口成章的地步。黄宗羲的父亲黄尊素是东林学派的重要代表人物，“少即博览经史，不专为科举之学”，并倡导经世济民，视天下安危为己任。黄尊素的学问多与现实社会紧密联系，是东林学派关心时务、经世济民的体现，这些都对黄宗羲影响很大。

其次是与师友的交往。黄宗羲曾拜东林遗老刘宗周为师；在他的朋友圈里，有“四海宗盟五十年”的钱谦益，有复社的张溥、陈子龙，有词人汪遗民，还有少年英雄杨维斗等。黄宗羲从他们那里，汲取了很多优秀的思想养分。

黄宗羲为后人所称道的，一是他的史学见识。黄宗羲提倡经史并重，以为学问之道，须“本之经以穷其原，参之史以穷其委”（《沈昭子耿岩草序》）。读经读史是为学基础，经史并重才能触类旁通，学有所成。他强调：

学者必先穷经，经术所以经世。不为迂儒，必兼读史。（《清史稿·儒

林列传》）

在黄宗羲看来，只有读史才能免于迂儒，才不会拘执于经学字句。

黄宗羲曾作《明史案》，可惜后来散佚了。在康熙朝编撰《明史》时，黄宗羲全力支持自己的儿子黄百家及弟子万斯同、万贞一接受朝廷征召，赴京入史馆，直接参与修史工作；他自己对具体的修史事宜，诸如体例、结构、内容等提出过许多建议，他搜集的大量资料，也被《明史》收录采纳。所以，黄宗羲虽坚持“不仕”新朝的原则，没有亲身参与《明史》的撰修，却为此付出过心血与辛劳。

此外，黄宗羲还留有《留书》《明夷待访录》《破邪论》三书。《留书》共八篇，重在剖析历代政治军事制度的得失，总结明朝覆亡的历史教训；《明夷待访录》是在《留书》基础上写成的，对“三代”之后的君王专制，进行了尖锐的抨击，提出“天下之大害者，君而已矣”；《破邪论》有《从祀》《上帝》《魂魄》《地狱》《赋税》《科举》《骂先贤》七篇，多是对专制政权弊端的集中批判。

二是他的经学精神。黄宗羲与传统儒家提倡的“公”不同，他提倡的是“人各自私，人各自利”：

有生之初，人各自私也，人各自利也。（《明夷待访录·原君》）

人们各人只顾自己的私事，只谋自己的利益。所以说，利己是天性，现在扭曲了它，是因为君王以分派天下利益的权力都出于我自己，侵吞了人人的私利，“使天下之人不敢自私，不敢自利”，把君王自我的私利，作为天下的公利了。

在公、私观念基础上，黄宗羲建构起的思想框架具有超前的眼光。如“非君”论，黄宗羲完全否定了现世之下的君王，而要恢复三代那样的君王之治。他犀利地说：

古者以天下为主，君为客，凡君之所毕世而经营者，为天下也。

……

今也以君为主，天下为客，凡天下之无地而得安宁者，为君也。是以其未得之也，屠毒天下之肝脑，离散天下之子女，以博我一人之产业，曾不惨然！（《明夷待访录·原君》）

古代为君者，“其人之勤劳必千万于天下之人”，然而“以千万倍之勤劳而己又不享其利”，甘做“必非天下之人情所欲”之事，故“天下之人爱戴其君”，甚至将君王“比之如父，拟之如天”，将君王当作父亲来爱戴，当作天地来崇敬；现世的为君者却正好相反，君王不但不以勤劳事天下，反而为一己之私而主宰天下，以致“天下之人怨恶其君”，都对君王“视之如寇仇，名之为独夫”，君王成了独夫民贼，成了天下人最仇视的对象。

与之对应的，是“天下之法”与“一家之法”。“天下之法”就是“三代之法”，也称“无法之法”：

三代之法，藏天下于天下者也。山泽之利不必其尽取，刑赏之权不疑其旁落，贵不在朝廷也，贱不在草莽也。在后世方议其法之疏，而天下之人不见上之可欲，不见下之可恶，法愈疏而乱愈不作，所谓无法之法也？（《明夷待访录·原法》）

三代之法，是真正为百姓着想而设立的法度：山川河泽之利益不必完全攫取，刑狱赏罚的权力也不用怀疑会旁落于人，不以身在朝廷而为贵，也不以身处乡野而为贱。

现世的君王却背离了这一精神，“一家之法”又称“非法之法”：

后世之法，藏天下于筐箧者也：利不欲其遗于下，福必欲其敛于上；用一人焉则疑其自私，而又用一人以制其私；行一事焉则虑其可欺，而又设一事以防其欺。天下之人共知其筐箧之所在，吾亦鳃鳃然日唯筐箧之是虞，向其法不得不密。法愈密而天下之乱，即生于法之中，所谓非法之法也。（《明夷待访录·原法》）

把天下之利尽归于一家，法对百姓没有丝毫利益可取，而所有福分之事，恨不得都归君王一人。为了防止任用的人自私，只好再让人监察；为了防止做事有欺骗，还要另设置一件事，防止欺骗。天下之乱，就是由这些头绪繁多的法引起的，所以是“非法之法”。

对三代的君王和现世的君王，臣子之道也反映为两种：

（清）郎世宁《乾隆皇帝射猎图》（局部）
此图画的是威武雄壮的乾隆帝在射猎。

夫天下之大，非一人之所能治，而分治之以群工。故我之出为仕也为天下，非为君也；为万民，非为一姓也。吾以天下万民起见，非其道，即君以形声强我，未之敢从也，况于无形无声乎！非其道，即立身于朝，未之敢许也，况于杀其身乎。不然，而以君之一身一姓起见，君有形有声之嗜欲，吾从而视之听之，此宦官宫妾之心也；君为己死而为己亡，吾从而死之亡之，此其私昵者之事也。是乃臣不臣之辨也。（《明夷待访录·原臣》）

黄宗羲不认为臣子的地位一定在君王之下。尽管“人君以一人之身，居四方之中，东西南北成于此焉取正者也。一身之精神有限，耳目之见闻不周，人不能尽识也，事不能尽知也，故必择大臣而信任之”，从这个角度看，臣子是要为君王负责，但他们在本质上只是职分有差，因为天下之大，并非君王一个人所能治理，所以必须要有百官臣子来分担治理天下的责任。因此，臣子是为了整个天下，并不是为君王一人；是为了所有的百姓，而不是为君王的一家。

黄宗羲还将治理天下比喻成“曳木”，君王和臣子都是“曳木”之人，只是在协同配合时所处的位置不同而已。三代的君臣关系是平等的，现在的群臣关系却如主仆一般，臣子对君王唯唯诺诺、点头哈腰，甚至到了“君要臣亡，臣不得不亡”的离谱状态。

黄宗羲已有了近代化的意识。不过因他的观点太过激进，其著作在乾隆时就被列为禁书，直到清末梁启超等人实行变法改良，世人才得以再睹黄宗羲的气概，其被赞誉为“东方的卢梭”，成了近代改革的一位精神化身。

颜李学派

梁启超在《近三百年学术史》中评价过颜李学派，盛赞颜李学派能够“举朱陆汉宋诸派所凭借者一切摧陷廓清之，对于二千年来思想界，为极猛烈极诚挚的大革命运动”，认为颜元、李塨“不独是清儒中很特别的人，实在是二千年思想界之大革命者”。

梁启超对颜李学派评价如此之高，是着眼其“正德、利用、厚生”的教育思想。颜元认为，教育是民生之大业，只有教育才出人才，“有人才则有政事，有政事则有太平”，这些人才不能是只求功名利禄、飞黄腾达的科举蛀虫，而是德、智、体、美全面发展的实用人才。由此，其教育理念最重“习”字，颜元的书斋就叫“习斋学舍”，颜元还手书一联，悬之中堂，“聊存孔绪励习行，脱去乡愿、禅宗、训诂、帖括之套；恭体天心学经济，斡旋人才、政事、道统、气数之机”。其教育创新亦在躬身实践，是“实行、实文、实体、实用”之学。

我们还可以从颜元的《习斋教条》中，以小见大，看看颜李学派的教育方法。

(1) 孝父母。须和敬并进，勿狎勿怠，昏定、晨省……

(2) 敬尊长。凡内外尊长，俱宜小心侍从，坐必隅，行必随，居必起，乘必下，呼必唯，过必趋，言必逊，教必从，勿得骄心傲气，甚至戏侮……

(3) 主忠信。天生人只一实理，人为人只一实心，汝等存一欺心，即欺天，说一谎话，即欺人，务存实心，言实言，行实事……

(4) 申别义。五伦若父子之亲，君臣之义，长幼之序，朋友之信，其义易晓，独夫妇一伦，圣人加以“别”字，洵经伦大经之精义也……

(5) 禁邪僻。……勿施财修淫祠，勿拜邪神，勿念佛，勿呼僧道为师……

(6) 勤赴学。清晨饭后，务期早到……

(7) 慎威仪。在路在学，须端行正坐，轻佻失仪者责。

(8) 肃衣冠。非力作不可去礼衣。虽燕居昏夜，不可科头露体。

(9) 重诗书。凡读书必铺巾端坐……更宜字句清真，不许鼻孔唔唔……

(10) 敬字纸。凡学堂街路，但见字纸必拾，积焚之，或不便，则填墙缝高处。

(11) 习书。每日饭后仿字半纸，改正俗讹，教演笔法……

(12) 讲书。每日早晨试书毕，讲《四书》或经，及酉时，讲所读古今文字，俱须潜心玩味，不解者不妨反复问难，回讲不通者责。

(13) 作文。每逢二、七日，题不拘经书、史传、古今名物，文不拘诗、辞、记、序、诰、示、训、传，愿学八股者听。俱须用心思维，题理通畅……

(14) 习六艺。昔周公、孔子，专以艺学教人，近士子惟业八股，殊失学教本旨。凡为吾徒者，当立志学礼、乐、射、御、书、数及兵、农、钱、谷、水、火、工、虞，予虽未能，愿共学焉……

(15) 行学仪。每日清晨饭后，在师座前一揖，散学同……

(16) 序出入。……行辈异者，以行辈叙，相遇相别皆拱手……

(17) 轮班当值。凡洒扫学堂，注砚，盛夏汲水，冬然火，敛仿进判，俱三日一班……

(18) 尚和睦。同学之人，长幼相敬，情义相关。最戒以大陵小，以幼欺长，甚至殴詈者……

(19) 贵责善。同学善则相劝，过则相警；即师之言行起居有失，俱许直言，师自虚受。至诸生不互规有成，而交头接耳、群聚笑谭者，责，甚至戏嘲亵侮者，重责。

(20) 戒旷学。读书学道，实名教乐地，有等顽童，托故旷学，重责……

共二十条，大致可分为四类：

第一类，教学内容。颜李学派不独学程朱理学，而以周公、孔子的“六艺”为要，认为“孔门六艺，进可以获禄，退可以食力”，即强调实用的学问。颜元受聘于漳南书院时，其设计的课程体制为：东面第一斋是文事，学礼、乐、书、数、天文、地理等课目；西边第一斋是武备，学黄帝、姜太公和孙吴等人的兵法，与如何攻守营阵，水战、陆战的方术，及射、御、技击等；东边第二斋是经史，学的是《十三经》和历代史、诰制、奏章、诗、文等；西边第二斋是艺能，学的是水学、火学、工学、象数等；另有理学斋，学习静坐，编著程、朱、陆、王的学说；帖括斋，学习八股、科举等。颜元对他这套教育体系很自信，认为“朝廷大政，天下所不能办，吾门人皆办之，险重繁难，天下所不敢任，吾门人皆任之”，这其实已开启了近代分科教育的先声。

第二类，为学态度。既要有道德规范、伦理纲常，如孝敬父母、尊师重道、长幼相敬、仁爱待人，不能骄心傲气等，又要能在习行劳动中求得真实的学术。而且，学问不是坐着死读书就能读出来的，“为爱静空谈之学久，必至厌事，厌事必至废事，遇事即茫然”。所以在《习斋教条》中，颜元规定了很多的洒扫应对之道，也是躬身实践的另一种要求方式。

第三类，为学禁忌。颜李学派反对一曝十寒，所以为学要能持之以恒；颜李学派还不言怪力乱神，不事神佛，不入僧道。

第四类，学校的具体管理规则，如值班制度、请假制度等。

在颜元之后，其弟子李塨继续将“习行”的教育理念发扬光大。但因陈义过高，能践行者甚少，故在李塨之后，颜李学派逐渐势衰。反倒是其教育思想中为反对宋明空疏之风倡导的复古周公、孔子的理念被接下来的乾嘉学派拿到了接力棒，代而在经学中兴起了实事求是的朴学。

（清）庄擾《人物画册》（第三开）
此图画的是古人在郊外与孩童游玩的场景。

汉宋之争

汉学、宋学之争，始于清代。汉学、宋学都是经学分支，区别在于两者走了不同的治经途径，也就是对“六经”文本的诠释与理解有所不同。

所谓汉学，指在理论上崇尚原始儒学和盛行于东汉的古文经学，在治学方式上提倡实事求是，讲求对经籍章句的考据训诂，具有尚汉儒，重小学、训诂与名物考辨的特色。所谓宋学，主要指宋明理学，旨在阐发儒家经典所蕴含的义理，其治学方式是以理贯经，使经学理学化。

汉学与宋学的分化，最初是官方与民间的对抗。大清官方大力推崇理学，借以维系人心，而民间则以考证字义、钩稽史实来攻击程朱。如陈启源的《毛诗稽古篇》，一反以理学诠释经义的做法，而着重名物考证，尊信诗序、毛传和郑笺。阎若璩的《尚书古文疏证》，从史实证据出发，旁征博引，疏通辨证，用了近千条例证，指出理学家所推崇的《大禹谟》中的“十六字心传”，即“人心惟危，道心惟微，惟精惟一，允执厥中”，居然是伪造的。很多类似的观点都动摇了本已是明日黄花之势的理学根基，使宋学遭受到了致命的伤害。

大兴的文字狱也使得很多学者不敢再高谈阔论，“学者渐惴惴不自保，凡学术之触时讳者，不敢讲习。然英俊之士，其聪明才力，终不能无所用也。诠释故训，究索名物，真所谓于世无患，与人无争”（梁启超《清代学术概论》）。开始把自己埋到故纸堆里，做起了文字功夫，这更使汉学一枝独秀，开始与宋学分庭抗礼。

汉学的主要阵地是乾嘉学派。乾嘉学派几乎把所有儒经都重新加以训诂和笺释，如惠栋的《易汉学》、王鸣盛的《尚书后案》、孙星衍的《尚书今古文注疏》、陈奂的《诗毛氏传疏》、孙诒让的《周礼正义》、秦蕙田的《五礼通考》、刘宝楠的《论语正义》、郝懿行的《尔雅义疏》、邵晋涵的《尔雅正义》等。乾嘉学派还在小学、历史、地理、金石、考古，以及工具书、丛书、类书的编纂方面留下了可资借鉴的成果，如钱大昕的《二十二史考异》、王鸣盛的《十七史商榷》，赵翼的《廿二史札记》、钱著详于校勘文字，解释训诂名物；王著偏重典章制度的考实；赵著则在考辨史实时，又多发议论，均有助于后人理解古史。再如对大部分子书予以校订，或厘审字句，或推比章节，使许多难读的古书文从字顺。

惠栋公然讲："宋儒经学，不惟不及汉，且不及唐，以其臆说居多而不好古也。"（《天牧先生论学遗语》）在惠栋心中，宋学是远不如汉学的。惠栋提出两点理由，一是，汉代在时间上近古，"以汉犹近古，去圣未远故也"（《松崖文钞》），汉学之意，离着圣人之意更近；二是，汉学有家法，且渊源有自，"孔子殁后，至东汉末，其间八百年，经学授受，咸有家法，故两汉诸儒或识古音"（《韵补序》）。惠栋治学，即从汉学家法出发，重视"经之义存乎训诂，识字审音，乃知其义"（《九经古义存》），强调识字、审音等训诂法，才是发掘儒经中蕴含的抽象意义的具体途径。

如果说惠栋扛起了乾嘉学派反对宋学的大旗并赢得了乾嘉学者的共鸣，那么到戴震时就达到了乾嘉学派重宋学、抑汉学的高峰。戴震直言：

> 宋以来儒者，以己之见，硬坐为古圣贤立言之意，而语言文字实未之知，其于天下之事也，以己所谓理，强断行之，而事情原委隐曲实未能得，是以大道失而行事乖。（《与某书》）

在戴震看来，理学末流表里不一，虚伪透顶，很多逻辑都是胡编乱造出来的，"后儒冥心求理，其绳以理，严于商、韩之法，故学成而民情不知，天下自此多迂儒"，完全是欺民、愚民、害民之学，与真学问相差甚远。被如此批评的宋学，当然不能装作听不见。方东树作《汉学商兑》，公开指责汉学。

> 顾、黄诸君虽崇尚实学．尚未专标汉帜；专标汉帜，则自惠氏始。惠氏虽标汉帜，尚未厉禁言理；厉禁言理则自戴氏始。自是宗旨祖述，邪议大肆，遂举唐宋诸儒已定不易之案，至精不易之论，必欲一尽翻之，以张其门户。

在方东树看来，原本没有壁垒分明的汉学、宋学，都是惠栋、戴震造出来的，如同党争一样，汉学为了自己的利益，拼命贬低宋学。他们“众口一舌，不出于训诂小学、名物制度，弃本贵末，违戾诋诬，于圣人躬行求仁、修齐治平之教，一切抹杀，名为治经，实足乱经，名为卫道，实则畔道”。典章制度的考证结论不同，互相驳斥，不知谁为真知灼见；而一味考据，更无关国计民生，名为卫道，实则叛道，为学术之大害。

这本《汉学商兑》虽不免有门户之争的嫌疑，但客观指出了汉学治学方法的明显缺陷。汉学由小学以通经明道，过度考究文字、音韵、训诂，却未必能明白其中蕴含的“道”。而且，汉学的考证多用归纳法，每释一字，遍考经籍，其结果是舍本求末，烦琐而无意义，成为古董一样的学问。

随着汉宋之争的发展，双方缺点暴露无遗。汉学只重考据，不重义理，很难领悟微言大义；宋学一味追求义理，坠入空谈，不可自拔。虽然这些不过是儒家内部的学派之争，但他们过度持有门户之见，大有水火不容之势，也使得双方的发展受到了限制。时间一长，有些学者试图跳出局限，提出融合汉、宋的主张。如戴震的《孟子字义疏证》就是通过对字义的训诂考据，讲性与天道。尽管他依旧对理学家提出的“理”嗤之以鼻，但却开启了汉宋兼容的风气，为儒学的发展增添了新的色彩。

“学界山斗”阮元

钱穆在《中国近三百年学术史》中称赞阮元为“清代经学名臣最后一重镇”。何以言之?

阮元在乾隆五十一年(1786)中举,早年登科后,便宦途显贵。后历任山东学政、浙江学政,门生故旧满天下;又出任了浙、赣、豫巡抚和两广、云贵总督,直到道光十八年(1838)致仕,荣归故里,历乾、嘉、道三朝,被誉为三朝阁老、九省疆吏。

据《清史稿·阮元传》记载:

在浙江立诂经精舍,祀许慎、郑康成,选高才肄业;在粤立学海堂亦如之,并延揽通儒。造士有家法,人才蔚起。撰《十三经校勘记》《经籍纂诂》《皇清经解》百八十余种,专宗汉学,治经者奉为科律。集清代天文、律算诸家作《畴人传》,以章绝学。重修《浙江通志》《广东通志》,编辑《山左金石志》《两浙金石志》《积古斋钟鼎款识》《两浙槽轩录》《淮海英灵集》,刊当代名宿著述数十家为《文选楼丛书》。自著曰《研经室集》。他纪事、谈艺诸编,并为世重。身历乾嘉文物鼎盛之时,主持风会数十年,海内学者奉为泰斗焉。

按照时间顺序,阮元是在两任学政期间,组织人力物力,编纂了一部《经籍纂诂》。据《后序》载:

少宗伯仪征阮公视学浙江,以经术倡迪士子,思治经必先通诂训,庶免凿空逃虚之病。而倚古以来，未有汇辑成书者。因遴拔经生若干人，分籍纂训，依韵归字，授之凡例，示以指南，期年分纂成。

全书“以字为经，以韵为纬，取汉至唐说经之书八十六种条分而缕析之”，将散见于经传的浩如烟海的训诂资料汇集起来，荟萃了群经旧注，诸子百家训诂，史部、集部旧注及字书等各方面的材料，将唐以前的训诂资料几乎网罗殆尽。而后，阮元在浙江巡抚任内又组织多位学者重新校勘《十三经注疏》。《十三经注疏》原有多种版本，宋以前是经、疏各自独立的单行本，南宋始有合本，还有附《释音注疏》的十行本，明代又出了闽本、监本、毛氏汲古阁本等。这些版本流传日久，不断翻刻，错讹极多。对《十三经注疏》重作校勘就要广征各类善本，罗列异同，考订正伪后，再确定取舍，这个工作量是非常庞大的。但阮元不带门户之见，不凭主观臆断，用心、用力为之，并撰写了《十三经注疏校记》。

之后，阮元调任江西巡抚，开始刊刻《十三经注疏附校勘记》，以解学者寻觅版本之苦。

窃谓士人读书当从经学始，经学当从注疏始。空疏之士，高明之徒，读注疏不终卷而思卧者，是不能潜心研索，终身不知有圣贤诸儒经传之学矣。

在阮元看来，经书版本的好坏与治学成就的高低密切相关。《十三经注疏附校勘记》刊刻历时19个月，成书题为《重刊宋本十三经注疏附校勘记》。为尽可能保持版本原貌，阮元“虽明知宋版之误字，亦不使轻改，但加圈于误字之旁，而别据校勘记择其说，附载于每卷之末”。“校”的工作主要体现在附录的校勘记中，后人认为“最于学者有益，凡有关校勘处有一圈，依圈检之，精妙全在于此”。

阮元并不满足于此，他到南方出任两广总督后，又领衔主编了《皇清经解》。据其序记载，

《皇清经解》之刻，乃聚本朝解经之书，以继《十三经注疏》之迹也。自《十三经注疏》成，而唐宋解经诸家大义多括于其中。此后李鼎祚书及宋元以来经解，则有康熙时通志堂之刻。我大清开国以来，御纂诸经，为之启发，由此经学昌明，轶于前代。有证《注疏》之疏失者，有发《注疏》所未发者，亦有与古今人各执一说以待后人折中者。国初如顾亭林、阎若璩、毛西河诸家之书，已收入《四库全书》。乾隆以来，惠定宇、戴东原等书亦已久行宇内，惟

（清）王翚《康熙南巡图 · 山塘街》（局部）
此图画的是清朝苏州山塘街的繁华景象。

未能如通志堂总汇成书，久之恐有散佚。

编撰的目的就是集合清儒研究经学之大成，阮元的气度由此可见一斑。即便一年后他转调云贵总督，依然指导了编撰工作如常进行，最终历时五年，刊刻的总卷数高达1412卷。书成，即被奉为“汉学之钜观，经生之鸿宝”。

虽然指导了如此多的书籍刊刻，阮元也有自己独特的经学思想。

其一，他并不只专汉学一家，而是汉、宋兼采，“两汉名教，得儒经之功；宋明讲学，得师道之益；皆于周孔之道，得其分合，未可偏讥而互诮也。……崇宋学之性道，而以汉儒之经义实之”（《拟国史儒林传序》）。可见其能公允地评价汉学、宋学的优缺点，并能择其善者而从之。

其二，他讲究“实事求是”之学，其在《揅经室集自序》中说：“余之说经，推明古训，实事求是而已，非敢立异也。”可见其以务实为要，不作怪异之论。

除经学外，阮元在其他方面也是著作颇丰，其学术的特点即在于广博，龚自珍概括为“训诂之学、校勘之学、目录之学、典章制度之学、史学、金石之学、九数之学、文章之学、性道之学、掌故之学”等十个方面。

在史学方面，阮元编写了《国史儒林传稿》，创立了清代编纂“儒林传”的体例。

在金石学方面，阮元著有《积古斋钟鼎彝器款识》《山左金石志》《两浙金石志》，注重以出土文献印证经义。

在天文学方面，阮元曾兼管国子监算学，并主编《畴人传》，为从上古到清代的天文历算学家243人及西洋37人立传。

在方志学方面，阮元曾主修过《广东通志》《云南通志》等。

在书画方面，阮元亦有所涉猎，他研究过宫中懋勤殿所藏的古书画，写出心得，成《石渠随笔》一书。

可以说，阮元的“毓性儒风，励精朴学，兼万人之姿，宣六艺之奥”（龚自珍《阮尚书年谱》），多方面奠定了新的学术典范，其调和汉学、宋学，为乾嘉学派开新途；其兼经学、诸子学，不再固守皓首穷经；其贯通汉学、西学，更是率先推开了近代学术转型的大门。

《儒林外史》与八股取士

科举制度到了明清早已败象丛生。据《明史·选举志》记载，考生应考的文章要参照经义，还要以古人语气写作，即“代圣贤立言”。文章中多用排偶，因主干部分分起股、中股、后股和末股四个段落，每个段落都有两段相对偶的文字，合共八股，故称为“八股文”。八股文“指事类策，谈理似论，取材如赋之博，持律如诗之严”（江国霖《制艺丛话》），因兼具策、论、赋、诗等多种文体的特点，写起来难度较大。

许多读孔孟圣人之书的儒生们，将毕生的精力花费在八股文上。他们不求思想创新，只求自己的八股文能标准化，以便顺利通过科考入仕，遂使儒学走入僵化之途。当然，八股文写好了，是能“熟知古文之妙境，而俯就时文之规矩，和养心性，体认题旨，开万古之胸，抒一己之得”（吴尧《辩词妙法论》），但写糟糕了，那就是“陈文委积，剿说相仍，而真意渐汨”（薛福成《应诏陈言疏》）。

八股文的考试题目，皆出自“四书”。“四书”不过数万字，明清科举考了几百年，凡属完整的章、节、句，无不反复考尽，考官只能挖空心思，或将完整的句子掐头去尾，或将几句不相连的话捏在一起，谓之“搭截题”。康有为曾举例批驳：“譬如《中庸》‘及其广大，草木生之’，则上去‘及其广’三字，下去‘木生之’三字，但以‘大草’二字为题。如此之例，不可殚书，无情无理，以难学者。”（《请废八股折试帖楷法试士改用策论折》）考官胡乱为之，考生们只好瞎编乱造，题不是题，文不为文，儒经原意哪里可见?

还有一则例子。据说四川有次乡试的题目，是“杀鸡为黍而食之”。

一位老童生不知其深意，遂挖空心思，写了二股：“其或公鸡欤？其或母鸡欤？抑或不公不母之阉鸡欤？其或白鸡欤？其或黑鸡欤？抑或不白不黑之麻鸡欤？”学道欣赏其只在“鸡”字上做文章，又文法颇通，遂录取为秀才。这样的八股文是什么？不过是在严格僵死的规矩中，将孔孟经书的只言片语敷衍拉扯成了一篇文字垃圾。

八股文风还标榜求实尚正，只许考生做浑厚老成的死板文章，不得用诗赋式的华丽辞藻，更不得引用儒经之外的其他任何书籍。在《儒林外史》第十一回，写鲁编修官做到翰林，有一妻一女。因没有儿子继承举业，他便把女儿当作儿子一样培养，从小就教鲁小姐作八股文章。在鲁编修心中，一切诗词赋都不过是野狐禅，唯有举业才是正经学问。他对女儿说：

八股文章若做的好，随你做甚么东西，要诗就诗，要赋就赋，都是一鞭一条痕，一掴一掌血。若是八股文章欠讲究，任你做出甚么来，都是野狐禅，邪魔外道！

鲁编修择公孙蘧为婿，但在女儿完婚后，他见公孙蘧会诗词歌赋，却不通八股，便出了两个题，结果蘧公孙写出来的文章有两句像《离骚》，有两句像子书，都是些诗歌上的话。鲁编修气得不行，想出了再娶一个小妾，早养出一个儿子来教他读书，接进士书香的主意来。他的妻子说他年纪大了，让鲁编修更是火气上头，跌了一跤，半身麻木，口眼也有些歪斜了。

儒生们本应是思想最活跃的一个社会阶层，却带上了“书中自有千钟粟”的镣铐，在科举这道门槛上磕磕绊绊，在世俗压力下，变得自卑而猥琐。八股取士的时代，由科举考试所造成的“功名富贵热”，就像病毒一样在整个社会上传布扩散，毒化人们的灵魂。

60多岁的老童生周进，穷得只能吃老菜叶下饭，还卑躬屈节地忍受着新科秀才梅玖的嘲弄，替王举人扫了一早晨吃剩的鸡骨头、鸭翅膀、鱼刺、瓜子壳。乡试贡院是周进一生祈求的圣地，然而他就是想进去看看，还被看门的大鞭子赶了出来。第二天，周进的姐夫使了钱，让他进去看时，他百感交集，“一头撞在号板上，直僵僵不省人事”，待用水灌醒，“看着号板，又是一头撞将去”，最后放声大哭起来。周进哭得悲伤不能自已，感动了旁边看热闹的几位商人，答应凑钱替周进捐个监生，好取得乡试资格。周进竟趴

（明）佚名《上元灯彩图》（局部）
此图画的是古代过元宵节时的热闹场景。

到地下，马上磕了几个头，说：“若得如此，便是重生父母，我周进变驴、变马也要报效。”功名富贵已将周进折磨得疯疯癫癫，哪里还顾得上什么人格尊严？

儒家重视“辞却功名富贵，品地最上一层”的操守，在范进身上更是荡然无存。范进家境贫困，衣食用度都要靠丈人胡屠户的接济。他既不会躬耕劳作，又不会买卖经营。他把改变现状的唯一希望寄托在应举上。每一次赴试，他都充满希望和幻想，每一次又都总是失望而归。

一次出榜那日，范进家里连早饭的米都没有，他的母亲饿得两眼都看不见了。他只好抱着唯一的老母鸡到集市上去卖，准备买几升米来煮粥吃。捷报传来，邻居来给他贺喜，他道是哄他，只装不听见，低着头往前走。当消息被确认，范进证实了那梦寐以求，却又以为不可能到来的东西真的到来时，这从天而降的大喜，变成了一种巨大的心理刺激，范进居然发了疯，挨了胡屠户狠狠的一巴掌后才逐渐清醒。醒来后，范进对先前发疯的事一样不记得，单记得“中的是第七名”，可见有多么的刻骨铭心。多少年来，范进靠老丈人接济度日，被骂得狗血喷头，也只能唯唯连声，现在却心安理得地在前面“迈着方步”，继而直呼岳父为“老爹”，开始品尝举人老爷的滋味。

吴敬梓将八股科举摧残儒生灵魂惨烈的一面，表现得淋漓尽致。更甚的是，由于思想长期被禁锢，缺少有意义的人生追求，许多儒生的人性都被扭曲了。王玉辉做了30年的穷秀才，虽有恢复礼教的雄心壮志，却无任何之实。他的女儿要绝食殉夫，公婆、母亲听闻，都惊得泪下如雨，王玉辉却以“这是青史上留名的事”，并不加阻挡。女儿绝食，他照常看书写字。女儿死后，他仰天大笑，还道：“死得好，死得好！”腐朽的封建道德，甚至吞噬了他的人伦天性。

儒生们生活的沉浮，境遇的顺逆，功名的得失，仕途的升降，情操的高尚与卑劣，理想的歌颂与破灭，出路的探索与追寻，都是“功名富贵无凭据，费尽心情，总把流光误”。儒生们知识上的贫乏，道德上的堕落，人性上的迷失，让人看清了八股科举泯灭人性、荼毒灵魂的罪恶及被荼毒者的可鄙与可悲。可以说，《儒林外史》是为当时迷失的儒生所唱的一曲挽歌。在最后，吴敬梓还有一句饱含血泪的问语：“难道自今以后，就没有一个贤人君子可入得《儒林外史》吗？”

中学为体

何为“中学”？何为“西学”？在当时的语境中，“中学”的知识体系以“六艺”为中心，以“四部”为框架，以通晓圣人之道为最高要求；“西学”则包括西方的自然科学与社会科学，按照儒略所著的《西学凡》，西学共分六科，“文科如中国之小学，理科则如中国之大学，医科、法科、教科者，皆其事业，道科则在彼法中所谓尽性致命之极也”。文科相当于文字、音韵、训诂，理科、道科相当于义理之学，其他的医科是医学，法科是法律，教科是教育学，被单独列了出来。

传统学术浸润日久，尤其是儒家还强调“华夷之辨”，并看不上外来西方的观念。如纪昀在《四库全书总目提要》中就说：“所格之物皆器数之末，而所穷之理又支离神怪而不可诘，是所以为异学。”认为西方那些声光电等玩意儿，不过是形而下谓之器的末流，讲的道理又支离破碎，最多只能格物，而不能穷理。还认为，西学以传教蛊惑人心：

西学所长在于测算，其短则在于崇奉天主以炫惑人心。所谓自天地之大以至蠕动之细，无一非天主所手造，悠谬姑不深辨，即欲人舍其父母而以天主为至亲，后其君长而以传天主之教者执国命，悖乱纲常，莫斯为甚，岂可行于中国者哉！之藻等传其测算之术，原不失为节取，乃并其惑诬之说刊而布之，以显与六经相龃龉，则傎之甚矣。（《四库全书总目提要》）

即使有眼界顿开的学者，看到了西学的优点，“遐方文献，何嫌并蓄兼收”，希望通过学习会通，取长补短，然后再超越之。如李之藻，同时编撰了西学的《天学初函》和传统历法的《崇祯历书》，也被骂得很难听，认为“宁可使中夏无好历法，不可使中夏有西洋人"，因为西学会破坏传统的学统与道统。

大多数学者是试图调和中学、西学矛盾的。最初，他们提出了"西学中源"说，认为西方的学问源于华夏，因为《左传·昭公十七年》说过，"天子失官，学在四夷"，所以如"勾股之术乃周公商高之遗而后人失之，使西人得以窃其传"，勾股定理又叫"商高定理"，商高在西周时就发现了勾三、股四、弦五的规律，记载在《周髀算经》中，比毕达哥拉斯定理早了五六百年，是西方窃取了中学的成果。

今者西历所矜胜者不过数端，畴人子弟骇于创闻，学士大夫喜其瑰异，互相夸耀，以为古所未有，孰知此数端者，悉具旧法之中，而非彼所独得乎！（王锡阐《历策》）

伏读御制《三角形论》，谓众角辏心以算弧度，必古算所有，而流传西土。此反失传，彼则能守之不失且踵事加详。至哉圣人之言，可以为治历之金科玉律矣！（梅文鼎《历学疑问补》）

这些言论的中心意思只有一个，就是几何学实源于中国，后流传到西方。由此说，"西学者，非仅西人之学也。名为西学，则儒者以非类为耻，知其本出于中国之学，则儒者当因不知为耻"。因"儒生于百家之书、历代之事未能博考，乍见异物，诧为新奇，亦可哂矣"（彭玉麟《奏广学校》），所以从根源上看，更要"兴复古学，昌明中法"，以博古名高，醉心于经术之间。

当洋枪大炮打碎了文化自信，重新认可和评价"西学"是必然之事。魏源在《海国图志》中说要"师夷长技以制夷"；冯桂芬在《采西学议》中说，"算学、重学、视学、光学、化学等，皆得格物至理，舆地书备列百国山川厄塞、风土物产，皆中人所不及"；而后，郑观应在《盛世危言》中提出："中学为体也，西学其末也；主以中学，辅以西学。"将以往中学对西学高高在上的态度，转为对等。

孙家鼐在《议复开办京师大学堂折》中，说得更明白：

今中国京师创立大学堂，自应以中学为主，西学为辅；中学为体，西学为用；中学未备者，以西学辅之，中学其失传者，以西学还之。以中学包罗西学，不能以西学凌驾中学，此是立学宗旨。

中学、西学是本末关系。孙家鼐是京师大学堂第一任管学大臣，其言所代表的是当时的官方态度。很快光绪帝就下旨，“中外大小诸臣，自王公以及士庶，各宜努力向上，发愤为雄，以圣贤义理之学，植其根本；又须博采西学之切于时务者，实力讲求，以救空疏迂谬之弊，……以成通经济变之才。”（《宣示诸臣实力讲求西学》）后来的京师大学堂，便全面设置了经学、理学、诸子学、文学、外文、农学、矿学、工程学等课程。

张之洞也在《劝学篇》中说：

> 中学为内学，西学为外学，中学治身心，西学应世事。不必尽索之于经文，而必无悖于经义。如其圣人之心，行圣人之行，以教悌忠信为德，以尊主庇民为政，虽朝运汽机，夕驰铁路，无害为圣人之徒也。

在张之洞看来，传统的教悌忠信等为身心修养之学不能有丝毫改变，变化的是诸如铁路、火车等具体器物，二者之间并不矛盾，且在最高层面上是可以会通的。最好的为学者是“必以通习六经经世之义，历代掌故之迹，知其所以然之故，而参合之于西政，以求致用者为第一等”（梁启超《学校余论》）。但无论怎么说，以中学为根本是决不能放弃的。

有了中学为体、西学为用的逻辑，那么，如何“融会中西之学，贯通中西之理”？洋务运动好似只触及了西学的表面，对于更深刻的办法，康有为提出了托古改制，要从经书中找思想，从经术中找经验，以复古为革新，全面变法改革，才能达到融通中西的根本。所以在近代史上，我们看到了康有为洋洋洒洒地写出了《新学伪经考》《孔子改制考》，把孔子当作教主，以“孔教”的名义来维新；也看到了梁启超孜孜不倦写《新民说》《中国积弱溯源论》《儒家哲学》《开明专制论》《中国圣哲之人生观及其政治哲学》，大谈国性与民德。

（清）郎世宁《羊城夜市图》
此图画的是清朝广州夜市上的热闹场景。

康有为与“孔教会”

汉时谶纬学说闹得厉害，孔子被神化了，可孔子也没有被汉儒当作神一样来供养。在民国时，提倡学习西方、变法改革的康有为，却以“挽救人心，维持国运，大昌孔子之教，聿昭中国之光”（陈焕章《孔教会序》）为己任，把孔子当作了万世之教主，认为拜圣谈经、讲道化民，就能普度众生。

虽然康有为吸收了很多西方的先进思想，但归根结底还是一个儒生，骨子里浸透的都是儒学思想。他的变法皆假托孔子改制，在康有为心中，孔子已由述而不作的先师，转变为托尧、舜、文王之古而改制的圣王，孔子不是一个保存旧传统的维护者，而是一位社会改革家。

康有为的新儒学观，主要体现在《新学伪经考》《孔子改制考》《大同书》中。

《新学伪经考》作于光绪十七年（1891）。其主要观点，一是古文经学是刘歆和王莽伪造的，根本没有所谓的古文经，“始作伪乱圣制者自刘歆，布行伪经篡孔统者成于郑玄”，故称为“伪经”；二是秦始皇焚书并未厄及“六经”，故今文经学并没有残缺。康有为大力抨击“新学”和“伪经”，目的是打破经学中恪守祖训的老观念，去除维新变法的绊脚石。虽然发表了许多石破天惊的言论，但康有为为了证明自己的观点，加入了很多臆测的成分，不免遭到后人诟病。

继《新学伪经考》后，康有为又写《孔子改制考》，其政治气息更浓，一度为清廷查禁。康有为重塑了孔子的形象，认为孔子创立儒教，“一切制度托之三代先王以行之”，亲自做“六经”，自己居为素王。“百家争鸣”实际是诸子争夺政权，以致相互交攻，各不相下。因儒家的教义最为完善，制度最为详备，近乎人情，人人归往，从战国至秦汉终定于一尊，取得了一统的地位。就这样，康有为把孔子打扮成了维新运动的祖师爷。

《新学伪经考》与《孔子改制考》是相互呼应的。《新学伪经考》指斥古文经学都是刘歆的伪作，扰乱孔子的“微言大义”，目的是为了恢复今文经学的权威，带有摧毁经学旧殿堂的性质；而《孔子改制考》则以“六经”为孔子的托古改制之作，树立了孔子不可动摇的权威，又具有筑造儒学新殿堂的性质。这些观点在《大同书》中，体现得更为明显。

康有为继承《礼记》的“大同”思想并加以发展，希望建立起一个破除国界的大同世界。只有实现天下为公，才能有美妙绝伦的大同世界。在思想上，要求仁爱为本，爱天爱地爱宇宙，爱人爱物爱众生，直至把人推及极乐世界；在政治上，要设立公有政府，协调各方权利义务，实现共同治理；在经济上，废除私有财产，建立财产公有公享的“公产社会”。康有为精心设计了大同世界的美景，不乏美妙的天才构想，但却无法付诸实践，在维新时屡屡碰壁。

不过，康有为早年就开始设想的“孔教会”，最后倒真的建立起来了。

光绪二十四年（1898），康有为上折《请商定教案法律，厘正科举文体，听天下乡邑增设文庙，谨写孔子改制考进呈御览，以尊圣师而保大教、绝祸萌折》，向光绪帝陈述了振兴孔教的重大意义，提出了成立孔教会的建议。康有为成立孔教会的方案设计得十分具体：

孔教会的最高领导为“总理”，由衍圣公担任，下设督办、会办、分办等。

王公士庶，皆可入会。

天下淫祠一律改为孔庙，在孔庙中讲演、传播孔子的忠爱仁恕之道。

举行临雍典礼，由礼部堂官筹议尊崇孔子的典礼。

停止八股，厘正新的科举文体，以发明孔子大道为主。

戊戌变法的失败使康有为建立孔教会的设想也随之破产。直到1912年，在袁世凯的支持下，康有为授意其学生陈焕章，在上海的山东会馆又成立了孔教会。康有为作会序：

今欲存中国，先救人心，善风俗，拘彼行，放淫辞，存道揆法守者，舍孔教未由已。

简章宣称，孔教会以昌明孔教，救济社会为宗旨。凡诚心信奉孔教之人，皆可入会。章程规定，孔教会在国内各县市设支分会，每年开全国大会一次，每月朔、望各开常会一次。日常的会务，以讲习经义，教化民众为主。很快，《孔教会杂志》在上海创刊，成为当时宣传孔教的主要刊物。

1913年，康有为起草《拟中华民国宪法草案》，提出“中国之道德，源本孔教，尤不容有拔本塞源之事。故中国当仍奉孔教为国教”，列出了孔教定为国教后的特殊待遇：

一、崇体制，总统与行政官地方长吏，春秋及诞日大祭，朔望祠谒，学校奉祀，皆三跪九叩礼。

二、立学设学位，大中小各学皆诵经，大学设经科，授以学位，俾经学常入人心。其学校特助以经费。

三、立教会，国家特保护而助以经费；或设教院，专司宏导。

虽然草案最终未通过，但孔教的实际影响确实越来越大。1913年9月27日，孔教会在曲阜召开全国大会，与会人员都向孔子牌位行三跪九叩大礼。大会决定以9月27日为纪念孔子的“大成节”，随后，袁世凯表示支持。1914年，袁世凯发布《大总统亲临祀孔典礼令》，规定春秋祭孔，京师由总统主祭，各地孔庙由地方长官主祭；1915年，袁世凯通令全国学校恢复“尊孔读经”，强调“国民教育，以孔子之道为修身之本”；1916年，成立“国教维持会”；1917年，成立“全国公民尊孔联合会”，康有为为名誉会长。一时间，全国上下尊孔之风大盛。

康有为立孔教，把孔子和宗教、保皇、帝制等牵强地联系起来，所以才能在短时间内得到袁世凯、张勋的支持。但康有为的理论实在漏洞太多，有时就连他自己都不能自圆其说，况且又陷到迂阔的复古怪圈中，在当时就争议非常的大。随着袁世凯、张勋称帝闹剧的结束，孔教会的外在支持渐渐崩塌；而康有为去世后，孔教的理论难有承接者，喧闹一时的尊孔之风也就慢慢淡了。

谭嗣同的新仁学

“杀身成仁”出自《论语·卫灵公》，孔子曰：“志士仁人，无求生以害仁，有杀身以成仁。”凡真正的仁人志士，绝没有为了贪生怕死而损害仁义的，只有牺牲自己的性命来成全仁义的。谭嗣同既以大气度、大格局写《仁学》，又献身变法、成仁取义，千百年之下，凡提及“仁”，无有将谭嗣同遗忘者。

谭嗣同到北京亲身参与变法，已是百日维新后期。此时从表面看，新政开展得轰轰烈烈。光绪帝宵衣旰食，大力推动新政，各项维新措施陆续颁布。但实际上，因光绪帝、慈禧太后的关系基本破裂，百日维新已险象环生，危机四伏了。新政根本解决不了光绪帝和慈禧之间的问题，反而使其更加白热化。八月，慈禧太后宣布训政，软禁光绪帝于西苑瀛台，大家心知大势已去，康有为、梁启超纷纷避祸离京，谭嗣同却准备好了为变法革命流血牺牲的打算，不愿逃亡海外，遂被逮捕，以“我自横刀向天笑，去留肝胆两昆仑”（《狱中题壁》）为绝命诗，在33岁时英勇就义。

《仁学》写于谭嗣同30岁前后，其时甲午战争结束，康有为发动了“公车上书”。时局如此，本就醉心政治的谭嗣同怎可冷眼旁观？其自言：“平日于中外事虽稍稍究心，终不能得其要领。经此创钜痛深，乃始屏弃一切，专精致思”，“详考数十年之世变，而切究其事理”，其创作《仁学》的目的，就是以义理言事，用以解决现实问题。

谭嗣同《仁学·自叙》中言：

“仁”从二从人，相偶之义也。“元”从二从儿，“儿”古人字，是亦“仁”也。“无”，许说通“元”为“无”，是“无”亦从二从人，亦“仁”也。

因为“仁”“元”“无”都是“从二从人”，所以，“言仁者不可不知元，而其功用可极于无”。谭嗣同对“仁”本义的理解，与古人注疏并无歧义，但其具体所论的“仁”，就不只是儒家，还有诸子、佛教、道家乃至西学等的影响。

凡为仁学者，于佛书当通《华严》及心宗、相宗之书，于西书当通《新约》及算学、格致、社会学之书，于中国当通《易》《春秋公羊传》《论语》《礼记》《孟子》《庄子》《墨子》《史记》及陶渊明、周茂叔、张横渠、陆子静、王阳明、王船山、黄梨洲之书。（《仁学》）

后来，梁启超在《清代学术概论》中评价《仁学》时说：

《仁学》之作，欲将科学、哲学、宗教冶为一炉，而更使适于人生之用，真可谓极大胆极辽远之一种计划。……尝尽读所谓格致类之译书，将当时所能有之科学知识，尽量应用。又治佛教之唯识宗、华严宗用以为思想之基础，而通之以科学。又用今文学太平、大同之义，以为世法之极轨，而通之于佛教。嗣同之书，盖取资于此三部分而组织之，立己之意见，其驳杂幼稚之论甚多，固无庸讳，其尽脱旧思想之束缚，戛戛独造，则有清一代，未有其比者也。

因谭嗣同糅合了不同学理、不同学派的思想，才使他对“仁”的理解，超越了旧传统。

一是，谭嗣同以“通”释“仁”，区别于孔子的以“礼”释“仁”。

仁以通为第一义。以太也，电也，心力也，皆指出所以通之具。
是故仁不仁之辨，于其通与塞；通塞之本，惟期仁不仁。
平等者，致一之谓也。一则通矣，通则仁矣。（《仁学》）

在谭嗣同看来，“通”既是达到“仁”的首要条件，也是判断“仁”的基本标准，更是“仁”最后要达到的境界。这种“通”还分“中外通”“上下通”“男女内外通”“人我通”四种，其实就是在人际关系中的“仁通平等”。“通之象为平等”，以此有别于孔子“礼别异”的“仁爱差等”。这明显吸收了墨子“爱无等差”的思想，喊出了平等的口号。

（清）郭朝祚《征西图》（局部）
此图画的是清朝军队出征时的场景。

二是，谭嗣同视“仁为天地万物之源，故唯心，故唯识”，所有的具体事物都是“仁”的作用。谭嗣同还创造了一个新的概念——“以太”：

遍法界，虚空界，众生界，有至大、至精微，无所不胶粘、不贯洽、不筦络，而充满之一物焉，目不得而色，耳不得而声，口鼻不得而臭味，无以名之，名之曰以太。（《仁学》）

以“仁”为根本，以“以太”为表现，“以太”充满宇宙，却看不见，听不见，闻不着，不生不灭，不增不减，但又无时不在生灭、变化中。“仁”与“以太”的关系大致相当于道家讲的“道”与“混沌”，佛家讲的“空”与“色”。

三是，谭嗣同又创造了“心力”的观念，以“心力”能达仁：

心力可见否？曰：人之所赖以办事者是也。吾无以状之，以力学家凹凸力之状状之。愈能办事者，其凹凸力愈大；无是力，即不能办事。凹凸力一奋动，有挽强持满，不得不发之势，虽千万人，未或能遏之而改其方向者也。（《仁学》）

人与人的“心力”是有差别的，只有让“心力”越来越大，才能使万事万物圆满。从本质上讲，“心力”指的就是人的主观能动性。就《仁学》全书而言，谭嗣同的理论建构并不严密，芜杂的枝蔓甚多，但以“仁”为人生最高的道德价值的观点还是较为突出的。后人皆以《仁学》为谭嗣同的代表作，谭嗣同虽早亡，但“仁”的思想却潜在启发了很多维新革命之党，使他们“心力迈进，一向无前”。

章太炎：最后的经学大师

鲁迅先生曾评论章太炎："先生遂身衣学术的华衮，粹然成为儒宗。"（《且介亭杂文末编·关于太炎先生二三事》）其出身汉学世家，自幼由外祖父启蒙，在家学指导下奠定了"一意治经，文必法古"的学术基础。

章太炎先是把孔子从神坛上请了下来，还他凡人的本色。他反对将孔子神化，避免经学蜕变为不伦不类、亦新亦旧的神学。他在《驳建立孔教议》中说：

盖孔子所以为中国斗杓者，在制历史，布文籍，振学术，平阶级而已。

往者《尚书》百篇，年月阔略，无过因事记录之书，其始末无以猝睹。自孔子作《春秋》，然后纪年有次，事尽首尾……令晚世得以识古，后人因以知前。

自孔子观书柱下，述而不作，删定六书，布之民间，然后人知典常，家识图史。

自孔子布文籍，又自赞《周易》，吐《论语》以寄深湛之思，于是大师接踵，宏儒郁兴。

自孔子布文籍，又养徒三千，与之驰骋七十二国，辨其人民，知其土训，识其政宜，门人余裔，起而干摩，与执政争明。哲人既萎，曾未百年，六国兴而世卿废，民苟怀术，皆有卿相之资。由是阶级荡平，寒素上遂，至于今不废。

他认为，孔子之所以可贵，是因为他是历史学家，对整理"六经"、保存古代史料有重大贡献。如《春秋》的独特之处，在于它结束了《尚书》无年次的历史记录，使东周之事粲然着明，“《春秋》而下，则有《史记》《汉书》以至历代书志、纪传”（《答铁铮》），为司马迁、班固创立了记史的法则；而且孔子不论鬼神，专讲修身治国的人间之道，与那些虚设事状是完全不同的。

章太炎尊信古文经学，“《六经》皆史之方，沿之则明其行事，识其时制，通其故言，是以贵古文”（《国故论衡·明解故》），持“六经皆史”的观点。他曾以《经的大义》为题演讲，里面说得很清楚：

《尚书》《春秋》固然是史，《诗经》也记王朝列国的政治，《礼》《乐》都是周朝的法制，这不是史，又是什么东西？惟有《易经》似乎与史不大相关，殊不知道，《周礼》有个太卜的官，是掌《周易》的，《易经》原是卜筮的书；古来太史和卜、筮测天的官，都算一类，所以《易经》也是史。古人的史，范围甚大，和近来的史部有点不同，并不能把现在的史部，硬去分派古人。这样看来，六经都是古史。所以汉朝刘歆作《七略》，一切记事的史，都归入《春秋》家。可见经外并没有史，经就是古人的史，史就是后世的经。

章太炎还对康有为“六经皆为孔子所作”的说法进行了批评，认为孔子只是像他自己说的那样，“述而不作”，也就是说，孔子只是删订了“六经”而不是制作了“六经”。由此，章太炎总结出了治经原则。

首先，研究经学是为了弄清楚古代史。其次，古文经是用先秦古文字所写的文献，今文经则依靠口耳相传，到了汉代才记录下来形成文本，这就不免在其中夹杂了各代师说，后来又因纬书掺杂了种种谶语，以稽古而言，今文经远不如古文经靠得住。再次，要用严谨的考证之术来弄清经文本义，主张以文字、训诂为基础，在准确理解经文的基础上阐发大义，特别要反对不顾经文本义，而乱谈所谓的微言大义。

章太炎对文字学、语言学有精湛的研究。他使传统的语言学从经学的附庸下解放出来，成为专门的语言文字之学，“语言文字学”这一学科术语就是由章太炎创造的。其“作《文始》以明语原；次《小学答问》以见本字；述《新方言》以一萌俗”，从字形、语音、语义多方面，对语言进行了系统论述，甚至对语言的起源及发展规律也有很多新的见解。在这些基础上，章太炎对“十三经”以新的标准进行增加，加《大戴礼记》《国语》《史记》《汉书》《资治通鉴》《说文解字》《周髀算经》《九章算术》八书，成“二十一经”，其论“经”皆以史为断，再加之

（清）姚文瀚《摹宋人文会图卷》（局部）
此图画的是古人雅集的场景。

以小学。可以说，章太炎进入的是古文经学，出来的则是史学。

在章太炎看来，后世儒学之所以走偏，就是在思想上误入了歧途。

儒家之病，在以富贵利禄为心。盖孔子当春秋之季，世卿秉政，贤路壅塞，故其作《春秋》也，以非世卿见志，其教弟子也，惟欲成就吏材，可使从政。而世卿既难猝去，故但欲假借事权，便其行事。是故终身志望，不敢妄希帝王，惟以王佐自拟。

……

《艺文志》说儒家云，辟者随时抑扬，违离道本，苟以哗众取宠。不知哗众取宠，非始辟儒；即孔子固已如是；

……

儒术之害，则在淆乱人之思想，此程、朱、陆、王诸家所以有权而无实也。虽然，孔氏之功则有矣，变禨祥群神怪之说而务人事，变畴人世官之学而及平民，此其功亦夐绝千古。二千年来，此事已属过去，独其热中竞进在耳。

（《诸子学略说》）

自汉武帝“定孔子为一尊”，儒家最大的弊病在于以富贵利禄观念腐蚀人心。俗儒孜孜不倦，苦心力学，全是在“待价而沽身”，由此儒之本义不再显明，如远古的封禅活动具有军事实用价值，后来却逐渐演变成君权神授的宗教仪式。而且，俗儒为了达到目的，又口是心非，玩弄权术，如河图、洛书并不是什么神赐予的，是先人刻画在石头上的地图，沉于水中，被伏羲、夏禹捡拾，后却以河图论证君权神授，简直是无稽之谈。章太炎还根据《墨子》《庄子》诋訾孔子的记载，抨击了孔子的摇唇鼓舌。他讥讽孔子是“巧伪人”，做过“污邪诈伪”之事，平日高谈礼义，但在困顿时一样如丧家之犬。章太炎对孔子和儒学的这些评议，有不少是捕风捉影之谈、是偏颇失平之论，我们今日再读之，应多加注意。

天下为公 儒家的理想之境

儒家重现实而少玄想，唯在《礼记·礼运》中，托孔子之名描述了一个极理想的“大同之世”：

大道之行也，天下为公。选贤与能，讲信修睦，故人不独亲其亲，不独子其子，使老有所终，壮有所用，幼有所长，鳏寡孤独废疾者皆有所养，男有分，女有归。货恶其弃于地也，不必藏于己；力恶其不出于身也，不必为己。是故谋闭而不兴，盗窃乱贼而不作，故外户而不闭，是谓大同。

大道推行的时代，天下为天下人共有。选举有德行的人和有才能的人来治理天下，人和人之间讲诚信，和睦相处。人们不只把自己的亲人当亲人，也不只把自己的儿女当儿女，使老年人能够安享天年，使青年人有贡献才力的地方，使年幼的人能得到良好的教育，年老无偶、年幼无父、年老无子和残疾的人也都能得到供养。男子各尽自己的职分，女子各有自己的夫家。人们不愿让财物委弃于无用之地，但不一定要收藏在自己家里。人们担心有力使不上，也不一定是为了自己。阴谋诡计因被抑制，无法实现，劫夺偷盗杀人越货的坏事更不会出现，所以，人们连家里的大门也可以不用关。这样的社会，就叫作“大同”。

“大同”一直是儒家追求的理想境界的代名词。根据郑玄的解释：“同，犹和也，平也。”“大同”就是“大和”“太平”，即和谐社会、太平盛世。

“天下为公”是大同之世最基本的政治制度，天下是天下人的天下，为天下人所共有，并不属于哪一家哪一姓，这是所有制度赖以产生和存在的根本前提。“公有”首先是权力公有，体现在以贤能之士来治理国家，选举贤能的权力在天下，也就是全社会民众。之所以明确权力公有，是人们从实践中认识到，权力可以改变一切，也可以攫取一切。只有取消权力的个人垄断，才能保证社会其他方面不受垄断，只有坚持权力的公有才能保证社会其他方面的公有。其次是财产公有，社会所有财产都是公有的，即使将遗弃在地上的财物捡拾、存藏起来，也并不是要据为己有，只是为了避免造成浪费。人们并没有什么东西属于个人的观点，物尽其用，人索所缺而已。

大同之世能使人各得其所，各尽其能。每个人性别、年龄、能力各自不同，根据社会发展的需要来统筹安排适宜的事情，每个人都能得到社会关怀，每个人也都主动关心社会。一切有劳动能力的人都具有高度的自觉性和积极性。他们不是为自己而劳动，而是为了社会共同体的发展，为了共同体成员的生存需要而劳动。因此，索取不是他们的目的，为共同体创造财富，并借以证明自己的价值才是其目的。从年龄上说，未成年人的主要任务是长身体、长智力，准备在不久的将来成为社会的栋梁；年壮者则承担起生产劳动和社会管理的全部责任；年迈体衰之人的主要任务，就是安享晚年清福。从性别上说，男子治外，从事狩猎、耕种和打仗等；女子治内，从事料理农作物收割、管理和负责食物分配等。在大同之世中，爱是没有等差的，人们视他人的父母如自己的父母，视他人的子女如自己的子女，无处不均匀，无人不饱暖。

在大同之世，人人能讲信修睦，和谐相处。社会有每个人的份，衣食有着，地位平等，人与人以博爱为怀，整个社会没有阴谋，家家夜不闭户。一切在无止境地追逐个人私利的道德沦丧时代所必然产生的钩心斗角、你争我夺的现象都不可能发生，以掠财富、害人性命为目的的盗窃和战争更不可能出现，人们安居乐业，社会和谐发展。

“大同”对理想社会的描绘对后世影响极大。东汉末年的黄巾起义，领袖张角极力宣传“财物乃天地中和所有，以供养人也”；唐末的王仙芝在起义时也称“天补均平”，要替上天补救社会上的不公平现象；太平天国的洪秀全定都南京后颁布《天朝田亩制度》，确立了“有田同耕，有饭同食，有衣同穿，有钱同使，无处不均匀，无人不饱暖”，“鳏寡孤独废疾免疫，皆颁国库以养”的政治模式，对于任何形式的私有制都完全否定，简直就是“大同”的翻版。

小康之世 儒家的社会之实

儒家提出的很多社会建构的观点都很理想化，但理想毕竟是理想，它有部分实现的可能性，但没有全部实现的可能性。“大同”与现实存在着巨大反差，“小康”则现实得多。在时间上看，“大同”“小康”前后相继，孔子以夏禹为界限，把夏禹以前称为“大同之世”，把由夏禹开始的三代称为“小康之世”；从特征上看，大同之世是“天下为公”，小康之世是“天下为家”。

今大道既隐，天下为家。各亲其亲，各子其子，货力为己。大人世及以为礼，城郭沟池以为固。礼义以为纪，以正君臣，以笃父子，以睦兄弟，以和夫妇，以设制度，以立田里，以贤勇知，以功为己。故谋用是作，而兵由此起。禹、汤、文、武、成王、周公，由此其选也。此六君子者，未有不谨于礼者也。以著其义，以考其信，著有过，刑仁讲让，示民有常。如有不由此者，在势者去，众以为殃。是谓小康。（《礼记·礼运》）

如果向上追溯，“小康”一词最早见于《诗经·大雅·民劳》，“民亦劳止，汔可小康，惠此中国，以绥四方……民亦劳止，汔可小休……民亦劳止，汔可小息……民亦劳止，汔可小愒……民亦劳止，汔可小安……”，“小康”与“小休”“小息”“小愒”“小安”并列，是安康的意思。《礼记·礼运》中对“小康”是这样描述的：

如今大道已经消逝了，天下成了一家一姓的财产。人们只把自己的亲人当亲人，把自己的儿女当儿女，财物和劳力都为私人拥有。诸侯天子们的权力变成了世袭的，并成为名正言顺的礼制，修建城郭沟池作为坚固的防守，制定礼仪作为纲纪，用来确定君臣关系，使父子关系淳厚，使兄弟关系和睦，使夫妻关系和谐，各种制度得以确立，划分田地和住宅，尊重有勇有智的人，为自己建功立业。阴谋诡计因此兴起，战争也由此产生。夏禹、商汤、周文王、周武王、周成王和周公旦是三代中的杰出人物。他们彰显礼制的内涵，用它们来考察人们的信用，揭露过错，树立讲求礼让的典范，为百姓昭示礼法的仪轨。如果有越轨的反常行为，就算是有权势者也要斥退，百姓把他们看成祸害。这就叫作小康。

“城郭沟池以为固，礼义以为纪”，这是对国家的定义；“城郭沟池以为固”说的是物质意义，“礼义以为纪”，这说的是精神意义。小康之世承认私有，人们以家为单位，养亲、育子、送老，概由家庭处置。虽有谋诈之事，战乱也不可避免，但可以以国家的名义，构建道德，设立制度，以匡正社会的文化形态来规范大家的行为，保护个人的生命财产，维护社会秩序不至于因争夺过度而崩溃，这也是任何一个合理性的社会都要有的基本要求。

《礼记 · 礼运》中还说了一种“天下为一家，中国为一人”的“大顺”状态。

故圣人耐以天下为一家，以中国为一人者，非意之也，必知其情，辟于其义，明于其利，达于其患，然后能为之。

……

修礼以耕之，陈义以种之，讲学以耨之，本仁以聚之，播乐以安之，故礼也者，义之实也。

……

四体既正，肤革充盈，人之肥也。父子笃，兄弟睦，夫妇和，家之肥也。大臣法，小臣廉，官职相序，君臣相正，国之肥也。天子以德为车，以乐为御。诸侯以礼相与，大夫以法相序，士以信相考，百姓以睦相守，天下之肥也。是谓大顺。大顺者，所以养生、送死，事鬼神之常也。故事大积焉而不苑，并行而不缪，细行而不失，深而通，茂而有间，连而不相及也，动而不相害也，此顺之至也，故明于顺，然后能守危也。

孔子曾说“克己复礼，天下归仁”，“大顺”就是一种仁德向善、讲

御制《耕织图 · 二眠》
百舌鸟初鸣，再眠蚕在箔。陌桑青已柔，堤草绿犹弱。
正宜旭日和，惟恐春寒作。妇忙儿不知，枣栗频啼索。

御制《耕织图 · 浴蚕》
雨生杨柳风，溪涨桃花水。村酒酝羊羔，春闺浴蚕子。
纤纤弄翠盆，戢戢蠕香纸。雪茧与冰丝，妇功从此始。

信修睦的社会状态，君王以道德为本，诸侯礼尚往来，大夫按照法度排列次序，士人根据信用互相考察，百姓根据睦邻的原则维持关系。这种社会状态依靠的是“礼”。

在孔子看来，什么叫人情？喜、怒、哀、惧、爱、恶、欲，这七种不学就会的感情是人情。什么叫人义？父亲慈爱，儿子孝敬，兄长友爱，幼弟恭顺，丈夫守寒，妻子听从，长者惠下，幼者顺上，君主仁慈，臣子忠诚，这十种人际关系准则叫人义。讲究信用，维持和睦，叫作人利；你争我夺，互相残杀，叫作人患。如果想疏导人的七情，维护十种人际关系准则，崇尚谦让，避免争夺，除了礼以外，没有更好的办法。因为礼的最大特点就是讲究区别，和上下而各安其位。

富国安邦 儒家的治国之略

有若曾与鲁哀公论民富国足：

哀公问于有若曰："年饥，用不足，如之何？"
有若对曰："盍彻乎？"
曰："二，吾犹不足，如之何其彻也？"
对曰："百姓足，君孰与不足？百姓不足，君孰与足？"（《论语·颜渊》）

鲁哀公迫于连年饥荒、用度不足的现实，与有若讨论财政紧张怎么办的良法。有若说要少收税，鲁哀公大惑不解，收十分之二的税还不够呢，怎么能收十分之一的税呢？有若则说，君王靠百姓养活，百姓连自己都养不活，拿什么养君王啊？在这里，有若提出了儒家治国最重要的一条经济原则，即富在民而不富在国。

在《荀子·富国》中，系统讲了这个道理：

足国之道：节用裕民，而善臧其余。节用以礼，裕民以政。彼裕民，故多余。

国之强弱，贫富有征，使国家富足的根本途径在于富民。按照荀子的说法，正是开源节流，使民众富裕；而开源节流，依靠礼制。推行节约的制度，"轻田野之税，平关市之征，省商贾之数，罕兴力役，无夺农时"，减轻农田的税收，整治关卡集市的赋税，减少商人的数量，少搞劳役，不耽误农时；再推行经济开源的政策，民众就会富裕起来。

使民夏不宛，冬不冻寒，急不伤力，缓不后时，事成功立，上下俱富，而百姓皆爱其上，人归之如流水，亲之欢如父母，为之出死断亡而愉者，无它故焉，忠信、调和、均辨之至也。（《荀子·富国》）

让民众生活无忧，夏天不会闷热中暑，冬天不会挨寒受冻，紧急时不伤害体力，放松时不耽误农时，百姓才能爱戴他们的君王，归附君王就像水流入海，亲近君王像亲近父母，为他出生入死也心甘情愿。这样上下皆富，才能保证政权的稳固和社会的稳定。

具体的富民富国策略，第一，以农为本，无夺农时。

衣食者民之本，稼穑者民之务也，二者修，则国富而民安也。

古者尚力务本而种树繁，躬耕趋时而衣食足，虽累凶年而人不病也。（《盐铁论·力耕》）

农业是富国经济的支柱，民以食为天，“民非足也，而可治之者，自古及今，未之尝闻”，如果百姓无谷无粮，那么国家就失去了根基。而且，农业有时，《孟子·梁惠王上》：“不违农时，谷不可胜食也。”《荀子·王制》：“春耕、夏耘、秋收、冬藏，四者不失时，故五谷不绝，而百姓有余食也。”一再强调要“不违农时”，还规定“五谷不食，果实未熟，不鬻于市”，“木不中伐，不鬻于世”，不到时节，就不能提前消耗。

此外，还要有相应的恤灾、备荒政策。《礼记·王制》：

国无九年之蓄，曰不足；无六年之蓄，曰急；无三年之蓄，曰国非其国也。三年耕，必有一年之食；九年耕，必有三年之食；以三十年之通，虽有凶旱水溢，民无菜色。

国家没有九年的储备，叫储备不足；没有六年的储备，叫储备危急；没有三年的储备，可以说国不成其国了。耕种三年，一定要有一年的余粮。耕种九年，一定要有三年的余粮，以三十年收入的平均数来预算，即使遇到水旱凶荒，老百姓也不至于饿肚子。这就是国家有粮，百姓不慌。

贾谊在《新书·无蓄》中举例子，“禹有十年之蓄，故免九年之水；汤有十年之积，故胜七岁之旱。夫蓄积者，天下之大命也。”贾谊的描述有理想化的成分，夏禹有十年积蓄，所以能够克服九年水涝造成的灾难；商汤有十年积蓄，所以能够克服七年干旱造成的灾难。丰年不奢侈，灾年才能够“发仓廪，赐贫穷，振乏绝”，这是国家的命脉啊。

第二，节省劳役，减少赋税。春秋战国时，曾有这样一组数字：

一个劳动力养5口之家，耕种土地100亩，亩产1.5石，共150石。缴纳1/10的田赋，共15石，剩135石。每人每月吃1.5石，全年90石，剩45石。每石卖30钱，得1350钱。全年用1500钱，还短缺150钱。

在这笔账中，还不包括意外疾病及生育、嫁娶、死丧之费等。孔子说“苛政猛于虎”，就是说国家征收的税率太高。柳宗元《捕蛇者说》中说“赋敛之毒有甚是蛇”，百姓们宁可去捕捉有毒的蛇，好去缴纳那些名目众多的杂税。

古代赋税分实物赋税、货币赋税、劳役赋税等。实物赋税一般是田税，如西汉税率约是6.7%；货币赋税多是人头税，如汉代曾制定，不论男女，7—14岁，每人每年缴纳20钱；15—56岁，每人每年缴纳120钱；劳役赋税是徭役，包括在地方官府服劳役，在军队服兵役等。这样多重赋税，压力是很大的。

儒家还倡导“于农隙以讲事”，因为“富足生于宽暇，贫穷起于无日”。三国战乱，长城之下，“死人骸骨相撑拄”；隋炀帝征发民夫在大运河上拉纤，路途遥远，纤夫路上口粮不足，死者无数；杜甫写《兵车行》，“君不闻汉家山东二百州，千村万落生荆杞，纵有健妇把锄犁，禾生陇亩无东西。……且如今年冬，未休关西卒。县官急索租，租税从何出！”民众被逼迫得生路无着。

第三，多方开源，鼓励商业。王符《潜夫论·务本》中说：

夫富民者，以农桑为本，以游业为末；百工者，以致用为本，以巧饰为末；商贾者，以通货为本，以鬻奇为末。三者守本离末则民富，离本守末则民贫。

要使百姓富足，应以农桑为本，以工商为末。工匠制造器物，应以实用为本，

御制《耕织图·三眠》
春风静帘栊，春露繁桑柘。绕箔理三眠，烧灯绕五夜。
大姑席未安，小姑梳弗暇。邻稚常晓烟，农事俚东舍。

以巧伪修饰为末。商人做买卖，应以流通货物为本，以出售奇巧的东西为末。三者守本离末，百姓就会富足；离本守末，百姓就会贫穷。

尽管总体上重农抑商，但儒家是农、工、商并重的。《周礼·天官冢宰》中“以九职任万民”，有“五日百工，饬化八材；六日商贾，阜通财贿”，明确把工商业作为社会经济的组成部分。《礼记·月令》：“易关市，来商旅，纳货贿，以便民事。四方来集，远乡皆至，则财不匮，上无乏用，百事乃遂。”工商业有不可替代的经济之用。春秋时，齐国因工商业发达而富甲一方；富可敌国的子贡，更是孔门贤才，其智慧亦不可小觑；正史中有《食货志》，更是针对儒家的商业思想，进行了多方面总结。

世事洞明 儒家的处事之法

曹雪芹在《红楼梦》第五回《游幻境指迷十二钗，饮仙醪曲演红楼梦》中写道，秦可卿引贾宝玉到上房休息，贾宝玉见屋内挂的是《燃藜图》，旁边又有一副对联，“世事洞明皆学问，人情练达即文章”，便坚决不肯在此休息了。“燃藜”典出《拾遗记》，“刘向于成帝之末，校书天禄阁，专精覃思。夜有老人，著黄衣，植青藜杖登阁而进，见向暗中独坐诵书；老人乃吹杖端，烟燃，因以见向，说开辟以前。”《燃藜图》画的正是刘向校书天禄阁时，有神仙执青藜杖来，吹杖头出火，为他照明。这是典型的劝学之言，而对联中所写的“世事洞明”，指对人事了解透彻；“人情练达”，指阅历丰富，通晓世故。诗书簪缨之族多以此训诫子孙，抛开颇具叛逆精神，“潦倒不通世务，愚顽怕读文章”的贾宝玉不谈，对世事的洞察、人情的谙熟，是从有字之书读出的无字之道，在儒家看来是具有普遍意义的。

儒家处事，一讲权变之道，做事时随机应变，而不是墨守成规，食古不化。孔子很担心子夏成为“小人儒”，是因为孔子知道子夏做学问谨密有余却宏达不足，怕子夏沉溺于典籍文字而忘记经世致用。儒家最重立德，其次立功，再次立言，枯燥的章句训诂、空洞的理论说教，说到底意义是不大的。就像诸葛亮骂的那样，“若夫小人之儒，惟务雕虫，专工翰墨，青春作赋，皓首穷经，笔下虽有千言，胸中实无一策”（《三国演义》）。很多时候，文字外的学问比纠缠字句更有益处。

《孟子·离娄上》记述过这样一段对话：

淳于髡曰：“男女授受不亲，礼与？”

孟子曰：“礼也。”

曰：“嫂溺则援之以手乎？”

曰："嫂溺不援，是豺狼也。男女授受不亲，礼也；嫂溺援之以手，权也。"

淳于髡问孟子，男女授受不亲，属于礼吗？孟子回答说，是的。又问，如果嫂子掉进水里，是否要用手拉她？孟子回答说，如果不救，那是豺狼。男女授受不亲是礼，施以援手是权。世间万物变化纷纭，不能死守着条条框框不放，要具体问题具体分析。

民间还有这样一则故事。李乐在朝当给事中，常向嘉靖帝提意见。一次，嘉靖帝怪他多嘴，下令将李乐的嘴巴贴上封条。君无戏言，谁敢拆封？嘴巴封掉，饮食难进，岂不等于判死刑？阶下文武官员面面相觑，无人敢求情。忽然闪出一个人，破口大骂李乐大逆不道，十恶难赦，还伸手重重刮了李乐几个耳光，李乐踉跄倒地、嘴角流血，封条也破了。其实这个官员是李乐的学生，在如此关键的时刻灵机一动，为了达到最终的目的，用些善意的手段又如何？

二讲谦逊之道。在《周易》中，唯有《谦》卦六爻都是吉爻，"谦也者，致恭以存其位也"。《谦卦》的卦形，是高山在地下，象征内心高耸如山，外表却谦和如平地，从而免祸积福。在《荀子·宥坐》中，记载了孔子观于鲁桓公之庙，见到欹器：

孔子问于守庙者，曰："此为何器？"守庙者曰："此盖为宥坐之器。"孔子曰："吾闻宥坐之器者，虚则欹，中则正，满则覆。"孔子顾谓弟子曰："注水焉！"弟子挹水而注之。中而正，满而覆，虚而欹，孔子喟然而叹曰："吁！恶有满而不覆者哉！"

子路曰："敢问持满有道乎？"孔子曰："聪明圣知，守之以愚；功被天下，守之以让；勇力抚世，守之以怯；富有四海，守之以谦。此所谓挹而损之之道也。"

孔子在鲁桓公的庙里，看到了一只空着会倾斜，灌入一半水会端正，灌满水就会翻倒的容器。孔子是这样解释的，"聪明圣智，要用笨拙来保持它；功劳惠及天下，要用谦让来保持它；勇敢有力而能压住世人，要用胆怯来保持它；富足得拥有了天下，要用节俭来保持它。这就是所谓的自退自损的方法"。

《菜根谭》中也说："处世让一步为高，退步即进步的张本。"人有福祸，事有兴衰，福祸相因，尊卑相共，有时候是乐极生悲，有时候是柳暗花明。骄傲的人因恃才傲物而带来灾祸，谦卑的人因勤勉上进而步步登高，所以，儒家推崇的是谦谦君子，既正视自己的缺点，也包容别人的不足。

三讲益友之道。孔子讲“益者三友，损者三友。友直，友谅，友多闻，益矣。友便辟，友善柔，友便佞，损矣”（《论语·季氏》）。要和正直、诚恳、见识广的人交朋友，而不要和谄媚、奸佞、不学无术的人交朋友。孟子讲交友时“不挟长，不挟贵，不挟兄弟而友。友其德也，不可以有挟也”（《孟子·万章下》），不依仗自己的年级长、地位尊贵或兄弟的权势，交朋友，就是互相欣赏对方的品德。

在“五伦”中，朋友关系是在社会中形成的关系，朋友无血缘，但有时比亲兄弟还要亲。友谊是人生的必然需要，真朋友就是能在思想上相互欣赏，品行上互相砥砺，学识上互相帮助，事业上互相支持，生活上互相关心的。而糟糕的朋友是，当你拥有权势时，他把你捧到高处，凡事奉承你；一旦你的功名没了，失去了利用的价值，他就背弃你、离开你。就像春秋时期，曾是晋国大夫中行文子的朋友啬夫，在中行文子有权有势时，拼命地迎合他，而在中行文子流亡时，却“果收文子后车二乘而献之其君”，趁火打劫，扣留了中行文子的两辆马车，并献给了自己的国君。这种朋友像秤，如果你比他重，他就低头；如果你比他轻，他就高起来。

这两种朋友的品行，高下立见。儒家讲要先择友，后交友，就是要避免以财、以色、以势、以利相交者。互相交往的真朋友间，要彼此尊重对方的人格与喜好，在此基础上，再寻求和谐的人际关系。

君子慎独 儒家的修身之道

“慎独”最早见《中庸》《大学》两书。《中庸》里说：

君子戒慎乎其所不睹，恐惧乎其所不闻。……莫见乎隐，莫显乎微，故君子慎其独也。

郑玄将“慎独”注解为“慎独者，慎其闲居之所为也”。君子在别人看不到的地方也要警惕谨慎；在别人听不到的时候也要畏惧小心。最隐蔽的东西，最能看出人的品质；最微小的东西，最能显现出人的灵魂。君子在别人看不到、听不到的情况下，即在独处时，也要十分警惕、谨慎，自觉地不做任何不道德的事情。

《大学》则说：

小人闲居为不善，无所不至。见君子而后厌然，掩其不善，而著其善。人之视己，如见其肺肝然，则何益矣！此谓诚于中，形于外。故君子必慎其独也。

小人在独处时，会完全放弃自我约束而无所不为，什么坏事都做得出来。当他们看见那些道德高尚的人时，却想把所做的坏事掩盖起来，装出一副善良的样子。其实，人们早已把他们所做的坏事看得一清二楚，就像看透了他们的肝肺一样，这种隐瞒又有何益处！这就是外表必然反映内心的道理，蓄意矫饰是没有用的。因此要想成为君子，必须慎独。

慎独是一种内心的自觉。做到慎独，就会以一种高度的理性自觉约束自己的行为，使自己的行为无论何时何地都符合道德原则的要求，从而做到孔子所说的“从心所欲不逾矩”。《刘子·慎独》记载在春秋时期，卫国贤大夫蘧伯玉，夜晚乘车从卫国君王的宫门前经过，虽然旁无一人，但他仍按照礼制，下车揖门而过。卫国君王在宫里面，只听到了远远的车马声，近了反而听不到驾车的马铃声，确认这一定是“不为冥冥行惰”的蘧伯玉。

慎独是一种自尊自重的素养。《荀子·劝学》说：“言有召祸也，行有招辱也，君子慎其所立乎！”说话有时会招来祸害，做事情有时会引来耻辱，君子应谨慎地对待自己言论和行动的立足点。君子自尊，人才尊之；君子自重，人才重之；君子不改做人的骨气，不改做事的底线，不做出有损人格的行为，也就不会招来灾殃。《太平御览》记载了杨震“四知”的故事：

杨震迁东莱太守。当之郡，道经昌邑，故所举荆州茂才王密为昌邑令，谒见，至夜怀金十斤以遗震。震曰：“故人知君，君不知故人，何也？”密曰：“暮夜无知者。”震曰：“天知，神知，我知，子知，何谓无知！”

王密贿赂杨震，送给他黄金，还特意说只有你我二人知晓。杨震却直接拒绝说，天地还都知道呢！自古以来，君子慎独。以为没有别人知晓，就能宽容自己，怎么使得？人有自尊，就是要在所有事上都能坦坦荡荡。

慎独是一种自省自新的习惯。君子通过自省改过自己的不足，就像朱熹说的那样，“自去检点。且一日间试看此几个时在内？几个时在外？小说中载赵公以黑白豆记善恶念之起，此是古人做工夫处。如此检点，则自见矣。”（《朱子语类》）在一天内，多长时间心存善念？多长时间心起恶念？据说赵公用黑豆、白豆来统计一天中善念、恶念兴起的次数，不断地反省，自然能发现自己的过失。

慎独是一种忍耐克己的理智。孔子讲“克己复礼”，就是要约束自己的欲望，非礼勿做，这是人心内在的制约，靠的就是君子修己之诚的修养。

许衡尝暑中过河阳，渴甚，道有梨，众争取啖之，衡独危坐树下自若。或问之，曰：“非其有而取之，不可也。”人曰：“世乱，此无主。”曰：“梨无主，吾心独无主乎？……人所遗，一毫弗义弗受也。”（《元史·许衡传》）

许衡一行人在赶路时，又累又渴，连找个人家喝口茶都找不到。突然，有人

御制《耕织图·一耘》
饱雨新新长，含风叶叶柔。载芟除宿莠，挹注引新流。
阴借临溪树，声传隔陇讴。炊烟村畔起，归路缓驱牛。

发现前面路边有棵梨树，同行的人纷纷走过去采摘，吃个梨解解渴。许衡却独自坐在树下，在他看来，古人早有“瓜田不纳履，李下不整冠”的训诫，教人慎独避嫌，如今梨树无主，但我心有主，岂可妄行？

慎独是一种防微杜渐的谨慎，更是一种善始善终的坚持。《周易·系辞下》中说：“善不积不足以成名，恶不积不足以灭身。小人以小善为无益而弗为也，以小恶为无伤而弗去也，故恶积而不可掩，罪大而不可解。”很多大的坏事都是从小的坏行为积累起来的，就像日攘一鸡，恶就是恶，终会酿成大错。朱熹也说：“遏人欲于将萌，而不使其滋长于隐微之中，以至离道之远也。”（邱濬《大学衍义补》）君子慎独，并不是在明显之处怎么做，而是在最细微、最隐蔽的地方遏制住萌生的欲望，不让它在小事上滋生蔓延，以致距离君子的要求越来越远。

可以说，慎独是君子之道最重要的一条原则。“自昔孔孟相传心法，一则曰慎独、再则曰慎独，……慎独而中和位育，天下之能事毕矣。”（刘宗周《人谱续篇记》）当外在的道德规范转化为内在的道德信念，就能修养出完美的人格，处理好所有天下事。独自生长的荃荪并不因自己生长在隐蔽的山岩中就不发出芳香；静静流淌于山间的溪水也不会因为蜿蜒曲折就改变自身的清澈。那么，是真正的君子，在别人看不见的地方，也不会改变自己的节操。

打倒孔家店

有康有为立孔教，就有后来的“打倒孔家店”。1919年，“五四”新文化运动打响了20世纪思想领域中惊天动地的第一炮，在这样一场轰轰烈烈的运动中，中国数千年来在民众心中树立起的儒学遭到了空前猛烈的抨击，传统的道德信仰、价值观念、人生态度、文化品格等都遇到了前所未有的冲击。

所谓“孔家店”，指的并不是完整的儒家学说，而是由儒家思想所发的那一整套封建伦理道德的教条。最初的目的是反对袁世凯、张勋的帝制复辟，对孔教的政治利用，后来渐渐地将打击的重点集中在儒学的“三纲五常”及封建礼教上，从而明确昭揭了中国的国民性之所以低迷不振的原因所在。

1915年，陈独秀在《新青年》创刊号上发表了著名的《敬告青年》，就以“自主的而非奴隶的、进取的而非退隐的、实利的而非虚文的、科学的而非想象的”号召青年向腐朽的封建思想做斗争。陈独秀带着满腔怒火，对礼教给予猛烈抨击。他指出，礼教的要旨是“三纲五常”，这是一种不平等的道德教条，而现代精神的本质是平等和独立的，儒家的社会行为规范，与现代生活是格格不入的。

在《〈新青年〉罪案之答辩书》中，陈独秀进而宣言：

拥护德莫克拉西（Democracy）和赛因斯（Science）两位先生。

……

要拥护那德先生，便不得不反对孔教、礼法、贞节、旧理论、旧政治。要拥护那赛先生，便不得不反对旧艺术、旧宗教。要拥护那德先生又要拥护赛先生，便不得不反对国粹和旧文学。

……

我们现在认定，只有这两位先生，可以救治中国政治上、道德上、学术上、思想上一切的黑暗。

陈独秀甚至发誓："若因为拥护这两位先生，一切政府的压迫，社会的攻击笑骂，就是断头流血，都不推辞。"可见，其态度之坚决与意志之坚定。

1916年2月，易白沙在《孔子评议》中，把炮口直接对准了孔子，历数孔子四大罪状：

孔子尊君权，漫无限制，易演成独夫专制之弊；

孔子讲学，不许商榷问题，易演成思想专制之弊；

孔子少绝对之主张，易为人所借口；

孔子单重做官，不重谋食，易人民贼牢笼。

在易白沙看来，"孔子当春秋季世，虽称显学，不过九家之一，主张君权于七十二诸侯，复非世卿，倡均富，扫除阶级制度之弊，为平民所喜悦，故天下丈夫女子，莫不延颈举踵而愿安利之"，原始儒家有很多思想是好的，但"汉武当国，罢黜百家，独尊儒术，利用孔子为傀儡，垄断天下之思想"，后来历代君王"皆傀儡孔子，所谓尊孔，滑稽之尊孔也。典礼愈隆，表扬愈烈，国家之风俗人心学问愈见退落"，儒学被推上神坛，其精神反而日见卑下。现在要打破旧社会，解放精神的时候，这些腐朽污秽的老东西自然应该弃之不用。

同时，李大钊也把孔子本人及他创立的原始儒学，与后来者对其的吹捧、加封与利用予以区分。其言："故余之掊击孔子，非掊击孔子之本身，乃掊击孔子为历代君王所雕塑之偶像之权威也。"（《自然的伦理观与孔子》）孔子千年前就化作残骸枯骨，却被符号化成了历代帝王专制之护身符。封建专制不能见容自由，如果把孔子与宪法联系在一起，那和自杀有什么两样？

1917年，吴虞陆续发表《儒家主张阶级制度之害》《吃人与礼教》等笔锋犀利的文章，以儒教是"制造顺民的大工厂"，痛骂孔子是"孔二先生"，"孔二先生的礼教讲到极点，就非杀人吃人不成功，真是残酷极了。一部历史里面，讲道德讲仁义的人，时机一到，他就直接间接地都会吃起人肉来了。"他大声呼唤要儒学革命，否则百姓一直都被蒙在鼓里，所以说，"儒教不革命，儒学不转轮，吾国遂无新思想、新学说，何以造新国民？"

1918年，鲁迅发表《狂人日记》，借狂人之口，说："我翻开历史一查，这历史

（清）佚名《平定台湾凯旋图》（局部）
此图描绘了康熙帝派施琅收复台湾凯旋归来的情景。

没有年代，歪歪斜斜的每页上都写着仁义道德几个字，我横竖睡不着，仔细看了半夜，才从字缝里看出两个字来，满本都写着两个字，吃人。”把延续几千年的封建历史，斥责为“吃人”的历史，认为所谓的“仁义道德”等旧礼教，都沾满了百姓的鲜血，封建道德的罪恶就在于不断地毁灭个性，培养奴性。

陈独秀、李大钊、吴虞、鲁迅等人态度明确，措辞激烈，但不是彻底“反儒学”，而是反对礼教。其重点在于打破礼法，破坏旧伦理，破坏旧习俗，批判的层次始终停留在物质层面和制度层面，但对儒家的理论层面，如仁、义、心、性等问题几乎没有涉及。这也是“打倒孔家店”的薄弱之处。

在“打倒孔家店”的指挥棒下，对儒家文化的荡涤冲刷的确使一部分坏传统，如男尊女卑、贞洁观、父叫子亡子不得不亡等被抛弃和废除；也涌现出一批英气勃勃的新青年，他们冲破了封建罗网，摆脱了家庭的束缚，到全新的学堂接受教育，接受新思想、新观念。很多人因缺乏对传统文化精神的透彻认识，其落笔吐辞，多出于少年意气，形成一种有意无意的大曲解，对儒家文化中许多有价值的东西，也被不加分辨地一概否定。鲁迅曾说，中国人常常这样，你要开一扇窗户，最好说要开一扇门；而要开一扇门，只好说要掀掉屋顶。太多的“掀屋顶”之论，皆以为非打倒“孔家店”，不足以开启新文化，非把线装书丢到茅厕去，则中国不足以出离野蛮落伍之境。甚至还提出“欲废孔学，不可不先废汉文”，因“中国文字，自来即专用于发挥孔门学说”。此论一出，一片哗然，这种将文化之树连根拔起的做法，显然失之偏激，势必对社会的有序发展产生一定的负面影响。

（清）袁耀《山水四条屏 · 平流涌瀑》
夏日高树浓荫，山中瀑布之飞流直下。

(清) 袁耀《山水四条屏 · 万松叠翠》
秋风萧瑟，层峦叠嶂间的青松。

儒家文化与中国古代文学

儒家既以“文质彬彬”为君子理想，又以之为文学审美的理想。

子曰：“质胜文则野，文胜质则史，文质彬彬，然后君子。”（《论语·雍也》）

邢昺疏：“彬彬，文质相半之貌，言文华、质朴相半彬彬然，然后可为君子也。”（《论语注疏》）在孔子看来，“质胜”而“文”不足，缺少文化修养，言辞朴拙，不讲礼仪，仅有质朴之态；“文胜”而“质”不实，过分地文饰言辞，讲究繁文缛节，则有虚华无实之嫌。唯有内之质、外之文相互适应，才是君子应具的风度。

“文质彬彬”体现在文学作品中，“文”以语言为基础，“质”以内容为根本。在《文心雕龙》的讨论中，刘勰最重文、质兼备。“圣文之雅丽，固衔华而佩实者也”（《文心雕龙·征圣》），儒经文创、质实二者兼备，既雅且丽，是文章的典范。“酌奇而不失其贞，玩华而不坠其实”（《文心雕龙·辨骚》），诗歌既要有《诗经》的雅正朴实，也要有《楚辞》的奇丽文华。“体约而不芜，文丽而不淫”（《文心雕龙·宗经》），理想的文学作品，应该风格清新不混杂，体制精练不繁杂，要文辞美丽不浮靡。究其实质，就是文质兼顾，二者和谐统一。

“文质彬彬”的作品，在风格上要温柔敦厚。《礼记正义》中是这样解释的：

温，谓颜色温润；柔，谓性情和柔。诗依违讽谏，不指切事情，故曰温柔敦厚诗教也。

文学作品的“温柔”，要“乐而不淫，哀而不伤”。朱熹在《诗集传序》中说：“淫者，乐之过而失其正者也；伤者，哀之过而害于和者也。”文学情感的表达不能过度，要有节制。当然，情感有的时候激昂，如长江大河，汹涌澎湃；有的时候含蓄，如峰回路转，柳暗花明。但文学表达要适度，太猛了也会让人感觉不快，太柔了可能会让人感知不到。所以，魏泰在《临汉隐居诗话》中说：

诗者述事以寄情，事贵详，情贵隐，及乎感会于心，则情见于词，此所以入人深也。如将盛气直述，更无余味，则感人也浅，乌能使其不知手舞足蹈。

尤其是在诗歌中，感情的抒写不能汪洋恣肆、淫奢怒张；相反，含蓄内敛、分寸有度的抒情，反而能令人回味悠长、流连忘返。

文学作品的“敦厚”，要“发乎情，止乎礼义”。

诗所以发性情之和也。性情未发，诗为无声；性情即发，诗为有声。（张来《贺方回东府序》）

诗本性情，固不可强，亦不必强。近见论诗者，或以悲愁过甚为非；且谓喜怒哀乐，俱宜中节。（吴雷发《说诗菅蒯》）

情要是真情，是建立在真切的感受和体验基础之上的，而不是矫情和滥情。如果文学作品内中充斥着“为赋新诗强说愁”式的矫情，或者是无缘无故歇斯底里般发作的滥情，尽管也可能轰动一时，但终究难以长久地流传下去。

“文质彬彬”的作品，在内容上要关注现实。素有“以诗观史”之说，《诗经·大雅》中的《生民》《公刘》《绵》《皇矣》《灵台》《大明》《文王有声》等依次排列下来，俨然一部周部族的开国史诗；而十五国风中，更多“饥者歌其食，劳者歌其事”的写实倾向，对民生疾苦等社会现实尤为关注。

杜甫以“致君尧舜上，再使风俗淳”（《奉赠韦左丞丈二十二韵》）为人生理想，其诗作深怀忧世济时之心。杜甫在《进雕赋表》中自言：

虽不能鼓吹六经，先鸣数子，至于沉郁顿挫，随时敏捷，扬雄、枚皋之徒，庶可企及也。

（清）袁耀《山水四条屏 · 春台明月》（局部）
湖岸枝头新绿，一派怡人春色。

杜甫以“鼓吹六经”为“志”，正如孟棨所论：“杜逢禄山之难，流离陇蜀，毕陈于诗，推见至隐，殆无遗事，故当时号为诗史。”（《本事诗·高逸》）宋祁也在《新唐书·杜甫传赞》中说：“甫又善陈时事，律切精深，至千言不少衰，世号诗史。”杜甫诗作反映时事既全面、深刻、具体，又强调叙事真实、诗法峻密，故能展现一代历史风貌。

白居易更是提出了“文章合为时而著，歌诗合为事而作”（《与元九书》），要求文学作品能补察时政。尤其是白居易的新乐府诗，经常在诗题下面用小序的方式注明这首诗的美刺目的。如《杜陵叟》题目下，注明“伤农夫之困矣”。诗中写了杜陵叟耕种的薄田，接连遇到春旱秋霜，衣食已成问题。地方官吏却还逼得他“典桑卖地纳官租”，桑典了，地卖了，生活出路何在？其实，这不仅是杜陵一地农夫的遭遇，也是普天下的“农夫之困”。再如《卖炭翁》题目下，注明“苦宫事也”。本来“身上衣正单”，应该希望天气暖和，然而，卖炭翁却因“心忧炭贱”而“愿天寒”。这就把他的艰难处境和复杂心理，真切地表现出来，更反衬出了“宫市”掠夺的残酷。

“文质彬彬”的作品，还要有“文以载道”的意义。柳宗元提出“文以明道”，韩愈提出“文以贯道”，周敦颐提出“文以载道”，都强调了文字作品的功能在于承载、阐明“道”，就是要有深刻的思想。或描写景致，优美而有韵味；或叙事抒情，寄寓远大的抱负；或议论言理，启迪心志。哪怕是末流、小道的戏剧或小说等，如冯梦龙的“三言”，也是“明者，取其可以导愚也；通者，取其可以适俗也；恒则习之而不厌，传之而可久”（《醒世恒言·序》）。所以，在儒家思想影响下的古代文学，一向恢宏大度，气盛言宜，蓄道德而能文章，这是非常值得后继者学习并发扬光大的。

儒家文化与中国古代绘画

儒家思想对古代绘画的影响，主要体现在其特别强调绘画的教化功能。陆机说，“宣物莫大于言，存形莫善于画”，张彦远说，“记传所以叙其事不能载其容，赋颂有以咏其美不能备其象”（《历代名画记》），尤其是肖像类与叙事类图画，它们最重要的功能就是宣传、肯定儒家道德。许多绘画的主题，是君王、官员、学者等从历史记载、文学作品及代表时事中挑选出来的。《婵真逸史》中论：“图像似作儿态，然史中炎凉好丑，辞绘之；辞所不到，图绘之。”试图用图画来处理各种需要重大关切的现实问题，如政治问题、社会治乱与个人道德等。

曹丕在《画赞序》中说：

观画者见三皇五帝，莫不仰戴；见三季暴主，莫不悲惋；见篡臣贼嗣，莫不切齿；见高节妙士，莫不忘食；见忠节死难，莫不抗首；见放臣斥子，莫不叹息；见淫夫妒妇，莫不侧目；见令妃顺后，莫不嘉贵。是知存乎鉴戒者图画也。

古圣先贤、明君能臣常见于汉代宫廷绘画中，西汉宫中有“麒麟阁”，东汉宫中有“云台”，张彦远有论，“以忠以孝，尽在于云台；有烈有勋，皆登于麟阁，见善足以戒恶，见恶足以思贤。留乎形容，式昭盛德之事；具其成败，以传既往之踪”（《历代名画记》），在观看这些君臣画像时，可以追思他们的生平事迹。据王延寿在《鲁灵光殿赋》中的描述，灵光殿中的壁画，整齐有序地表现了从远古开天辟地的神人，到传说和历史中的种种人物，以恶诫世，以善示后。

裴孝源在《贞观公私画录》中说：

其于忠臣孝子，贤愚美恶，莫不图之屋壁，以训将来。或想功烈于千年，聆英威于百代。乃心存懿迹，默匠仪形。其余风化幽微，感而遂至。飞游腾窜，验之目前，皆可图画。

张彦远在《历代名画记》中，将绘画的教化功能抬得更高：

夫画者：成教化，助人伦，穷神变，测幽微，与六籍同功，四时并运，发于天然，非由述作。

直接提升到了“图画者有国之鸿宾，理乱之纪纲”的高度。隋唐前的绘画作品，鲜有真迹完全保存下来的。南朝顾恺之的《女史箴图》，是依据三国时张华所写的《女史箴》一文，将古代妇女应遵守的清规戒律，按照故事内容，分段作图而成，颇类似连环画。现存摹本前面有残缺，只留了九个片段：冯姬挡熊、班婕辞辇、割欢同辇、山水寓理、修容饰性、同衾以疑、家族欢聚、爱极则迁、静恭自思，以及结尾依原文画了一位司箴女史。

唐朝阎立本的《古帝王图》，画了自汉至隋间的13位皇帝，按照时间顺序是：汉昭帝刘弗陵、汉光武帝刘秀、魏文帝曹丕、吴大帝孙权、蜀昭烈帝刘备、晋武帝司马炎、陈文帝陈倩、陈废帝陈伯宗、陈宣帝陈顼、陈后主陈叔宝、北周武帝宇文邕、隋文帝杨坚、隋炀帝杨广。以每位皇帝及男女侍从为一组，所绘皇帝的服饰、仪仗、起居等，或举步前行，或端坐车辇，通过细节和神态，体现出对他们的褒贬态度，如着重描绘出杨坚庄重威严的气概，对昏庸之君陈叔宝，则描绘得矮小而虚弱。

据《图画见闻志》记载：“皇祐初元，上敕待诏高克明等图画三朝盛德之事，人物才及寸余，宫殿山川銮舆仪卫咸备焉，命学士李淑等编次序赞之，凡一百事，为十卷，名《三朝训鉴图》。图成，复令传摹镂版印染，颁赐大臣及近上宗室。”宋仁宗还曾命人做《三朝训鉴图》，以绘画形式，画出了100件能够体现宋代前三朝皇帝“圣德”的事件。此外，宋仁宗还下诏，令人用木版印刷将它制作成册，以分发给大臣和皇族成员，遂使绘画成为鉴往识今、宣示治政决心的一种方式。

南唐李唐的《采薇图》，借用了伯夷和叔齐的故事。有“河阳李唐画伯夷、叔齐”题款，说明“义不食周粟，隐于首阳山，采薇而食之”的主题。伯夷、叔齐不食周粟，避隐首阳山，以采薇为生，最后为节操饿死。《采薇图》给了伯夷、叔齐两

（东晋）顾恺之《女史箴图》（局部）
图中描绘了多种不同身份的宫廷妇女形象。

人的近镜头描写，悬崖峭壁间一块坡石，两人相对而坐，周围只有古树山石，远处河流平原离得很遥远，叔齐一手撑地，一手比画，在很投入地向面容清瘦、双手抱膝、倚树而坐的伯夷说着什么。两人采野菜的小锄和篮筐还摆在一边，生活的困苦可想而知。但整幅画传达出的，正是“见高节妙士，莫不忘食；见忠节死难，莫不抗首”的精神。

明朝万历年间，还出过一系列的《孔子圣迹图》，共有104幅图，每幅图上都有一段文字说明，反映了孔子一生的事迹：从孔子出生，周游列国，孔子与列国国君交往，拜访老子，路遇楚狂，开坛讲学，直至死后封圣。清代焦秉贞仿画过其中一幅，孔子方面密髯，俯身拱手，席地而坐，神情恭肃；君王和颜悦色，静坐在孔子对面的红木椅上，做侧耳聆听状。君王身后三五随臣，交头接耳。这正应了孔子周游列国，游说诸王的典故。

尽管随着绘画美感追求多样化的发展，直接反映儒家思想阳春白雪、曲高和寡的作品被像神一样供了起来，佳作日趋减少，但很多儒家小故事走进画作，给绘画带来了更多可资借鉴的素材。尽管其教化歌颂的内容千篇一律，但在很多时候，如明朝万历年间的《帝鉴图说》，被缩制成了画册，流播甚广，也是要在客观上给予肯定的。

儒家文化与中国古代服饰

服饰装束的出现本出于实用，要蔽体遮盖和御寒保暖。商周之后，在儒家礼乐教化的影响下，服饰装束成了“礼”的载体，衣冠于人，可以“昭名分，辨等威”，明辨等级地位，区分尊卑贵贱，同时也有吉祥、平安等祝福意味。

在儒家的礼制文化中，服饰装束如同一种符号，《二十四史》几乎每部都设立了《舆服制》，规定了在不同场合，着装有很大的区别。如拜天地、敬鬼神时专有祭礼服，上朝大典时有朝会服，军事中有从戎服，婚嫁之仪专用婚礼服，吊丧时又有丧服。这都是书之成文的规范，是不能胡乱篡改的。

先秦时，丧服就有“斩衰、齐衰、大功、小功、缌麻”之别。“斩衰”所用生麻布最粗疏，将生麻布直接斩断，形成参差不齐的毛边。次于“斩衰”的是“齐衰”，衣服边缘可缝缉整齐，有别于“斩衰”。次于“斩衰”的是“大功”，大功布是经过锻冶的熟麻布，质地较“齐衰”为细。又次于“大功”的是“小功”，小功布较大功布细密。最轻的是“缌麻”，其布精细如丝帛。丧者与居丧者血缘，两人关系愈亲近，所服之丧服愈重，而丧服之质料愈粗陋，以至于“不修边幅”。

汉代在先秦礼制的基础上，规定了更加严格的命妇制度：

太皇太后、皇太后入庙服，绀上皂下；蚕，青上缥下。皆深衣制。隐领袖，缘以絛。

皇后谒庙服，绀上皂下；蚕，青上缥下。皆深衣制。隐领袖，缘以绦。

贵人助蚕服，纯缥上下，深衣制。

长公主见会衣服，加步摇……衣服同制。

自公主封君以上皆带绶，以采组为绲带，各如其绶色。（《后汉书·舆

服制》）

命妇服饰，形制、颜色、纹饰、佩饰及质料皆有区别，以体现威仪。后来发展成了“凤冠霞帔”，“凤冠”是上有金玉制成的礼冠，“霞帔”是礼服。如明朝皇后的“凤冠”：

冠饰翠龙九，金凤四，中一龙衔大珠结，余皆口衔珠滴，珠翠云四十片，大珠花、小珠花数如旧。三博鬓，饰以金龙、翠云，皆垂珠滴。翠口圈一副，上饰珠宝钿花十二，翠钿如其数。托里金口圈一副。珠翠面花五事。珠排环一对。皂罗额子一，描金龙文，用珠二十一。（《明史·舆服志》）

1956年，北京十三陵明代万历皇帝定陵出土了一批服饰实物，其中就有孝靖皇后所用的凤冠。这顶凤冠的形制：以竹丝为骨，编为圆框，框内外各糊一层罗纱，然后在外表缀以金丝、翠羽做成的龙凤，周围镶嵌各式珠花，在冠顶正中的龙口，还衔有一颗宝珠，左右二龙及所有凤嘴，均衔一柱珠串。

不仅是服饰的装饰，服饰的颜色也非常讲究。孔子称“恶紫之夺朱也”，春秋时期，朱是正色，紫是间色。这种情况也不是一成不变的，据《左传·哀公十七年》记载，卫国的浑良夫“紫衣狐裘，至，袒裘，不释剑而食。大子使牵以退，数之以三罪而杀之。”杜预注：“紫衣，君服。”卫庄公开宴会，浑良夫穿紫衣狐裘，到达后，敞开狐裘，不解下佩剑就吃东西。太子派人把他拉下来，数其三项死罪后，把他杀了。可见紫衣已成为君王专用之服，那么，浑良夫服之就有罪了。

唐宋之后，百官朝服颜色是有明确规定的，即我们所熟知的“品色服”制度。唐贞观年间，以紫色为三品以上官的服色，浅绯色为五品官服色，深绿色为六品官服色，浅绿色为七品官服色，深青色为八品官服色，浅青色为九品官服色，黄色为宫外之人及庶民服色。到了宋代，又改为四品以上用紫色，六品以上用绯色，九品以上用绿色。

明清后，除对黄色有严格禁忌，常人不可“黄袍加身”外，服色的规定略有放松，而开始以服饰纹饰区分等级，如“补子”制度：

皇子、亲王、郡王、亲王世子，用四团龙补服，有赏四团正龙补服者，特恩也。贝勒补服，绣正蟒二团。贝子补服，绣行蟒二团。公则用绣蟒方补。

乙酉议政王等议定服制，民公以下，有顶戴官员以上，禁止穿五爪三爪蟒缎、满翠缎圆补服，黑狐皮、黄色、秋香色衣。

品官之补服，文武命妇受封者，亦得用之。各从其夫或子之品以分等级。惟武官之母妻，亦用鸟，意谓巾帼不必尚武也。补服惟亲王、郡王所用者为圆形，余皆方；光绪中叶，汉族命妇补服，皆改方为圆矣。（《圣祖实录》）

这是清朝补服制度中的一些细节。此外，还有一些框架性规定，如文官一品的补服上绣鹤，二品绣锦鸡，三品绣孔雀，四品绣雁，五品绣白鹇，六品绣鹭鸶，七品绣鸂鶒，八品绣鹌鹑，九品末入流绣练鹊。武管一品的补服上绣麒麟，二品绣狮，三品绣豹，四品绣虎，五品绣熊，六品绣彪，七品、八品同绣犀，九品绣海马。

这种服饰意识，源于商周的"十二章"，即日、月、星辰、群山、龙、华虫、宗彝、藻、火、粉米、黼、黻。这十二种纹样各具意义，即儒家的"比德"说，希望君王之德能象于天：

绣日、月、星辰，取其照临、光明之意；绣山形，取其稳重之势；绣龙形，取其应变之能；绣华虫，取其文丽之容；绣绘宗彝，取其忠孝之道；绣藻，取其洁净之本；绣火，取其光明之源；绣粉米，取其滋养之恩；绣黼，取其决断之气；绣黻，取其明辨之思。

纹饰虽在后世多有变动，但以不同的纹样，比之不同等级应具备的德行，儒家蕴含在其中的"比德"意义，却是始终如一的。

儒家文化与中国古代建筑

儒家文化在形成独具一格的古代建筑风格方面发挥了巨大的作用。最具代表性的三类：一是王城宫殿，其巅峰是故宫；二是祭祀场所，即明堂；三是教育场所，即辟雍；此外还有汉代后各地普遍设立的文庙。

三代的王城是“择天下之中而立国，择国中之中而立宫”（《吕氏春秋·审分览·慎势》），然后以宫室为中心，将王城以南北纵轴线为中心对称排列，前朝后市、左祖右庙。如《周礼·冬官考工记·匠人》中记载的“王城”布局：

匠人营国，方九里，旁三门。国中九经九纬，经涂九轨，左祖右社，面朝后市，市朝一夫。

“国”即王之都城，“经”“纬”指城内的纵横道路，“轨”谓马车两轮间的距离，“祖”为祖庙，“社”为社坛，“朝”为朝堂，“市”为市场，“夫”本指成年男子，此处指100亩的面积。“王城”中还有“宫城”，为天子所居。天子是天的象征，祖宗是宗法的标志，社稷是国土的代表。这样秩序严整、等级分明的王城建筑，呈现的是儒家的尊尊思想。

后世营造建筑时，还吸收了和谐思想。“和”是儒家推崇的一种美学境界。紫禁城将这一点体现得非常完美。作为皇宫，紫禁城的布局设计，是要处处体现帝王权力的。为了显示肃穆庄严的气氛，紫禁城中的大部分建筑，都对称地布局在中轴线上，又以前朝三殿“太和”“中和”“宝和”为重，突出“和”，彰显着君臣配合默契，以求政治稳定、四方太平之意。在装饰和色彩方面，其采用了大片黄色琉璃瓦、红墙、红柱和绚丽的彩画。屋顶的黄色琉璃与红色的宫墙整体协调，屋檐下的青绿色彩画，又带有局部对比。从整个建筑的背景看去，则是黄色的屋顶和湛蓝的天空，又显得明快爽朗。这些都体现出了人文秩序与序列空间的美感。

与王城宫殿建筑相对应的是民居四合院。四合院的建筑，以严整的四方形状围定了一个秩序的空间，长辈所居住的正房，位置在坐北朝南的大院正中，在空间上突出了主位的概念；三间正房，一中二耳，中方大，居于中；耳房小，处两旁，也构成了小型的秩序结构。晚辈居住在正房两边的厢房，下人住在大门旁的东房。从空间形式到所处的位置，都显示了家庭每个成员的地位，这是与宗法礼制相适应的。

明堂是礼制建筑。蔡邕《明堂论》："明堂者，天子太庙，所以崇礼其祖，以配上帝者也。……政教之所由生，变化之所由来，明一统也。故言明堂，事之大，义之深也。"不仅祭天、祭上帝要在明堂进行，而且，天子每月还要在明堂，正四时，出教化，顺阴阳，奉四时，效气物，行王政也。成法备具，各从时月，藏之明堂，所以示承祖考神明，明不敢泄渎之义"，颁布朔望日或闰日，及重要的"月令"等。

另外，据《礼记·曲礼下》记载："昔者周公朝诸侯于明堂之位，……明诸侯之尊卑也"，"祀乎明堂，所以教诸侯之孝也"。诸侯朝见周天子，周天子也是在明堂接见，以彰王道。

明堂阴阳，王者之所以应天也。明堂之制，周旋以水，水行左旋以象天。内有太室，象紫宫，南出明堂，象太微，西出总章，象玉潢，北出玄堂，象营室，东出青阳，象天市。（李昉《太平御览·明堂》）

明堂的建筑形式带有德治王政的象征意义，其外围，有自东向西旋转的水流，象征天象；而明堂内的建筑则按星象关系布局。有论明堂之水为"辟雍"，见《扬子·法言》："辟者，璧也，象璧圆，又以法天于雍水侧，象教化流行也。"即明堂外面环绕的圆形水沟，环水为雍，象征着人伦道德的境界。

"辟雍"原为西周时，为教育贵族子弟设立的大学。《礼记·王制》："大学在郊，天子曰辟雍，诸侯曰泮宫。"《五经通义》："天子立辟雍者何？所以行礼乐，宣教化，教导天下之人，使为士。天子养三老，事五更，与诸侯行礼之处也。"大致可上，明堂与辟雍实为一事而异名。

位于西安市南门外大道东侧的西汉辟雍，始建于汉平帝元始四年（4）。其遗址地基是高出地面0.3米、直径62米的圆形夯土台。其上为方形台榭建筑，残高1.5米。在夯土台四角，各筑有两个小方形夯土台，在中心台四壁的外侧、各小夯土台间均建有横长形厅堂，称东、西、南、北四堂，每面宽33米。四周围墙长235米，中间设门，四角设有曲尺形配房，外面又有正圆形水渠环绕。

文庙又称“孔庙”，是专门供奉和祭祀孔子的场所。东汉桓帝在洛阳建造了第一座孔庙；南朝宋孝武帝下诏，孔庙与诸侯礼仪同等；武德二年（619），唐高祖在国子学内立孔庙；贞观二年（628），唐太宗令各州县立孔庙，加以祭拜，这是第一次以国家名义在全国各地建立孔庙。之后，“孔子之庙遍天下矣”，祭祀孔子也成为各朝各代的国家律令。据粗略统计，明代各地建立的孔庙达1500多座。

很多孔庙至今仍保存完好，元成宗大德六年（1302）在大都建孔庙，即今天的北京国子监孔庙；十一年（1307）封孔子为“大成至圣文宣王”，这块加号诏书碑，目前仍完好地竖立在大成门左侧。陕西韩城文庙也始建于元代，明洪武四年（1371）重建，现存主要为明代建筑。其正南为一琉璃五龙壁，颇为独特。陕西洛南文庙为明洪武三年（1370）始建，其棂星门为木牌楼，里面的三楼呈品字形，两旁有砖墙，黄绿琉璃瓦盖顶，檐下层层斗拱。

现存历史最久远、也是最大的孔庙建筑群在曲阜。曲阜孔庙分九重院落，有一阁、一祠、一坛、两庑、两堂、五殿、十五碑亭、五十四牌坊。主要建筑有金声玉振坊、棂星门、至圣庙坊、弘道门、奎文阁、十三碑亭、大成门、大成殿、圣迹殿、诗礼堂等。

历代朝廷在曲阜文庙祭孔，以秋祭为主，称为“大祭”，君王专门指定大臣、地方官，或君王亲至阙里孔庙致祭，由孔子的直系子孙主持，参加祭祀者只能是男子。祭孔前，主祭人和一些陪祭人员要提前三天去孔庙斋戒沐浴，提前做好各种准备。

2004年，在孔子诞辰2555周年之际，首次举行了新中国成立后的祭孔大典，向海内外宣示了炎黄子孙世代景仰创造灿烂文化、惠泽子孙的先师孔子。现在，祭孔大典每年都要在曲阜孔庙举行，或为秋祭，或为孔子诞辰大祭，或为清明节公祭，秉承“千古巨人，万世先师，三坟五典，六经古籍，薪火传承，百代不熄”的信念，缅怀先圣，继承优良传统，激励后昆奋进。

（清）袁江《骊山避暑图》
此图展现出了古代雄伟壮丽的宫阙建筑群落。

(明）仇英《凉亭消夏》
此图展现出了古代精巧错落的山间建筑。

新儒家的复兴

现代新儒家产生于20世纪20年代，以梁漱溟、张君劢、马一浮、熊十力、冯友兰、贺麟、钱穆等学者为代表，其意在恢复儒家道统，特别服膺于宋明理学的心性之学，力图以儒家学说为本位，吸纳、融合及会通西学，以寻求中国的现代化道路。（方克立《现代新儒学与中国现代化》）

新儒家在义理上，有两方面的指向：一是继承宋明理学，冯友兰《中国哲学简史》中说："新儒学这个名词，是一个新造的西洋名词，与道学完全相等。"二是泛指新文化。贺麟在《儒家思想的新开展》中指出："广义的新儒家思想的发展或儒家思想的新开展，就是中国现代思潮的主要潮流。"

"打倒孔家店"固然有它的积极意义，但发展到后来矫枉过正，变成了全盘否定传统文化，单站在"打倒"的立场上，难以建立一个全新的、适应于现实需要的文化体系，不免过于简单武断，割裂了历史文化的继承性，也就失去了自我发展的根本。在这个过程中，一些学者发现，有些西方"新思想"同传统的儒家文化是有某些相似之处的。这似乎给前景暗淡的儒家，带来了起死回生的转机。他们突破旧的思维方式，主张中西方文化应在交流的形式下进行互动。很多学者有过在西方留学的背景，对西方文化有着更深刻的认识。他们认为，儒家文化有自身的特点和优势，只要与西方文化展开对话、交流与合作，就能获得长足的发展。

现代新儒家自产生之初，便力图在现代中国重新恢复儒家思想的主体地位，重建儒家的价值系统，并以之抗衡西方文化，减缓其对传统文化的冲击。他们是典型的"道德文化决定论"者，如韦政通在《当代新儒家的心态》中所论：

1. 以儒家为中国文化的正统和主干，在儒家传统里又特重其心性之学；

2．以中国历史为一精神实体，历史文化之流程即此精神实体之展现；
3．肯定道统，以道统为立国之本、文化创造之源；
4．强调对历史文化的了解应有的敬意和同情；
5．富根源感，因此强调中国文化的独创性或同源性；
6．有很深的文化危机意识，但认为危机的造成主要在国人丧失自信；
7．富宗教情绪，对复兴中国文化有使命感。

他认为儒家的道德文化可以决定、解决其他一切问题，在“打倒孔家店”的口号声中，在思想、文化领域对儒家思想都进行了全面的攻击时，新儒家们依然执着地认为，儒家思想中包含有普遍而永恒的价值，其中伦理道德精神通过现代的发展，一定能够成为中国乃至整个世界未来生活的基准。

梁漱溟于1921年出版的《东西文化及其哲学》，被视为现代新儒学的开山之作。梁漱溟把传统文化放在世界文化的背景中考量，明确提出“世界未来文化就是中国文化的复兴”，在当时全国上下皆云“儒学误国”的氛围下，扛起了复兴儒学的大旗，引起全社会一片哗然。出版仅一年，就引起来近百篇文章的笔墨官司，各家各派争论不休，现代新儒学由此诞生。

此后，新儒学在百年间得到了迅猛的发展。其发展大致可分为三个阶段：

20世纪40年代前，代表人物及著作有梁漱溟《东西文化及其哲学》《中国文化要义》，熊十力《新唯识论》《读经识要》《原儒》，张君劢《人生观》《明日之中国文化》《新儒家思想史》等；

70年代前，主要有冯友兰《中国哲学简史》《新原人》《新原道》，钱穆《中国近代儒学之趋势》《朱子新学案》，方东美《原始儒家道家哲学》《新儒家哲学十八讲》，唐君毅《中国文化之精神价值》《道德之自我建立》，牟宗三《道德的理想主义》，徐复观《中国人性论史》等。尤其在1958年，牟宗三、徐复观、张君劢、唐君毅还联名发表了《为中国文化敬告世界人士宣言：我们对中国学术研究及中国文化与世界文化前途之共同认识》，又名《中国文化与世界》。

直到现在，还有张灏《新儒家与当代中国的思想危机》，杜维明《儒学第三期发展的前景问题》，刘述先《大陆与海外：传统的反省与转化》，蔡仁厚《新儒家的精神方向》，成中英《中国文化的现代化与世界化》，余英时《从价值系统看中国文化的现代意义》等。

现代新儒家主张中西融合，并非一味复古，他们努力挖掘传统文化中尚有生

（清）佚名《万国来朝图》（局部）
此图展现出了古代群臣朝拜的情景。

命力的精华部分加以创新与改造，使之与时代精神相对接。第一、二代新儒家主要起了奠基作用，他们建立起系统的新儒家理论，如熊十力创制“新唯识论”，冯友兰创立“新理学”等。此外，他们还在抗日战争的后方创办了复性书院、勉仁书院、民族文化书院等院校，大力宣传现代新儒学的文化主张。

1949年后，现代新儒家的重心逐渐由中国大陆迁移到中国港台地区。最有代表性的是唐君毅、牟宗三继续强调的心性之学，以之全面解读儒家传统。他们系统地解读儒学的哲学体系，研究儒学的内圣外王之道，沟通中西哲学的差异和隔膜，对儒学进行了现代化的阐释。

中国大陆自改革开放后，传统儒学迅速摆脱了过去的窘境，新一代儒家学者渐次登上学术舞台，对现代新儒学进行了历史性的反思，将传统儒学与当今西学的实际情况相结合，突破了传统儒家发展的界限，使儒家文化在国内外，都重新焕发了新的生机。

儒家

通识中国传统文化丛书

TONGSHIZHONGGUOCHUANTONGWENHUACONGSHU